牧瀬 MAKISE Style 流

まちづくり すぐに使える 成功への秘訣

明日から活用できる

まちづくりの実践的な視点

牧瀬 稔

MAKISE Minoru

一般財団法人 経済調査会

はじめに

本書は、自治体職員や議会議員をはじめ、まちづくりに関わる人を対象としています。行政関係者だけではなく、民間企業、NPO団体、まちづくりに関係する人々、大学等で地方創生や地域政策等を学んでいる学生も当然対象としています。まちづくりに関心のあるすべての人を念頭に置いてまとめました。わたし自身は、実践的なまちづくりに新しいヒントを提供し、貢献できると自負しています。

キーワードは「まちづくり」（地域づくり）です。ただし、一概に「まちづくり」と言っても、多様な観点があります。その中で、地方創生、公民連携（共創)、議会改革、条例立案などのトピックスに注目してまちづくりを捉えています。なお、「まちづくり」と「地域づくり」を厳密に分けず、前後の文脈で適切な言葉を使用しています。

本書では、まちづくりを進めている具体的な事例紹介、注意すべきポイントや基本的観点についても記載し、幅広い知識を得ることができるようにまとめました。

さて、読者に問題です。いきなりで恐縮です。

【問題】

近年は、子育て世帯が注目されています。そのため地方自治体が掲げるスローガンに「日本一子育て」というフレーズをよく耳にします。例えば「日本一子育てしやすいまち」に加えて、「日本一の子育てしやすいまちづくり」というキャッチコピーもあります。

ここからが問題です。前者は「まち」で終わり、後者は「まちづくり」となっています。「まち」と「まちづくり」の違いは何でしょうか。

「まち」（地域）と「まちづくり」（地域づくり）の違いについて読者は考えたことがありますか？この用語を作った人は違いを意識しているのでしょうか？

わたしの個人的な見解としては、「まちづくり」には、「自治体に加えて、多様な主体との連携・協力の実践」という意味が含まれていると考えています。一方、「まち」は、物事を自治体だけで完結するというニュアンスがあるように感じます。

今後の地域運営には、自治体だけでは不可能なことが増えていくでしょう。自治体に加え、多様な主体（地元住民や民間企業、大学等）と連携・協力することが必要です。そのため「まちづくり」は重要になります。

国語辞典で「つくる」の意味を確認すると、「ある力を働かせて、新しい物事・状態を生みだす」とあります。この定義にある「新しい物事・状態を生み出す」は「イノベーション」（新機軸）と言い換えることができます。自治体と多様な主体が連携・協力することで、イノベーションが創出されます。そして、イノベーションは地域運営を発展させる原動力となります。

わたしは「まちづくり」を意識的に進めることで、自治体の現場に多くのイノベーションを創出してきました。本書はわたしの経験を土台にした「まちづくり」（地域づくり）を進めるためのガイドブック（解説本）であると言えます。

本書の内容を簡単に紹介します。本書は６カテゴリーから成立しています。

第Ⅰ部「地方創生のいま」

わたしがまちづくりのためにどのように助言し、進めてきたかについて、社会の変化や自治体の取り組み、民間活力の導入例などを紹介します。

第Ⅱ部「公民連携を知る」

官民連携や共創、協働ともいわれる、行政と市民や民間企業との公民連携について紹介します。自治体の「外」にある意外な分野とつながっていくことが大切であり、実現性の高い公民連携についても考えます。

第Ⅲ部「まちづくりのヒント」

シティプロモーションやシビックプライド、コンパクトシティ、子ども・高齢者施策など、わたしが携わった事例を詳しく紹介します。

第Ⅳ部「まちづくりの注意点」

しばしば、誤った認識で計画が進んでしまっている現場を目の当たりにすることがあります。まちづくりをうまく軌道に乗せるには、政策立案者が陥りがちな点や注意点について考えます。

第Ⅴ部「条例活用でまちづくり」

最近、わたしが行政への助言でよく使う５つのワードについて詳しく紹介します。

第Ⅵ部「まちづくりを支える議会の役割」

まちづくりを成功させるために、議員に求められる立案力や議会の改革について考えます。

本書は、まちづくりを進めていくために、参考資料として活用していただくことを想定し、「明日から活用できるまちづくりの実践的な視点」をイメージしています。

地方創生やまちづくりを彩り豊かにしていくためのきっかけとなれば幸いです。

2023年　5月

牧瀬　稔

目　次

はじめに			i

第Ⅰ部　地方創生のいま

1章	地方創生	まちづくりに必要な視点	3
2章	政策新機軸	勝ち抜くための新機軸（イノベーション）	16
3章	地域振興	地域に躍動を取り戻す	28
4章	民間活力	「民間活力」を活かす･育てる･定着させる	40
5章	行政運営	歳入拡大の取り組み	52

第Ⅱ部　公民連携を知る

1章	公民連携の概要	最適な公共サービスとは	67
2章	公民連携の背景	公民連携推進に至る要因とは	77
3章	事例①（町田市）	あなたの夢をみんなで実現!!「まちだ○ごと大作戦18-20」	85
4章	事例②（日光市）	社会的弱者への対応とサウンディング型市場調査の取り組み	95
5章	事例③（加賀市）	スマートシティの実現に向けて	103
6章	イノベーションの基盤	自治体間共創、新しい公共、SDGs、規定条例	113

第Ⅲ部　まちづくりのヒント

1章	事例①（北上市）	「市民」が実践！理想のコンパクトシティ	125
2章	事例②（西条市）	「住みたい田舎ランキング全国１位」獲得のまち	132
3章	事例③（東大和市）	少子化に待った！「子育て支援」がアツイまち	142
4章	事例④（相模原市）	市民の愛着を高める「あるもの探し」	151

第Ⅳ部　まちづくりの注意点

1章　地域課題把握の注意点　自治体間競争に打ち勝つには　163

2章　Withコロナの注意点　DX、マイクロツーリズムの取り組み　173

3章　地方創生展開の注意点　まちづくりの「4つの軸」　189

第Ⅴ部　条例活用でまちづくり

1章　子ども　地域コミュニティの一体感を創出する「子ども」政策　205

Q&Aコラム　「子ども」施策について　216

2章　高齢者　「高齢者」を活用してこそ地方創生　218

Q&Aコラム　「高齢者」施策について　230

3章　公共交通空白地域　光明が見える「公共交通空白地域」　232

Q&Aコラム　「公共交通空白地域」に対する施策について　240

4章　自然災害　「自然災害」対策には自助・共助・公助　242

Q&Aコラム　「自然災害」に対する施策について　250

5章　協働　地方創生に必要な「協働」を見直そう　252

Q&Aコラム　「協働」施策について　262

第Ⅵ部　まちづくりを支える議会の役割

1章　議会改革　議会運営の重要な視点とは　267

2章　議会力アップ　リスキリングが重要　283

3章　議会展望　これからの議会のあり方　304

索引　322

おわりに　324

第Ⅰ部

地方創生のいま

キーワード解説

☑ 関係人口	移住した「定住人口」でもなく、観光に来た「交流人口」でもない、地域や地域の人々と多様に関わる者。
☑ 活動人口	地域に対する誇りや自負心を持ち、地域づくりに活動する者。
☑ シビックプライド (Civic Pride)	地域に対する市民の誇り。
☑ 自治体間競争	地方自治体がそれぞれの地域性や空間的特徴などの個性（特色）を活かすことで、創意工夫を凝らした政策を開発し、他地域から住民等を獲得すること。
☑ シティセールス (City Sales) シティプロモーション (City Promotion)	都市（地域）の売り込み、自治体名の知名度をより高める活動。
☑ 地域ブランド	地域発の商品・サービスのブランド化。 地域イメージのブランド化を結び付け、好循環を生み出し、地域外の資金・人材を呼び込むという持続的な地域経済の活性化を図ること。
☑ 経済効果	ある出来事（何かしらのイベントやブーム等）が国や地域、企業・業種にどれほどの影響を与えるかを金額に換算したもの。
☑ 地方創生	地方自治体が、従前と違う初めてのことを実施していくこと。あるいは、他自治体と違う初めてのことに取り組んでいくこと。

1章　地方創生
～まちづくりに必要な視点

1　戦略的な取り組みで地方創生実現

2016年3月に、ほぼすべての自治体で地方版総合戦略が策定されました。同戦略は、2060年の目標人口を設定し、その目標を達成するための基本目標と具体的な施策や事業を明記した行政計画です。図1-1は国が示した地方創生のビジョンです。2060年の総人口を約1億人として、2016年4月から同戦略に基づき、地方創生の実現に向けて全国の自治体が一斉に走りだすことになりました。ここでは地方創生に取り組むポイントについてふれます。

◆予測以上に下回る人口

総務省から公表された「2015年国勢調査」によると、2015年10月時点で、日本の総人口（外国人を含む）は1億2,709万4,745人で、5年前と比較して96万2,607人減少しています。

都道府県でみると、大阪府は増加から減少に転じ、北海道、静岡県、鹿児島県など33団体は人口減少が加速する結果となりました（2020年国勢調査では、大阪府は人口増加に転じています）。人口増加が鈍化した県は、埼玉県、千葉県、東京都、神奈川県、愛知県、滋賀県です。一方、人口増加が加速したのが、福岡県と沖縄県です。

市町村の人口増減率をみると、人口増加率が10%以上の市町村数は11団体、人口減少率が10%以上の市町村数は227団体です。

国の地方創生の動きを受けて、自治体は地方版総合戦略を策定

図1-1　国の地方創生のビジョン(第１期地方創生)

○ 国立社会保障・人口問題研究所「日本の将来推計人口(平成24年1月推計)」(出生中位(死亡中位))によると、2060年の総人口は約8,700万人まで減少すると見通されている。
○ 仮に、合計特殊出生率が2030年に1.8程度、2040年に2.07程度(2020年には1.6程度)まで上昇すると、2060年の人口は約1億200万人となり、長期的には9,000万人程度で概ね安定的に推移するものと推計される。
○なお、仮に、合計特殊出生率が1.8や2.07となる年次が5年ずつ遅くなると、将来の定常人口が概ね300万人程度少なくなると推計される。

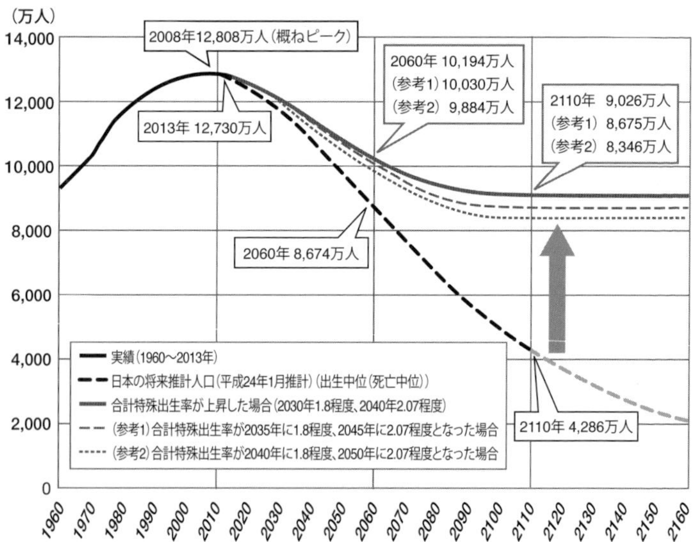

(注 1) 実績は、総務省統計局「国勢調査」等による(各年 10 月 1 日現在の人口)。国立社会保障・人口問題研究所「日本の将来推計人口 (平成 24 年 1 月推計)」は出生中位 (死亡中位) の仮定による。2110 ～ 2160 年の点線は 2110 年までの仮定等をもとに、まち・ひと・しごと創世本部事務局において機械的に延長したものである。

(注 2) 「合計特殊出生率が上昇した場合」は、経済財政諮問会議専門調査会「選択する未来」委員会における人口の将来推計を参考にしながら、合計特殊出生率が 2030 年に 1.8 程度、2040 年に 2.07 程度 (2020 年には 1.6 程度) となった場合について、まち・ひと・しごと創世本部事務局において推計を行ったものである。

資料) まち・ひと・しごと創生本部「まち・ひと・しごと創生長期ビジョン」(平成 26 年 12 月)

しました。同戦略における目標人口は、「2010年国勢調査」を基本に推計されていることが多いのですが、自治体の中には、同戦略の中で設定した目標人口（予測した2015年の将来人口推計）と、2015年国勢調査で明らかになった集計値ですでに差が生じています。

例えば、U市の地方版総合戦略では2015年の人口を3,743人と予測していましたが、国勢調査の結果は3,587人であり、すでに156人減の差が生じています。S市の戦略では2015年の目標値を5万713人と予測していましたが、公表された速報値は5万300人であり、413人減の差があります。同様にK市は2015年の人口を17万4,314人と予測しましたが、実際は17万2,902人で、1,412人減の差があります。

U市やS市のように数百人の差であるならば、2060年の目標人口の達成までには挽回できる可能性はあります。K市も努力次第では改善できるかもしれません。しかし、戦略で掲げた2015年目標人口と速報値に数千人もの差がある自治体が、2060年の目標人口を達成していくことは、現実的には難しいでしょう。

もちろん、予測した人口に満たない自治体ばかりではありません。N市は戦略における2015年の人口を23万4,643人と推計していましたが、2015年国勢調査の速報値では23万7,814人であり、約3,000人多くなっています。しかし、このような自治体は稀で、多くは予測した人口を下回り、マイナスとなっています。**地方創生は始まったばかりですが、すでに戦略の修正が求められる**可能性があります。

地方創生に取り組むポイントは「戦略的」に進めていくことです。戦略の意味はさまざまあります。ピーター・ドラッカーは「どの業界でどのような製品・サービスを提供するか、そしてどのように資源を配分するかなどの選択をすることこそが戦略である」という趣旨の発言を残しています。つまり、戦略とは「選択すること」と換言できます。ヒト・モノ・カネといった行政資源は限られています。選択した上で限られた行政資源を投入していくことが成功するポイントです。

「決断」という用語があります。「決」めて「断」つと書きます。すなわち断っていかないと、決まらないわけです。あれもこれもではなく、どんどん断っていき、あれかこれかという状態にすることが決断であり、戦略とも言えるでしょう。

2 関係人口

◆関係人口とは何か

近年、特に自治体からの注目を集めている「関係人口」という概念があります。

富田能成・秩父郡横瀬町長は、2018年度の施政方針の中で「現時点では、まず一歩一歩、『ヒト・モノ・カネ・情報』の流入を促すことによる、交流人口、関係人口の増加と町の活性化の取り組みを継続していきたい」と述べています。

また、福岡洋一・茨木市長も関係人口に期待しています。2018年度の施政方針で「昨今、まちづくりにおいて『関係人口』なる概念がクローズアップされてきておりますが、これは一過性の観光などの『交流』からより進んで、自らが関わりを持ち活動することで、まちと『関係』していくことを指し、それがいずれ『移住・定住』へとステップアップしていくとの論があります」と言及しています。ほかにも関係人口に着目する首長は多くいます。

関係人口の定義は、総務省の「これからの移住・交流施策のあり方に関する検討会」によると、**関係人口とは「移住した『定住人口』でもなく、観光に来た『交流人口』でもない、地域や地域の人々と多様に関わる者」**としています。

同省は、関係人口に注目する理由として「地方圏は、人口減少・高齢化により地域づくりの担い手不足という課題に直面しているところ、地域によっては若者を中心に、変化を生み出す人材が地域に入り始めており、『関係人口』と呼ばれる地域外の人材が地域づくりの担い手となることが期待できる」と指摘しています。

◆関係人口の事例

山梨県は、関係人口の類似概念として「リンケージ人口」を提起しています。リンケージ人口とは「山梨県への経済貢献、愛着・帰属意識の高い人」を意味しており、具体的には、別荘客ら二地域居住者、山梨県出身の帰郷者、日本人観光客を想定しています。リンケージ人口により、地域の活性化を目指しています。

同県は、リンケージ人口が6万4,700人（2018年暫定値）と発表しました。この数値は、県内への滞在日数や消費額から定住人口何人分に相当するかを算出したものです。同県は、2060年までにリンケージ人口を25万人ほど確保し、定住人口の約75万人と合わせた100万人に達成させることを目標としています。

（一社）地方行財政調査会は、市区の関係人口に関する調査を実施しました（2017年12月、全814市区対象、664市区回答、回答率81.6％）。同調査の結果では、関係人口に関する取り組みを「実施している」との回答は、約3割の189市区でした。そして「実施に向け検討している」との回答は40市区あり、392市区は「実施も検討もしていない」との回答でした。

また、関係人口について「総合計画や地方版総合戦略、人口ビジョン等の行政計画に位置付けているか」という質問に対して、「記載している（類似概念を含む）」との回答は60市区あり、588市区は「記載していない」との回答でした。少しずつですが、関係人口を自治体の計画に位置付ける事例も登場してきており、「関係人口」は自治体に浸透してきています。

この現状をどのように解釈すればよいのでしょうか。地方圏の自治体においては、「定住人口」を維持・増加させることは現実的には難しいものです。そこで国が提起した関係人口に着目することにより、定住人口とは異なる観点から地域を盛り立てていこうとしています。**関係人口の存在は、自治体や民間にとって新しい市場**となり得ます。

◆関係人口の４つの分類

関係人口は、(1)良い関係人口、(2)悪い関係人口、に大きく分けられます。近年、関係人口については、「関係人口性善説」であるように思われます。しかし、現場に行って関係人口について確認すると「**関係人口性善説**」だけではないことが分かります。

実は、関係人口は４つに分類できます（図1-2）。縦軸を「地域に関係」（強い・弱い）とします。横軸に「地域に貢献」（メリット・デメリット）とします。地域に関係が強く、メリットがある場合は「**①活動人口**」、地域に関係が弱いが、メリットがある場合は「**②関心人口**」、地域に関係が強く、デメリットの場合は「**③問題人口**」、地域に関係が弱く、デメリットになる場合は「**④弊害人口**」です。

このように関係人口は、①活動人口、②関心人口、③問題人口、④弊害人口、の４つに分類できます。

図1-2　関係人口の4つの分類

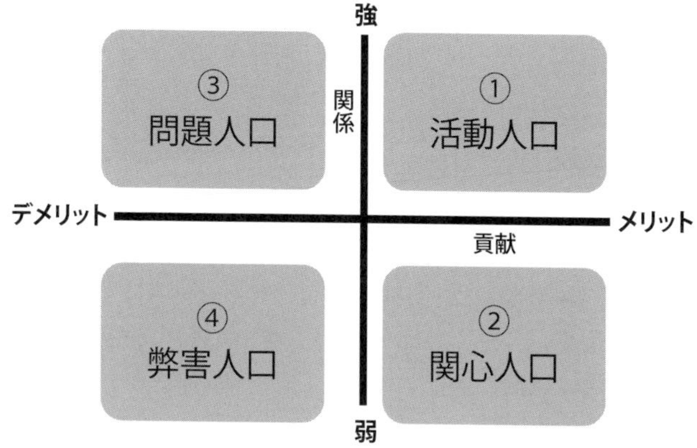

資料）著者作成

◆重要なのは分類の見極め

まず「①活動人口」です。**活動人口とは「地域に対する誇りや自負心を持ち、地域づくりに活動する者」**と定義できます。活動人口を創出するためには、**シビックプライド（Civic Pride「地域に対する市民の誇り」）**が有効です。この意識が強いほど、地域貢献への意識が高まっていきます。

次に「②関心人口」です。意味は「特定地域に注意を向け、積極的に知りたいという意向を持つ人口」です。関心人口の一つの形態が、ふるさと納税による寄付者やSNSのフォロワーなどとなります。

続いて「③問題人口」です。問題人口とは「特定地域に対して、困った要素を発生させる人口」と言えます。読者は「問題人口」と聞くと、良いイメージを持たないでしょう。しかし、問題人口は活動人口に変化する可能性があります。民間企業では、クレーマー（ここで言う問題人口）は、困った顧客です。しかし、クレーマーは、ロイヤルカスタマーに転じる可能性を秘めています（グッドマンの法則）。問題人口は、地域に関係が強いことから、本人が良かれと思った行動が、「有難迷惑」な状態となっています。これを正しい方向に導けば、問題人口は活動人口に変化する可能性があります。

そして「④弊害人口」があります。弊害人口とは「特定地域に関係が弱く（弱いのにも関わらず）、地域に実害を与える人口」と定義できます。近年の観光公害などは、まさに弊害人口の典型例です。地域には関心がないのに、何かの事情で多くの人が地域に流れ込み、ごみ問題や交通渋滞など多くのデメリットを生じさせているケースです。

自治体にとっては、関係人口の４つの分類のうち、どこを狙っていくのかが求められます。

◆活動人口の可能性

簡単なシミュレーションをしてみます。現在と未来があり、定住人口が100人（現在）から80人（未来）に減少したとします。一方、活動人口が20人（現在）から30人（未来）に増加すれば、地域における活動人口率が上昇します（活動人口率は20％から38％）。これは「**人口が減っても元気で価値ある地域**」になる可能性を秘めています。

このような地域は魅力が増すはずです。魅力ある地域には（活動人口の存在は）、地域外からの人口をけん引する要素となります。これからは「①活動人口」に注意を払うべきです。

3 コロナ禍の地方移住

新型コロナウイルス感染症の影響の一つに、働き方の変化があります。「都会へ通勤する」という前提が崩れ、テレワーク、リモートワークで仕事をすることが広まりました。三密回避志向ならば、都会よりも地方であり、そのほか多くの理由もあって「コロナ禍において地方移住が進む」と言われています。ここでは地方移住の可能性について取り上げます。

◆地方志向の高まり

内閣府は「新型コロナウイルス感染症の影響下における生活意識・行動の変化に関する調査」を実施しました（2020年6月発表）。同調査では、新型コロナウイルス感染症の影響で「地方移住への関心が高まった」との回答は15.0％です（「関心が高くなった」（3.8％）＋「やや高くなった」（11.2％）の合計）。特に東京圏の20代では27.7％に達しています（図1-3）。この27.7％を推計すると、約112万人となります。さらに、東京23区に住む20代のうち、地方移住に関心を持つ人は35.4％という結果も示されています。この数字は、3人に1人以上が地方移住を考えていることになります。

「2020年度移住動向調査」（ディップ（株）、2020年8月）によると、非正規労働者の6割が地方移住に興味を持っていることが分かりました。同調査は、「地方移住に興味のある方は昨年の48％から11ポイント上昇し59％という結果になりました。働き方改革や新しい生活様式の浸透により、地方移住への意識が高まっている」と記しています。そのほか地方移住に関連するさまざまな調査で、全体的に地方志向が強まっている結果が得られています。

図1-3　三大都市圏居住者における地方移住の意向結果

質問　今回の感染症の影響下において、地方移住への関心に変化はありましたか。（三大都市圏居住者に質問）

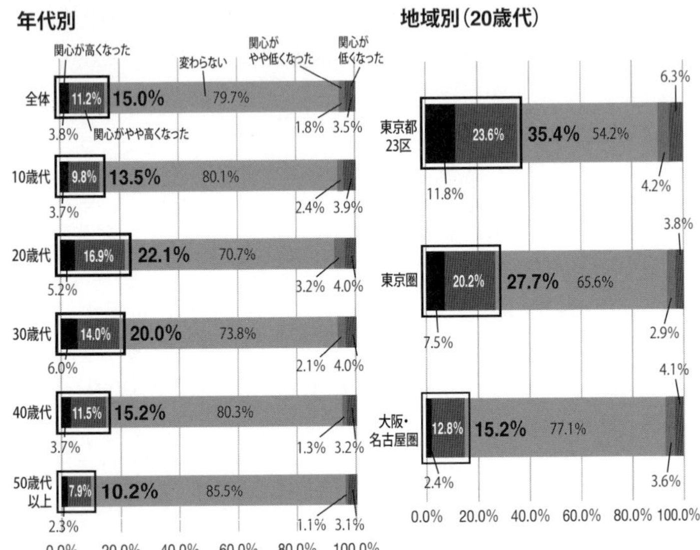

備考）三大都市圏とは、東京圏、名古屋圏、大阪圏の１都２府８県。
・東京圏：東京都、埼玉県、千葉県、神奈川県　・名古屋圏：愛知県、三重県、岐阜県
・大阪圏：大阪府、京都府、兵庫県、奈良県

資料）内閣府「新型コロナウイルス感染症の影響下における生活意識・行動の変化に関する調査」

地方移住の高まりを受けて、国は多様な施策を打ち出しています。例えば、国が進める地方創生（第２期）は、東京の企業に勤めながら働く場所を地方に移すリモートワークを後押しし、地方への移住につなげることが一つの柱となっています。

同時に、地方自治体も移住先の候補としてもらうために、さまざまな施策を展開しています。A市は、Uターン・Iターンでの移住者に補助金を支給する支援事業を開始しました。B市は、市への関心を高め移住の検討につなげてもらおうと、地方移住を勧

めるPR動画を用意しました。C市は、旅行先で休暇を楽しみながら仕事にも取り組む「ワーケーション」推進に向け、１泊当たり5,000円を上限に、宿泊費の半額を補助しました。そのほか、地方移住に関する施策は数えるときりがありません。

このような状況から、地方移住への意識が高まるのではないかと感じます。

◆地方移住の注意点

地方移住には３つの注意点があります。

第１の注意点は、「地方」の定義です。アンケート調査で「地方」と問われたら、具体的にどの地域を思い浮かべるでしょうか。

わたしの見解では、①「地方」というカテゴリーで有名な沖縄や軽井沢（長野）などを思い浮かべる可能性が高いと考えます（「ブランド」地方）。また、②「地方」と言っても現在の住まいから近い「地方」の可能性もあります（「日常生活圏近隣」地方）。そ

して、③自らの故郷である「地方」を思い浮かべるかもしれません（「思い出」地方）。

すなわち、「地方」は「イメージの湧く地域」を指します。近年、地方圏に位置する多くの地方自治体がこぞって地方移住に取り組んでいます。しかし、多くの地方は認知度が乏しく選ばれる可能性は低いのです。

第2の注意点は、「地方移住」は激戦区だということです。多くの自治体が地方移住の施策を進めています。その結果、競争が激しくなっています。ライバルの中で埋没しない地方移住の施策が求められます。今や「地方移住」をキーワードに自治体間の仁義なき戦いが勃発しているのです。

第3の注意点は、「地方移住の障害をどのように克服するか」があります。2021年に内閣府が「農山漁村に関する世論調査」を実施しており、同調査では、以下のような地方移住の障害があげられています。それは、買い物・娯楽施設が少ない（41.6％）、地域内交通が貧弱（49.3％）、医療機関が少ない（30.1％）、子どもの教育施設が少ない（25.5％）などです（図1-4）。これらを改善しないことには、地方移住は一過性のブームとして終了します。

過去何度か地方移住のブームは見られましたが、地方が持つ都会と比較した上での弱点を改善できなかったことから、地方移住はトーンダウンしました。

◆冷静に捉えた地方移住

現在の「地方移住」は、とかく利便性の高い、都会に近い地方だけが移住者を増加させる傾向があります。多くの地方は、移住者を集められず、徒労感だけ残るという状況になりかねません。

現在、わたしのもとに地方移住の可能性について多くの相談が

図1-4　都市住民が農山漁村地域に移住する際の問題点

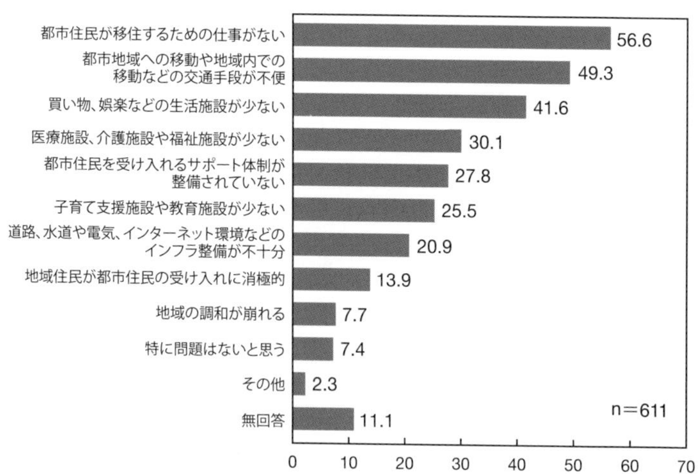

資料）内閣府「農山漁村に関する世論調査」(2021年6月)

寄せられます。何となく近隣自治体が取り組んでいるからという理由で地方移住に取り組むと、間違いなく失敗します。地方移住が注目を集めているからこそ、冷静に捉える必要があります。

当然ですが、移住先の問題として、移住者自身の雇用や交通手段、医療などがあがります。地方圏に位置する自治体は「すべての問題を改善しよう」としますが、それは不可能です。なぜならば、地方圏の自治体は行政資源が少ないからです。東京のような行政活動はできません。**これからの展開としては、「すべての問題を改善しよう」という考えではなく、「何かに的を絞る」ことが大事です。**

例えば、教育、医療、保育などです。的を絞れば、東京を超えるかもしれませんし、強みとなります。その強みが魅力を増し、地方移住を達成する力となります。

2章 政策新機軸
～勝ち抜くための新機軸（イノベーション）

1 自治体間競争

◆自治体間競争の時代

あまり耳にしない用語ですが、近年は「自治体間競争の時代」と言われています。**自治体間競争とは「地方自治体がそれぞれの地域性や空間的特徴などの個性（特色）を活かすことで、創意工夫を凝らした政策を開発し、他地域から住民等を獲得すること」**と定義できます。

この定義で言及している「住民」は、「定住人口」と「交流人口」に分けることができます。「定住人口」は、その地域に住居を構え生活している人口です。「交流人口」は、その地域に訪れる人口を意味します。それらの目的は、観光をはじめ、通勤・通学、買い物などさまざまあります。

自治体は、他自治体との競争のために多種多様な施策や事業を実施しています。近年、その結果としてさまざまな「差」が生じています。この「差」をいくつか紹介します。

◆まちづくりの「差」

自治体間競争の転機となった一つの大きなトピックスは、2000年に施行された「地方分権の推進を図るための関係法律の整備等に関する法律」（地方分権一括法）です。同法は、国と自治体の関係を激変させました。同法が施行される以前は、国と自治体は「上下・主従の関係」でした。しかし、同法施行後は「対等・協力の関係」に変化し、地方自治をとりまく制度的な変化が多くもたらされることとなりました。

国がすべての自治体を保護していくという護送船団方式は終了し、自治体が独自の創意工夫で行政運営を推進していく時代となったのです。同時に人口減少へと拍車がかかり、自治体間競争がますます激化しています。

自治体が「これだけはよそに負けない」ことを実現していくためには、今までとは異なった発想が求められ、未経験の分野にも取り組まなければなりません。その中で、一部の自治体では特徴的な取り組みを実施し、注目を集めています。例えば、境港市（鳥取県）の鬼太郎ロード（妖怪ロード）や小布施町（長野県）や由布市（大分県）の景観まちづくりなど、地域の個性を活かしたまちづくりを実施しています。このように、まちづくりに「差」があらわれています。

◆住民負担の「差」

自治体間競争は、私たちの生活にも深くかかわってきます。住民税の税率は全国共通であるため大きな差はありませんが、それ以外には差が生じています。例えば、2016年10月時点の国民健康保険税は、自治体ごとに大きく異なります。大阪府のモデル世帯をもとに国民健康保険税額を計算すると、最も高い守口市で年間49万4,000円を納めることになる一方、豊能町は年間25万4,940円です。居住地により、納める税金の額に「差」が生じています。

また、自治体は法定外税を採用しています。法定外税とは、地方税法に定める税以外に自治体が独自に新設できる税のことです。有名な法定外税としては、東京都の「宿泊税」があります。１人あたり１泊につき、宿泊料金が１万円以上１万5,000円未満の場合には100円の宿泊税がかかります。豊島区には「狭小住戸集合住宅税」があります。これは、区内に1戸あたりの専有面積が30㎡未満の住戸が9戸以上となる集合住宅を新築する時にかかる税で、住戸1戸あたり50万円が課税されます。そのほか、自治体にはさまざまな法定外税が設定されています。生活する自治体や訪問する地域によって、納める税金の種類に「差」が生じることになります。

税金ではありませんが、公共料金の差も激しくなっています（以下、2013年時点）。例えば、水道料金（口径20mmで20㎥の月額料金）は、夕張市（北海道）が6,657円であるのに対し、笛吹市（山梨県）は640円です。一方、ガス料金（22㎥使用した場合の月額）の場合は、月額料金で東金市（千葉県）は2,659円であるのに対し、舞鶴市（京都府）は9,316円となっています。生活する地域で、公共料金も「差」が生じるのが現状です。そのほか、住民に提供される行政サービスにも「差」が生じています。

◆「足による投票」へ

居住地や観光先の選択肢の一つとして、自治体間競争に伴うさまざまな「差」が注目されています。住民は自分の選好を満足させてくれる自治体に住むことを望みます。そして自分の選好を満たしてもらえない場合は、その自治体から住民が離れていきます。この住民行動のことを**「足による投票」**（voting with your feet）と言い、海外ではしばしばみられる現象です。

自治体間競争が激化し「差」がより広がれば、日本でも海外のような「足による投票」が広がるでしょう。

２ 自治体とマーケティング部門

◆倒産自治体増加の予感

「財政」という側面から自治体の状況をみます。

Ｆ市は、2015 年度決算で実質収支が赤字となり、2018 年度には破綻状態と判断される「財政再生団体」に転落する見通しとなりました。財政再生団体とは、「地方公共団体の財政の健全化に関する法律」に基づき、財政再生計画を策定した自治体を意味します。会社の倒産にたとえられ、「倒産自治体」と言われており、現状で夕張市が財政再生団体となっています。

Ｆ市は、2015 年度には市の貯金にあたる財政調整基金が底をつくなど、厳しい状態となりました。同市は、財政再生団体への転落を回避するため、公共サービス範囲の見直しや職員の削減などに乗り出しています。実際、Ｆ市に限らず、倒産自治体予備群は少なくありません。

日本は少子化の道を歩んでいるため、多くの自治体は必然的に歳入が減少してきています。しかも、高齢者がしばらく増えていくことから、歳出は増加していきます。このため、何も対策を講じなければ、どこかの時点で破綻するのは明白です。このままでは財政再生団体がつぎつぎと現れるかもしれません。

一方、「人口」という観点から衝撃を与えたのが「**消滅可能性都市**」です。「消滅可能性都市」とは民間研究機関「日本創成会議」(座長・増田寛也元総務相)から発表された概念です。同調査は、2040 年までに全国計 896 自治体で、20 ～ 39 歳の女性が半減するとし、その自治体を「消滅可能性都市」と表現しました。

◆自治体マーケティング部門の設置へ

流山市（千葉県）は2004年に「マーケティング課」（総合政策部）を設置しており、これまで確実な成果をあげてきました。この成果とは、定住人口の増加と歳入の拡大です。同課は流山市の知名度アップをはかるとともに、同市のブランド化を推進するため、首都圏を中心に同市の魅力を積極的にPRしています。「母になるなら、流山市。」と「父になるなら、流山市。」というポスターを駅で見かけたことがあると思います。特に、自治体間競争を意識した魅力ある情報を発信することにより、子育て中の共働きファミリーの定住化促進を目指しています。

このように、自治体は民間企業が得意なマーケティングを採用しています。このことから自治体の思考が、少しずつ民間的になっていることが分かります。一部には、このような部門を設置した自治体に対して批判的な意見もありますが、ここまでしなくては、住民の獲得を目指した自治体間競争の中で、自治体は生き残れないのが実情です。

3 都市の売り込み

◆「都市（地域）の売り込み」の胎動

近年、地方自治体は「**シティセールス（City Sales）**」や「**シティプロモーション（City Promotion）**」を積極的に展開しています。

相模原市は、シティセールスを「相模原市の魅力を明確にするとともにそれらをより高め、魅力を市内外に効果的・戦略的に発信していく取り組み」（相模原市シティセールス推進指針）と定義しています。一方、浜松市は「浜松市の多彩な魅力や取り組みを、市民一人ひとりがプロモーターとなってより多くの人達に伝える活動から、その魅力を求めて浜松に来る人達に感動や満足感を与え、定住につなげるための活動をいう」（浜松市シティプロモーション戦略）と捉えています。

この「シティセールス」と「シティプロモーション」という用語の意味の違いは曖昧ですが、共通することは「**都市(地域)の売り込み**」です。「**自治体名の知名度をより高める活動**」とも言え、民間企業で言う「営業活動」のようなものです。

近年では、川崎市や千葉市のような規模の大きな自治体に限らず、厚木市（神奈川県）、豊橋市（愛知県）、郡山市（福島県）など中小規模の自治体においても「都市(地域)の売り込み」が始まっています。そして今後、規模の小さな自治体においても同様な取り組みが開始されることでしょう。

◆「都市(地域)の売り込み」は「住民の取り込み」

なぜ、多くの地方自治体が「都市(地域)の売り込み」に取り組むのでしょうか。その一つの理由は、わが国が人口減少の道を歩んでおり、人口が減少することにより、自治体間競争が始まっているからです。

国土交通省の調査によれば、2030年に2000年の人口を維持している都市圏は11都市圏のみであり、多くの地域が人口の減少を招いていると推計しています。

当然ですが、**自治体は住民で成立しています。そのため住民（人口)の減少は、自治体の存続を危うくします。**このような背景から、住民を獲得しようと「シティセールス」や「シティプロモーション」が展開されているのです。なお、ここでいう住民は事業者も含まれます。

経営学者のピーター・ドラッカーは、企業の目的は「顧客の創造にある」と指摘しています。企業が永続的に続いていくためには、常に顧客を創造していかなくてはいけません。この顧客が自治体においては「住民」です。**住民を創造していくことが、自治体間競争の時代に勝ち残る一つの要諦**でもあります。シティセールスは、特徴的な都市(地域)をつくることにより、住民を獲得する能動的な取り組みです。つまり、都市の売り込みは「住民の取り込み」でもあります。

◆「都市(地域)の売り込み」の死角

わたしは、近年の「シティプロモーション」に少なからず違和感を覚えます。それは、シティプロモーションの対象者が不明瞭であるケースが多いからです。民間企業は購買層の決定という観点から**アピール対象**が明確です。そして設定したアピール対象に対して、自社の商品・サービスを販売していきます。これが明確でないと、市場の中で勝ち抜くことができません。

一方、自治体はアピール対象が不明瞭です。しばしば、これを「住民」と捉えることが多いのですが、住民は老若男女と幅広く、住民をより細分化していく必要があります。ある自治体では「夫婦共働きで子どもがいて、世帯年収1,000万円以上の30歳代後半から40歳代半ば」にメインターゲットを設定しています。このような事例は稀であり、ほとんどの自治体は具体的に設定していません。

注意すべきことは、自治体である限りは老若男女すべての住民を対象に事業を展開していく必要性があることです。その考えを前提として、**自治体間競争の時代においては「メイン」ターゲットを設定**していく必要があるのです。

そのほか憂慮すべき点として、住民の意向が反映されない住民

不在のシティプロモーションの取り組みも多いことがあげられます。また、「横並び意識」によるシティプロモーションも垣間見られます。つまり、「隣の自治体が実施しているから、うちの市でも……」という発想です。この横並び意識によるシティプロモーションは、受動的な取り組みであり、施策を模倣することを意味します。これではシティプロモーションと真逆の活動です。

4 自治体間連携で活路を見出す

◆自治体が消滅する時代

図2-1の日本地図で色（黒、灰色）のついている地域が消滅可能性都市です。

この「**消滅可能性都市**」という用語は危機感をつのらせるだけであり、行き過ぎ感があります。とは言え、日本の人口は確実に

図2-1　消滅可能性都市

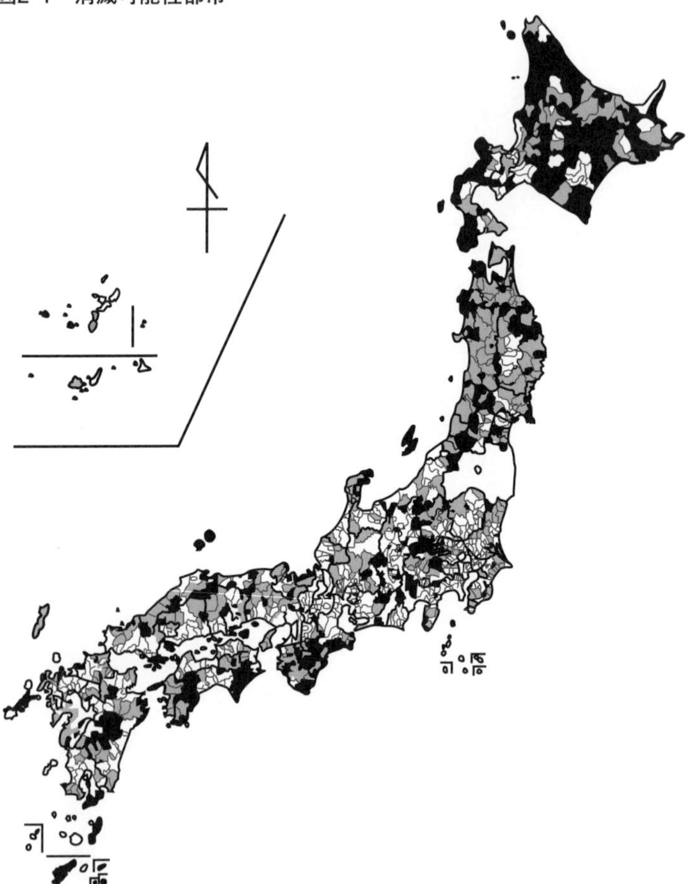

人口移動が収束しない場合において、2040年に若年女性が50%以上減少し、人口が1万人以上の市区町村（373）

人口移動が収束しない場合において、2040年に若年女性が50%以上減少し、人口が1万人未満の市区町村（523）

注）福島県は対象外。
資料）日本創成会議

減少しつつあり、**「消滅」までとはいかないまでも、「持続不可」な自治体が登場**するかもしれません。

総務省から発表された住民基本台帳に基づく人口（日本人住民）においても、人口減少が進行していることが明らかになりました。総務省によると、2014年は前年比24万3,684人減（0.19%減）の１億2,643万4,964人となり、５年連続で人口が減少しています。

当然ながら、すでに多くの自治体が人口減少の道を歩んでいます。しかし、東京圏を中心に人口が増加している自治体もあります。以前、わたしは東京圏のある自治体の再開発事業の事業者を決める選定委員会の委員をしていました。この自治体は人口が増えている地域であり、事業者からの問い合わせがひっきりなしの状態でした。一方、以前わたしがアドバイザーをした地方圏のある自治体は、人口が激減していく地域でした。そこで、人口減少を改善する目的で再開発事業を実施することにしました。しかし、手を挙げる事業者がなく、一時は頓挫したこともありました。

わたしの印象では、「人口の多寡」だけで（民間企業から）自治体の価値が決められてしまっています。そこで、多くの自治体が人口増加を目指す取り組みの「自治体間競争」をしています。自治体間競争に賛否両論はあるものの、現実はそのように動いています。

◆自治体間連携の胎動

人口減少時代に活路を見出す手段はさまざまあります。その中の一つの方法として、自治体間連携があります。近年、従来には見られないさまざまな連携が登場しています。

まず、通称「幸せリーグ」と呼ばれている取り組みを紹介します。2013年６月に、荒川区を中心として「住民の幸福実感向上を目指

す基礎自治体連合」が設立されました。同連合は「住民の幸福の追求という共通の使命のもと、志を同じくする基礎自治体が相互に学び合い、高め合うことを通じて、真に住民本位の自治体運営を実現し、誰もが幸福を実感できるあたたかい地域社会を築いていくこと」が目的です。

設立時には、人口約42万人の豊田市（愛知県）から、約1,900人の上勝町（徳島県）まで大小さまざまな規模の52の基礎自治体によりスタートしました。発起人自治体の荒川区は、2005年より住民の幸福実感をはかる指標として「荒川区民総幸福度（GAH：Gross Arakawa Happiness）」の研究プロジェクトを開始しています。同調査は、住民の幸福度を指標化することにより、住民の幸福度の向上に寄与する政策・施策を実施していくことが目的です。なお、「政策」とは、行政が目指すべきまちづくりの方向や目的を示すことです。また「施策」とは、政策を実現するための方策と捉えられます。

また、「日本公共サービス研究会」は足立区を中心として、2012年7月に発足しました。同研究会は「一定の専門性を必要とするものの、定型処理を繰り返す業務である“専門定型業務”の外部委託を中心に、新たな行財政改革の手法を構築するとともに、若年者雇用や教育・資格制度の創設を図るなど、自治体同士が協力して、さまざまな政策課題を包括的に解決していくことを目指していく」ことが目的となっています。

最後に「シティプロモーション自治体等連絡協議会」を取り上げます。現在では約30団体となっています（オブザーバー会員を含む）。同協議会は「自治体等相互の交流及び連携等を図ることにより、シティプロモーションを推進するための知識や情報の交換及び共有、地域におけるシティプロモーションのための取り組みを推進し、もって魅力ある地域づくりに寄与すること」が目的となっています。

ここでの紹介以外にも、さまざまな自治体間連携があります。自治体間連携の動きはジョイントベンチャーの活動に似ています。**自治体同士だけではなく民間企業も含めて連携が進んでいくことで、新機軸が生まれる可能性**があります。その新機軸が自治体間競争を勝ち抜く一つの方法になると考えます。

3章 地域振興
～地域に躍動を取り戻す

1 地域ブランド

◆「地域ブランド」の分類

近年、多くの自治体が積極的に「**地域ブランド**」の確立に取り組んでいます。その「地域ブランド」について、わたしの経験を踏まえてふれます。

「地域ブランド」について教科書的に説明します。経済産業省によれば、**地域ブランドとは「①地域発の商品・サービスのブランド化と、②地域イメージのブランド化を結び付け、好循環を生み出し、地域外の資金・人材を呼び込むという持続的な地域経済の活性化を図ること」**と定義しています。

①の「地域発の商品・サービスのブランド化」の一例は、地域団体商標制度に代表されます。同制度は、「地域の名称」と「商品（役務）の名称」等からなる商標について一定の範囲で周知となった場合に、事業協同組合等の団体が地域団体商標として登録することを認めています。例えば、「大間まぐろ」「横濱中華街」「和倉温泉」「信州そば」「京都八ツ橋」「長崎カステラ」等があり、すなわち「有形の資産」と言えます。

一方、②の「地域イメージのブランド化」とは、長い年月をかけて形成してきた「地域の全体的な感じ・印象」という、「無形の資産」です。例えば、「古本街と言えば……」と聞かれたとき、多くの読者は、きっと「神田神保町」を思い浮かべるでしょう。

このように、地域ブランドは狭義の地域ブランドと広義の地域

図3-1　地域ブランド2つの分類

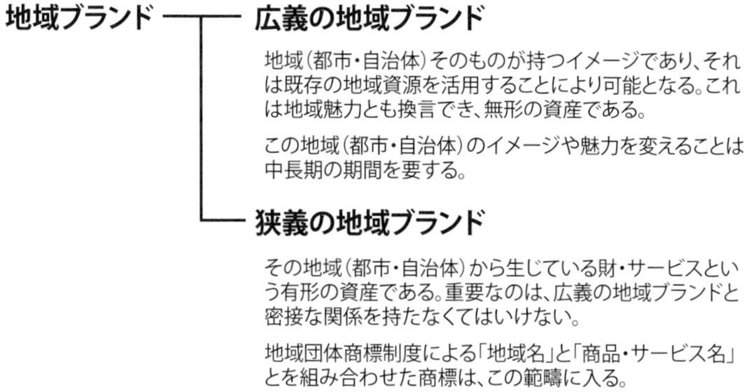

地域ブランド

広義の地域ブランド

地域(都市・自治体)そのものが持つイメージであり、それは既存の地域資源を活用することにより可能となる。これは地域魅力とも換言でき、無形の資産である。

この地域(都市・自治体)のイメージや魅力を変えることは中長期の期間を要する。

狭義の地域ブランド

その地域(都市・自治体)から生じている財・サービスという有形の資産である。重要なのは、広義の地域ブランドと密接な関係を持たなくてはいけない。

地域団体商標制度による「地域名」と「商品・サービス名」とを組み合わせた商標は、この範疇に入る。

資料）著者作成

ブランドに分けることができます（図3-1）。

これらの「地域ブランド」を確立しようと、多くの自治体が躍起になっています。その理由の一つは、地域ブランドを確立することで「**選ばれる地域**」に変貌できると考えているからです。

◆「地域ブランド」と自治体の関係

夕張市（北海道）が財政再生団体に認定されたことがあります。この「財政再生団体」とは、民間企業にとっての「倒産」にあたります。

夕張市には、さまざまな地域ブランドがありました。例えば、高級品として有名な「夕張メロン」があります。また、1990年代から開催されてきた「ゆうばり国際ファンタスティック映画祭」（通称「夕張国際映画祭」）がありました。これは、国際的に知られた映画祭で開催期間中は約２万人が同市を訪れ、大きな経済効果がありました。

1990年代後半の新聞記事には、「夕張メロン」や「夕張国際映画祭」などの事例は、夕張市における「地域ブランド」の成功事例として報じられていました。しかし、これだけのブランド要素があったのにもかかわらず、夕張市は破綻してしまいました。この事例で結論付けるのは危ういのですが、「果たして『地域ブランド』の確立は、『選ばれる地域』になるのか」という疑問を抱きます。

◆「地域ブランド」が生まれるには

「地域ブランド」に対して疑問を抱きつつも、それでも、「地域ブランド」には可能性があると考えます。わたしの経験から指摘できることは、**地域ブランドにおいては「成果」ではなく「過程」にこそ意義がある**、ということです。地域をブランド化するためには、さまざまな利害関係者との合意形成を図る必要があります。これらの合意を形成していく過程は手間がかかるものですが、一つひとつの合意を丁寧につなぎ合わせていくと、結果的に、そこで生活する利害関係者が地域に対して愛着を持つことにつながっていきます。

近年、さまざまな「地域ブランド」がありますが、この**「過程」に重きをおいた自治体こそが、ゆるぎない「地域ブランド」**を確立しています。夕張市も過程に重きをおいた地域ブランドを確立してきたことから、財政再生団体認定後も地域に愛着と誇りを持つ人々によって夕張再生が進められているのだと考えます。

わたしは、「地域ブランド」とは魅力であり、他地域にない独自性（差別化）が一つひとつの過程を通して形成された「地域魅力」と捉えています。

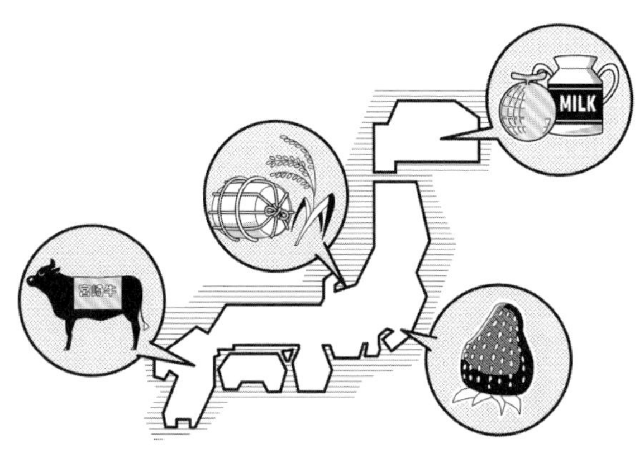

２ 行政観光

◆あらゆる要素が観光資源となる

近年、あらゆる要素（地域に加え財やサービス等）が観光資源として活用されています。例えば、「**産業観光**」という取り組みがあります。産業観光とは、歴史的や文化的に価値ある工場や機械などの産業文化財や産業製品を通じて、ものづくりの心にふれることを目的とした観光を意味します。また、「**工場観光**」という活動もあります。この工場観光は、工場などを公開して一般客に見せる取り組みです。工場でつくられる製品がどのような過程を経ているのかを詳細に見学することによって、消費者である一般客はその製品に強い関心を持つようになります。

そして、近年注目を集めているのが「**夜景観光**」です。特に京浜工業地帯をはじめ、工場が密集している地域の夜景が「幻想的」という理由で観光地として賑わっています。このほか、大手旅行会社は社会科見学を観光商品にして売り出し、人気を博しています。

このように、さまざまな要素が観光資源となります。その中で、地方自治体の政策づくりの現場を観光化した取り組みを紹介します。

◆「行政観光」の登場

地方自治体の政策づくりの現場を観光商品として売り出す動きがあります。山本恭逸・元青森公立大学教授は、行政活動そのものを観光とする取り組みを「**政策観光**」と称しています。山本氏は、政策観光とは「政策という目に見えにくいものを観光資源とする新しい観光概念」であり、「政策視察を目的に訪れるビジネス客をターゲットとする新観光政策」と指摘しています。

政策観光を「**行政観光**」という商品として実際に売り出した企業があり、内容は表3-1のとおりです。先進的事例を持つ地方自治体の「政策」を「知る」「見る」「学ぶ」ために観光として訪れる取り組みです。観光というよりは「視察」という表現のほうが

表3-1　行政観光例

視察自治体	テーマ	キーワード
磐田市役所（静岡県）	市政にスポーツを生かした総合的なまちづくりの実践	健康福祉、健康づくり、スポーツ振興、総務、商工労働等
戸田市役所（埼玉県）	環境まちづくりと自治体シンクタンクによる新しい市政構築の試み	環境、温暖化対策、資源循環、行政改革、総務等
熱海市役所（静岡県）	観光まちづくりと温泉イノベーションの取り組み	観光、商工労働、市民協働、NPO、産学連携等
厚木市役所（神奈川県）	安心・安全なまちづくりとシティセールスをとおした地域振興	商工労働、産業政策、安心・安全、交通安全等
都農町役場（宮崎県）	自然と環境の調和をめざす総合的なまちづくり	健康福祉、健康づくり、スポーツ振興、総務、商工労働等
北九州市役所（福岡県）	北九州における低炭素社会のまちづくり	総務、環境、農業政策、農村振興、温暖化対策等

資料）著者作成
注）2012年時点

適切です。

行政観光の特徴は、訪問先の先進自治体の政策づくり担当者による説明と同行講師（学識者）の全国的な動向や事例に関する講義がある点です。さらに、訪問した地方自治体の市長または副市長との対話の機会があることや、担当者と講師を交えた情報交換会が開催されることも、行政観光に付加価値を生じさせています。

◆磐田市（静岡県）の行政観光の実際

行政観光は表のようにさまざまありますが、この中で磐田市の行政観光の内容を紹介します。同市はスポーツ行政で先進的な地方自治体であり、「市政にスポーツを生かした総合的なまちづくりの実践」というテーマで行政観光が実施されました。

磐田市の行政観光は、２日間の日程です。初日は、同行講師による概略的な講義に加え、磐田市職員の事業内容の説明が中心となります。２日目は、前日説明された内容を現地に行って見学することができます。

同市は、2004年にスポーツによるまちづくりを展開するため、独自の行政計画「磐田市スポーツのまちづくり基本計画」を策定しました。そして同計画を機軸として、積極的にスポーツ行政に取り組んできました。同市は、古くからスポーツを生かした総合的なまちづくりに取り組んできた経緯があります。同時に、市民にとってスポーツしやすい環境づくりにも取り組んでおり、小中学校や総合型地域スポーツクラブの芝生化への展開も推進しています。

2011年６月には「スポーツ基本法」が制定され、全国的にスポーツ行政の機運が高まりつつあり、磐田市の取り組みは、今後ますます注目されていくでしょう。このような政策の先進事例を視察することが「行政観光」であり、新しい観光となるのです。

3 経済効果

経済効果の数字は、多くの学識者や各機関の発表ごとに異なることがあります。経済効果の推計結果が異なる理由は、推計条件がそれぞれ違うからと考えられます。ここでは、経済効果について考えてみます。

◆「経済効果」とは何か

「経済効果」とは「ある出来事（何かしらのイベントやブーム等）が国や地域、企業・業種にどれほどの影響を与えるかを金額に換算したもの」と定義できます。国や地域、企業・業種が一時的に潤う利益の合計です。経済効果は、ある出来事がもたらす影響の大きさとも言えます。

これまで多くの経済効果があると言われる施策がありました。例えば、「新紙幣の発行に伴い、ATM改修などによる直接の経済効果は1.6兆円」や「日本全体のお花見の経済効果は約2カ月で6,500億円」などがあります。さらには「東京オリンピック・パラリンピック競技大会の経済効果は32兆円」という報道もありました。なお、東京2020の経済効果は3兆円とか12兆円という数字もあり、どれが正しいのかわかりません。繰り返しますが、経済効果を算出する計算方法により、数字が異なると推測されます。

地方自治体は経済効果を好み、何かにつけて経済効果を出す傾向があります。例えば、岸和田市（大阪府）は「岸和田だんじり祭」の経済効果を推計しています（2013年9月）。岸和田市内は約25億円、泉州地域全体では約40億円という数字があります。浜松市は大河ドラマ「おんな城主 直虎」の放送に伴う経済効果を発表しています（2018年３月）。同ドラマによる経済効果は、浜松市内207億円、静岡県内248億円と算出しています。

泉佐野市（大阪府）はMICE誘致における経済効果を公表し、1,756億円と算出しました（2019年１月）。これら以外にも、自治体は多くの経済効果を発表しています。**経済効果が発表されるため、地域経済は潤うような感じがします。しかし、必ずしもそうなってはいません。**

◆経済効果は税収を上げるのか

イベントを実施する時には、経済効果を算出することが多いのですが、注意すべき観点があります。議論を単純化して取り上げます。例えば、５万円をＡイベントに活用した場合は「Ａイベントの経済効果は５万円」となります。しかし、個人の収入が増加しない限りは、別の出費を抑えなくてはいけません。したがって、従来参加していたＢイベントの５万円を削ることになります（Ｂイベントではなく、生活費の削減かもしれません）。その結果、「Ｂイベントの経済効果はマイナス５万円」となります。つまり、個人が新しい事象に対して経済行動をとれば、何か別の経済活動を抑える必要があります。そのため、イベント全体としては「効果はない」という結論にもなるわけです。

観光に限定すると、交通渋滞や電車等の混雑、ゴミの拡散などマイナスの経済効果があり、これらは「観光公害」と言われます。他の支出の抑制や、観光公害などのマイナスの部分は経済効果には加味されていません。

さらに、経済効果が正しかったか間違っていたのかという検証は、ほとんどされません。実際に、経済効果があるのならば、多少は可処分所得の拡大や税収の増加等が見られると思われます。しかし、「経済効果のその後」を追った考察は見られません。

以前、わたしがＢ級グルメのイベントによる経済効果と税収の関係を検証した際には、ほとんど関係がない結果となりました。経済効果が高いからと言って、税収にダイレクトに影響することはありません（牧瀬稔（2012年）「『Ｂ級グルメ』ブームに曲がり角」毎日新聞『週刊エコノミスト第90巻第45号』）。もちろん経済効果は一時的に動く金の流れの指標であり、必ずしも富が生まれるわけではありません。そうであっても多少の効用は確認できると思っていましたが、それが全く見られませんでした。

近年、さまざまな場面で経済効果が発表されます。経済効果の数字に踊らされることなく、冷静にみることが必要です。

経済効果を高めたいのならば、自治体はイベントを午前の早い時間帯に開催するのが良いと思います。ところが、多くの自治体は、イベントを午後に実施します。すると、多くの参加者は午前に移動し、午後のイベントに参加したあと、帰路につくというパターンとなります。午前の開催であれば、参加者は前日入りする必要があり、宿泊することになります。そうすることでイベントによる経済効果を高めることが可能となります。

経済効果を高めるためには、滞在時間を長くさせ、お金を使わせる仕組みをつくることが重要です。

4 廃校活用

近年、少子化の傾向がますます顕著になっています。子どもの数は、今後も減少していくことが予測されます。深刻な少子化は、多くの現象を生じさせています。その一つが「廃校」の増加です。

廃校の実態と活用の事例を紹介します。

◆増える廃校

文部科学省は毎年「廃校施設等活用状況実態調査」を公表しています。調査対象は、全国の公立の小学校、中学校、義務教育学校、高等学校、中等教育学校、特別支援学校です。

2021年5月には「施設が現存している廃校の数」が7,398校ありました。このうち「活用されているもの」が5,481校（74.1％）あり、「活用されていないもの」が1,917校（25.9％）という実状です。

活用されていないならば「取り壊せばいい」と考えるかもしれません。しかし、簡単には更地になりません。第一に費用がかかります。一般的に、取り壊し費用は一校あたり数千万〜数億円と言われています。多くの自治体では財政難となっており、取り壊しのための費用を捻出できません。第二に学校の存在は地域のシンボルであり、取り壊しに反対する住民がいます。そのほかにもさまざまな理由から「取壊しを予定」している学校は、わずか215校（2.9％）となっています。

同調査によると、2018年度から2020年度にかけて発生した廃校の延べ数は999校となり、廃校は少子化に伴って、今後も増加していくことが予測されます。

◆廃校活用の成功事例

廃校の活用用途は多岐にわたっています。従来よく見られるのは、市役所や町役場等としての転用です。近年では、リモートオフィスに活用する事例が増えています。また、廃校に企業誘致を進める事例や校庭に太陽光発電を設置するケースも多くあります。自治体は創意工夫を凝らして廃校活用に知恵を絞っています。

廃校活用の先駆的な事例は、（株）パソナグループが2012年8月に廃校になった旧野島小学校（淡路市（兵庫県））を、農業の六次産業化を通じて地域活性化を担う拠点としたことです。同校は「のじまスコーラ」と称されています。「スコーラ」はイタリア語で「学校」を意味し、地域の賑わい創出の施設となっています。同校では、淡路島産の野菜や特産物、加工品等を購入できる「のじまマルシェ」が開催されています。また、淡路島産の米粉を使った「のじまベーカリー」、淡路島の食材を利用したイタリアンを楽しめる「Ristorante-Scuola（リストランテ・スコーラ）」などの店が並び、さらに「多目的スペース」もあります。同校が地域の彩りを提供する複合施設として生まれ変わり、観光客を集め、地域活性化に一役買っています。

室戸市（高知県）には廃校となった旧椎名小学校を再利用した「むろと廃校水族館」（2018年4月開業）があります。同水族館では多種類の海の生き物を飼育しています。25mプールではウミガメやシュモクザメが泳いでいます。2階には直径3mの大水槽が2基と直径3.5mの水槽1基が設置されています。3階には約5mのミンククジラの標本や室戸の漁業の資料等が展示されています。かつては地域の学びのシンボルでしたが、現在は多くの観光客を呼び込む地域活性化の象徴になっています。

橋本市（和歌山県）の信太小学校は児童数が減少して、2017年4月には全児童数が11名となりました。そして2019年3月に143年の歴史に幕を閉じました。現在、廃校となった小学校は、グラウンドと校舎の再活用により「SHINODA BASE」と称されるキャンプ場として、（株）ティーシーエイにより運営されています。教室や図書館などは昔のまま残っており、ノスタルジーを感じさせます。かつての「日常」が、現在は旧小学校とキャンプ場が融合した「非日常」となり、独特の雰囲気を醸し出しています。その空間を満喫するため、観光客を中心に賑わいを見せています。

美馬市（徳島県）では、ある特徴的な企業が、廃校となった旧立切久保小学校に入居しました。その企業は、食用コオロギの生産を進める大学発のベンチャー企業「（株）グリラス」です。同企業は廃校を再整備し、世界初となるコオロギの品種改良を目的とした研究施設を立ち上げています。食用コオロギの生産、食用コオロギを用いた食品原材料および加工食品の製造・販売、食用コオロギの飼育管理サービスの開発・販売等を担っています。廃校が食用コオロギ生産の一大拠点となっているのです。将来に起こるかもしれない食糧危機の解決策となるかもしれません。

ほかにも、廃校を新たな施設として蘇らせた事例は多くあります。紹介した**廃校活用の共通点は「民間活力」**です。民間企業との連携・協力は、廃校の再活用においても新しい視点を提供します。それは、**イノベーション**を起こすことにつながると考えられます。

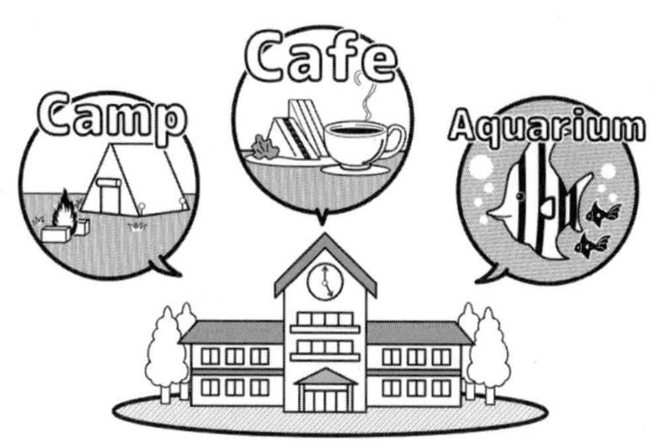

4章 民間活力
～「民間活力」を活かす・育てる・定着させる

1 地方創生の動向と民間ビジネス

◆活発化する地方創生の取り組み

国が制定した「まち・ひと・しごと創生法」により、「地方創生」が全国的なトピックスとなりました。地方創生の背景は、急激に進む人口減少と地方圏の衰退です。そのため、地方創生の目指すところは、①若い世代の就労・結婚・子育ての希望の実現（人口減少に歯止めをかける）、②「東京一極集中」の歯止め、③地域の特性に即した地域課題の解決となっています。

国は「地方が成長する活力を取り戻し、人口減少を克服する」ことを基本目標としています。さらに、基本的視点として「2060年に1億人程度の人口を維持する」ことを掲げています。人口減少に関して抜本的な対策をとらないと、日本の人口は2060年に8,600万人程度に落ち込むという将来人口推計があります。

国の地方創生を受けて、地方自治体の動きも活発化しています。当面、自治体が取り組むことは「地方人口ビジョンの決定」と「地方版総合戦略の策定」です。地方人口ビジョンとは、各自治体の人口動向や将来人口推計の分析に加え、中長期の将来人口の展望を提示するものです。将来人口の展望は、原則として2060年までの目標人口となっています。

一方、地方版総合戦略とは、地方人口ビジョンを達成するための基本目標と基本的方向、具体的な施策や事業を明記した行政計画です。特に、地方版総合戦略は「まち・ひと・しごと創生法」

の中で、全自治体に対して策定を努力義務としています。そのため、多くの自治体が策定に動いています。

◆自治体の地方人口ビジョン

近年、ほとんどの自治体で地方人口ビジョンと地方版総合戦略が検討されています。戦略策定のための費用として国から1,000万円の交付金がついていることも一つの要因と思われます。塩尻市（長野県）、那須塩原市（栃木県）、会津若松市（福島県）などは、かなり早い時期に策定しました。以下では、地方人口ビジョンにおける目標人口に限定して紹介します。

塩尻市は、2010年に６万7,670人でした。国立社会保障・人口問題研究所（以下、社人研）は、同市の人口が2040年には５万5,655人へ減少すると推計しています。そこで、積極的な移住定住促進に加え、生産年齢人口の社会増減を現在の水準で維持することにより、2060年には６万人程度を確保することを目標としています。つまり、約5,000人の上乗せを目指しています。

那須塩原市は、2010年に11万7,812人となっています。社人研の推計では、2060年には８万9,104人へと減少します。そこで、同市は合計特殊出生率と純移動率を改善することにより、2060年に約10万人の維持と人口構造の若返りを目標として掲げています。那須塩原市は約１万人の上乗せです。なお、合計特殊出生率とは、１人の女性（一般的に出産可能とされる15～49歳の女性が母数）が生涯に何人の子どもを産むかを表す数値です。合計特殊出生率が約2.07のときは、人口は増加も減少もしない「人口置換水準」と言われます。純移動率とは、一定の期間と地域における転入者と転出者の差を表した数値です。純移動率が正の値の場合は転入者が転出者より多いことを表し、負の値の場合は転出者が転入者より多いことを表しています。

会津若松市は、2015年1月現在の人口は約12万3,000人となっていました。2060年には約6万5,000人まで減少することが予測されています。そこで、合計特殊出生率を2040年までに2.2まで上昇させるなどを目指し、2060年には10万人程度の人口の実現を目標としています。この目標は約3万5,000人の上乗せです。

◆地方創生には民間活力が必須

創生の意味を調べると「作り出すこと。初めて生み出すこと。初めて作ること」とあります。創生の前についている「地方」とは「地方自治体」を意味します。つまり、**地方創生とは、「地方自治体が、従前と違う初めてのことを実施していく。あるいは、他自治体と違う初めてのことに取り組んでいく」**という意味になります。しかし、自治体単独で「従前と違う初めてのことを実施する」ことは難しいのが現状です。

国は地方創生を進めるために、外部主体[1)]と連携していくことを薦めています。前述したように、地方人口ビジョンを発表したどの自治体も、社人研が発表している将来人口推計より上乗せしています。この目標人口を達成するためには自治体単独では実現が不可能です。ここに民間企業のビジネスチャンスがあると思われます。

2 シビックプライド（1）

近年、地方自治体は「シビックプライド」(Civic Pride) という考えに注目しています。この用語は、2008年に出版された『シビックプライド―都市のコミュニケーションをデザインする』（読売広告社都市生活研究局著・伊藤香織他監修、宣伝会議）の中で初めて登場しました。同書によりシビックプライドが少しずつ広がりはじめ、近年では急速に地方自治体の中に浸透しつつある用語となっています。

◆シビックプライドの意味

「シビックプライド」とは「市民が都市に対してもつ誇りや愛着をシビックプライドというが、日本語の郷土愛とは少々ニュアンスが異なり、自分はこの都市を構成する一員でここをより良い場所にするために関わっているという意識を伴う」と定義しています。

地方自治体ではシビックプライドを一つの重要な政策と捉えています。例えば、川崎市の「川崎市シティプロモーション戦略プラン」における目標の一つに、「市民の『川崎への愛着・誇り（シビックプライド）』の醸成」と明記しています。そこには「川崎の魅力や地域資源を更に多くの市民に知ってもらい、川崎の魅力の浸透を促進し、市民の『川崎への愛着・誇り』を醸成します」とあります。

伊賀市（三重県）もシビックプライドに取り組んでいます。「伊賀市シティプロモーション指針」におけるシビックプライドとは、「伊賀市民であること、伊賀出身であることを誇りに思うこと」と定義しています。そして「伊賀がより良い地域になるために主体的に関わる意思を持つこと」と位置づけています。

そのほか、シビックプライドに取り組む事例として盛岡市、朝来市（兵庫県）、各務原市（岐阜県）、橋本市（和歌山県）、足利市（栃木県）、三島市（静岡県）をはじめ、多くの自治体があります。「シ

1）　地域住民や民間企業、大学など。

ビックプライド」は自治体の中ではよく使われる用語でもあります。

◆シティプロモーションに位置づけられるシビックプライド

近年、シティプロモーションに関連して、シビックプライドが多く語られるようになりました。ここでは「都市・地域の売り込み」と定義しておきます。この「都市・地域」には、自治体名が入ります。例えば、「川崎市の売り込み」や「伊賀市の売り込み」となります。シティプロモーションは、民間企業における「営業」と言うことができます。

地方自治体がシティプロモーションを進める背景には、人口減少や税収減などがあります。自治体も積極的にPRすることにより、人口の維持あるいは増加を目指しています。そして、税収を安定的に確保し、持続可能な自治体の運営を目指そうとしています。そうしなくては自治体間競争に勝ち残れません。

人口を減少させないためには、出生数や転入者の増加に加え、転出者を減らすことも重要です。**シビックプライドを高めて住民に愛着や誇りを持ってもらい、転出の抑制を期待している**のです。また、転職や結婚等の理由により転出したとしても、地域に対して愛着や誇りがあれば、人生のどこかのタイミングで戻ってきてもらえることも期待しています。

このような理由により、自治体はシティプロモーションにシビックプライドを位置付けて、率先して取り組んでいます。

◆シビックプライドは自治体間競争に勝ち抜くキーワード

近年、シビックプライドを定量的に測る試みが行われています。三菱UFJリサーチ&コンサルティング（株）は、政令指定都市と東京都区部の21団体の住民を対象にアンケート調査を行い、「市民のプライド・ランキング」を発表しました（2017年６月）。

（株）読売広告社は「都市生活者の居住エリアによる特性分析を可能にするCANVASS-ACR調査」を発表しています。これは、東京圏と大阪圏の50km圏の住民を対象に、街を評価する５つの要素「愛着」「共感」「誇り」「住み続けたい（継続居住意向）」「人に勧めたい（他者推奨意向）」を数値化したもので、シビックプライド指標としています。

2016年の調査結果（図4-1）では、戸田市（埼玉県）のシビックプライド指標が高くなっています。同市は「共感」の評価において第１位、「誇り」と「人に勧めたい」はともに第４位と、全体的に良い結果が得られています。

戸田市は「インナープロモーションの更なる強化」を掲げてきました。これはシビックプライドの醸成[2)]を目的としています。

図4-1　都市生活者の居住エリアによる特性分析を可能にするCANVASS-ACR調査

共感	
1位	戸田市（埼玉）
2位	武蔵野市（東京）
3位	横浜市都筑区（神奈川）

誇り		愛着	
1位	鎌倉市（神奈川）	1位	武蔵野市（東京）
2位	武蔵野市（東京）	2位	渋谷区（東京）
3位	藤沢市（神奈川）	3位	習志野市（千葉）
4位	戸田市（埼玉）	21位	戸田市（埼玉）

住み続けたい		人に勧めたい	
1位	港区（東京）	1位	武蔵野市（東京）
2位	鎌倉市（神奈川）	2位	横浜市都筑区（神奈川）
3位	渋谷区（東京）	3位	北区（東京）
15位	戸田市（埼玉）	4位	戸田市（埼玉）

【調査機関】
（株）読売広告社　（2016年10月）

2）　住民の間に少しずつ地域に対する愛情・誇りを形成すること。

同市では、**シビックプライドに取り組むことにより、人口流出率が低下**してきています。また、さまざまなデータから「戸田市に住み続けたい」と考える市民も増加しています。その背景としては、住民の同市に対する共感というシビックプライドが浸透しているからと考えられます。

シビックプライドは自治体間競争に勝ち抜く一つの視点でもあります。さらに、市政においてのさまざまな改善効果も見られています。

3 シビックプライド（2）

次に、シビックプライドを高めるための具体的な取り組みについてふれます。

◆シビックプライドを「見える化」する試み

シビックプライドが高いと、さまざまな良い効果が生まれることが明らかになっています。例えば、継続居住が高まり、地域活動への参加が積極的になり、町内会活動やまちづくり活動等の地域活動に熱心になります。このことは、転入促進や転出阻止へとつながり、「選ばれる自治体」に変わると言われています。「選ばれる自治体」になれば地価が上昇し、さらに税収増につながります。このような背景から、シビックプライドに力を入れる自治体が増えています。

図 4-1 より、それぞれの指標における第 1 位は、「愛着」が武蔵野市（東京）、「共感」が戸田市（埼玉）、「誇り」が鎌倉市（神奈川）、「住み続けたい」が港区（東京）、「人に勧めたい」が武蔵野市です。これらの結果から意外なのが「戸田市」です。読者は「戸

田市」と聞いてイメージが湧くでしょうか。それ以前に、同市の位置を知っていますか。隣接する自治体は、さいたま市、川口市、北区、板橋区などです。東京都心まで20分程度で行ける交通利便性の高い地域です。「共感」が第1位に輝いた同市においても、全体的に高評価を得ているこの調査結果に当惑していると聞きます。

◆戸田市でのシビックプライドを高めるための取り組み

高評価を裏付ける結果として、戸田市は人口増加が続いています。2015年には人口増加率全国第7位、人口増加数全国第15位という実績を誇っています（2015年の国勢調査によれば、全国の自治体の82.4%で人口が減少しています）。

同市は地理的条件に恵まれているという優位性もありますが、東京都心の新宿駅等を起点として、同じ距離、同じ通勤時間の自治体の中でも、圧倒的に人口が増加しています。同じ条件でも多くの自治体では人口が減少しています。

また、同市の人口流出率も継続的に低下し、市民アンケート調査でも居住意向が高くなっています。これらの背景には、シビックプライド醸成を目指した政策展開があるのです。

戸田市は、2014年にスマートフォン用アプリケーション「tocoぷり」を開発しました。当時では珍しい取り組みとして多くのメディアから注目を集めました。「tocoぷり」は、地域の身近な情報を気軽に発信・収集することができるアプリケーションとして、開発段階から住民が参画してつくられました。

行政アプリとしては比較的多くの住民に利用され、アプリケーションを手段としてシビックプライドの醸成に寄与しています。一般的なアプリケーションには「いいね」ボタンがついていますが、「toco ぷり」の特徴として「いいね」ボタンが「共感」ボタンとなっています。

また、同市は、市制施行50周年（2016年10月）を迎えました。この機会を活用し、市民の愛着心の向上を目指す取り組みとして、企画段階から多くの市民が参画する「とだ50祭」をつくりあげました。

「とだ50祭」での市民の位置づけは、物語を共につくっていく「キャスト[3)]」です。市民が協力し、「みんな一緒に成功しよう」という理念のもとで取り組んだ「とだ50祭」は、約3万2,000人もの参加者を呼び込むことができました。同市はそのほかにもシビックプライドを高めていく政策を多々用意しています。

これからの地域運営の一つのキーワードは「シビックプライド」にあると考えます。

4 地域創生の主体者となる方法

新型コロナウイルス感染症は、私たちの生活や価値観を大きく変え、人々は地域を意識するようになりました。

わたしの周りにも、地方に移住してプロモーションに関わっている人や出身地の地域衰退を食い止めようと実践的に地域創生に取り組んでいる人もいます。

地域創生に関わる手段は、民間企業に勤務する場合、(1) 会社員の身分のまま関わる、(2) 休職して関わる、(3) 退職して関わる、の3パターンです。

◆副業人材として活動する

まず、(1) に関しては、副業（複業）があります。地方自治体の中には、民間企業に勤務する会社員を「副業人材」として受け入れるケースが増えています。生駒市（奈良県）は、①収益確保、②首都圏 PR、③観光企画、④ ICT 推進、⑤人事改革、⑥教育改革、⑦地域活力創生、の７分野に関して副業人材を募集しました。生駒市以外にも、渋谷区（東京都）、青森市、福山市（広島県）、京都市など枚挙に暇がありません。

わたしが教壇に立つ社会構想大学院大学の大学院生（社会人）の３名は、会社で働きながら美郷町（島根県）の副業人材としてまちづくりに関わっています。月に１回程度オンラインで東京と美郷町をつなぎ、職員とプロジェクトを推進するため、意見交換をしています。

副業人材を活用するのは地方自治体だけではありません。環境省は、週１～２日副業として勤務する「デジタル化推進マネージャー」を公募しました。会社として副業が認められているなら、副業人材として地域創生に関わることも一つの案です。

週１回や月１回の勤務時間が取れない場合は、地方自治体が設置している審議会等の委員として関わってはどうでしょうか。審議会とは「地方自治体が意思決定を行う際に意見を求める合議制の機関」で、年に数回開催の審議会への参加なので負担は大きくありません。審議会は、地方自治体の広報紙やホームページで公募委員を募集しています。

◆地域に根を下ろして活動する

次に、⑵と⑶のケースを紹介します。国は「地域おこし協力隊」という制度を用意しています。要綱には、地域おこし協力隊とは「１

3)　映画や演劇などの配役や出演者のこと。

年以上３年以下の期間、農林漁業の応援、水源保全・監視活動、住民の生活支援などの各種の地域協力活動に従事する者」と書かれています。地域創生を実践的に進める人と言えそうです。

地域おこし協力隊員の活動費は、１人あたり 約500万円まで国が補助してくれます。活動費には報償費も含まれます。報償費は、簡単に言うと給与手当で、この手当の額は地方自治体により異なります。また、地域おこし協力隊の期間を終了した後に起業すると、上限100万円の地域おこし協力隊起業支援補助金を受け取ることができます。

さらに、2021年４月から国は「地域プロジェクトマネージャー」という制度を開始しました。要綱を確認すると、「１年以上３年以下の期間、市町村が実施する重要プロジェクトを推進し、地域活性化に向けた成果をあげていく者」という趣旨で規定されています。地域創生をマネジメントしていく人と言えます。地域プロジェクトマネージャーの報償費は、１人あたり650万円まで国が補助しています。

地域おこし協力隊や地域プロジェクトマネージャーの問い合わせ先は地方自治体になります。不定期に公募をかけるため、ホームページ等を定期的にチェックしてください。

社会構想大学院大学では「地域プロジェクトマネージャー養成課程」を開講しています。同課程は地域創生に関わる人材の養成を目的とし、わたしが発案者でもあります。同課程には定員を超えた応募がありました。受講後に地域プロジェクトマネージャーに転身した人もいます。

(3) の場合は「起業」する手段もあります。ただし、いきなり起業するのはリスクが大きいため、地域おこし協力隊や地域プロジェクトマネージャーを経験し、当該地域の実状を知り、つながりを築いた上で、起業に取り組むほうがリスクヘッジになると考えます。

5章 行政運営
～歳入拡大の取り組み

1 行政評価制度

読者のビジネス活動は、どのように評価されているのでしょうか。さまざまな指標を用いて、何かしらの評価が行われていると思われます。地方自治体でも行政サービスを評価しています。

◆行政評価の定義

宇都宮市は「行政が実施する政策・施策・事業について、『どのような成果があったか』『当初設定した目標が着実に達成できているか』などの視点から、客観的・多角的に、評価・検証を行うもの」としています。長岡京市（京都府）は「事務事業に目標指標を設け、これに対する達成度を評価することにより、客観的に事務事業・施策の進捗度を把握するシステム」としています。

行政評価について多くの定義がある中、「①行政が実施している政策・施策・事業について具体的な目標指標を設け、②政策・施策・事業の効果を把握し、行政活動の有効性、効率性、必要性等を評価することにより、③行政自らが住民の視点に立って点検・検証し、④それらの結果を次の企画立案に生かすことで、⑤行政活動の質的向上を図る一手法」と捉えています。

政策・施策・事業（事務事業）の意味を記すと、「政策」とは、行政が目指すべきまちづくりの方向や目的を示すことです。また、「施策」とは、政策を実現するための方策と捉えられます。最後に「事業」とは、施策を実現させるための具体的な手段となります。

事業をまとめたものが施策になり、施策の集合体が政策と言うこともできます。

◆行政評価の現状

近年、多くの地方自治体は、実施した政策・施策・事業が「どのような効果があったのか」を把握するために行政評価を実施しています。この行政評価は、基本的に事業レベルで実施することが多く、そのため事業評価と称されることもあります。

2010年10月の総務省の調査によると、都道府県・市区町村において、977団体（54.4%）が行政評価を導入しています。都道府県は98%の団体、政令指定都市は95%の団体、中核市では95%の団体が行政評価を導入しています。一方、町村に限定すると30%となっています。規模の大きな地方自治体ほど導入率が高くなっています。

地方自治体の規模が大きくなればなるほど、実施する事業が多くなるため、行政評価の作業量も膨大となり、2011年度では入間市（埼玉県）が349事業、愛知県が1,577事業を対象としていました。行政評価は、原則として事業の一つひとつを評価していくため、その作業量はとても多く、担当する職員の負担となっている場合も少なくありません。

また、行政評価が目的化してしまうこともあります。本来の**行政評価は手段であり、行政活動の質的向上を図ることが目的**ですが、昨今の行政評価をみると、地方自治体の中には手段と目的を履き違えていることもあります。

◆実は難しい行政評価

行政評価に取り組む地方自治体は増加していますが、行政評価は極めて難しいもので、**「具体的な目標指標を設ける」こと**が重要です。この**目標指標は「アウトプット」と「アウトカム」に区別**して考えます。

アウトプットとは、事業の実施によって行われた「行政対応の結果」を指します。アウトカムとは、行政の対応によって「もたらされる地域社会への影響」を指します。例えば、「徴税訪問先を○件増やす」はアウトプットであり、その結果「税収が増加した」はアウトカムになります。また、「保育所を○施設増設する」はアウトプットであり、その結果「待機児童が○人減少した」はアウトカムになります。この事例は比較的分かりやすいと思います。

しかし、この指標が簡単に設定できない行政サービスもあります。ある自治体では火葬場を運営していますが、その目標指標が「稼働率を15%向上」とありました。これはよく考えると「たくさん死んでください」ということを意味してしまいます。

また、このアウトプットとアウトカムは、考え方により対立することがあります。例えば、高齢社会に向けて「寝たきり老人の収容施設を増やす」ことはアウトプットになります。しかし、それは本来の目的であるはずの「寝たきり老人をつくらない」というアウトカムを阻害することになってしまいます。さらに「障害者に対して手を貸す仕組み」をアウトプットすると、逆に「障害者の自立」というアウトカムは難しくなるかもしれません。

このように、具体的な目標指標である「アウトプット」と「アウトカム」の設定は非常に難しいのです。これらの点が課題となり、行政評価が浸透していかない実状もあります。そのため、今後は改善・改良しながら、少しずつ行政評価の取り組みは広がっていくと思われます。

わたし自身、アウトプットとアウトカムの指標を検討するのに苦労しています。自分自身が「設定した指標は正しい」と思っていても、周りから見ると「その設定した指標は変だ」と指摘されることも多々あります。そこで、わたしは設定した指標を第三者（しかも数人）にチェックしてもらいます。この第三者は行政関係者だけでなく、大学のゼミ生や同僚も含まれます。第三者数人以上にあたって意見を聞くことが、間違いのない指標にする近道です。

2 タックスペイヤーとタックスイーター

◆人口減少による問題は一様ではない

「まち・ひと・しごと創生法」は「我が国における急速な少子高齢化の進展に的確に対応し、人口の減少に歯止めをかけるとともに、東京圏への人口の過度の集中を是正」することを掲げています。

わたしは、仕事がらさまざまな地方自治体に行きます。訪問する多くの自治体に共通する悩みは「人口減少」です。特に、地方圏に位置する自治体ほど、人口減少のスピードが早く、危機的な状況に置かれています。しかし、多くの自治体は人口減少による将来の問題について危機感を持っていません。

当然、人口減少によって生じる問題はさまざまあります。しばしば人口減少は、自治体の税収を減少させると指摘されます。しかし、人口が減少する自治体でも、政策展開により歳入を拡大した事例もあります。例えば、起業支援や企業誘致による法人市民税等の増加や、税外収入の拡大などが当てはまります。税外収入とは「税金によらない収入」で、今はやりの「ふるさと納税制度」や「クラウドファンディング」等が該当します。

逆に、人口が増加すれば安泰というわけでもありません。例えば、首都圏に位置するある都市では、今後十数年間は人口が増加していくと予測されています。しかし、同市の調査では、税収は増加せず減少し続けると推計されています。その理由は、企業の相次ぐ撤退による法人市民税の減少や資産価値の低下による固定資産税等の割合が低くなるからです。しかも、年齢３区分別人口（15 歳未満／ 15 ～ 64 歳／ 65 歳以上）は大きく変化し、高齢者人口が急激に増加します。その結果、歳出が拡大していくことも予測され、財政状況は逼迫化していくと捉えています。

この事例は、特別なことではありません。人口が増加したからといって、税収増が保証されたわけでもありません。人口減少に伴う問題はさまざまです。自治体は、**しっかりとした政策研究を行い、今後予想される問題を的確に把握する**必要があります。

◆タックスペイヤーとタックスイーターという概念

人口減少により税収減になると結論付けた自治体の中には、**「タックスペイヤー」（Tax-Payer）**と**「タックスイーター」（Tax-Eater）**という観点から、政策展開をはかろうとする事例が登場しています。

タックスペイヤーを直訳すると「税金を払う人」となります。つまり「納税者」で、「（自治体にとって）納税額が多いが、提供する行政サービスが少ない住民」（納税額＞行政サービス量）を意味します。一方、タックスイーターは、良くない表現ですが、しばしば「食税者」と言われ、「（自治体にとっては）納税額はほとんどないが、提供する行政サービスが多い住民」（納税額＜行政サービス量）となります。

人口減少に伴い自治体の税収が減少していくと予測するなら、タックスペイヤーを増加させる政策を展開する必要があります。

同時にタックスイーターを減少させていく取り組みも求められます。

◆タックスイーターからタックスペイヤーへ

タックスペイヤーを増加させる視点としては、現在、納税していない住民（タックスイーター）を納税者（タックスペイヤー）に転換することが考えられます。納税していない住民とは、専業主婦等の女性や定年退職等した高齢者、また就業していない者（ニート等）などの「無業者」が該当します。

ここでいう「無業者」とは「働くことを希望しているが、現在働いていない住民」です。十分な年金をもらっており働きたくないという意思を持つ住民を強制的に働かせるのはいけません。さらに、重度の身体障害者など働けない住民を働かせるのは論外です。あくまでも働くことを希望し（働く意思を持っており）、現在働いていない住民を対象に政策を打っていく必要があります。

ある自治体では、現在働いていない女性や高齢者、あるいはニートの就業率を１％増加させることを目指しています。就業率を１％増加させるために「どうすればよいか」という観点で、さまざまな政策づくりを進めています。そして、無業者が就業することによる税収の増加をシミュレーションしています。つまり、タックスイーターからタックスペイヤーへの転換です。もし、人口減少により税収が減少していくと考えるならば、タックスイーターからタックスペイヤーへ変えていく視点も重要でしょう。

本来は住民をタックスペイヤーとタックスイーターに色分けするのは望ましくありませんが、一部の自治体でこのような動きが少しずつ登場しています。

3 歳入拡大の取り組み

総務省が発表した「不交付団体の状況」(2022年度)をみると、必ず不交付団体となるのは47都道府県の中で東京都のみです。一方、市町村の不交付団体は76自治体です。不交付団体とは、自前の財政が豊かであり、国から普通交付税を受ける必要がない自治体で、「財政的に自立した自治体」と言うことができます。

わが国のほとんどの自治体は、財政不足です。その財政状況を少しでも改善するために、さまざまな歳入拡大の取り組みを実施しています。

◆徴収率、向上の傾向

日本国憲法第30条に「納税の義務」があります。この「納税の義務」は、「勤労の義務」と「教育の義務」とならび国民の三大義務の一つです。そこで「税金は納めるもの……」と思っている人は多くいると思います。しかし、何らかの理由で納税していない人も少なからずいます。

全国の市町村の個人住民税徴収率を見ると、2010年度の平均は93.3%となっており、約7%の滞納者がいます。そこで自治体は、この**徴収率を高めよう**と動いています。

例えば、税金滞納者に対しては、自宅等への訪問のほか夜間の電話催告をしています。また、差し押さえ等の滞納処分も積極的に進めています。

税の徴収に関して目覚しい成果をあげているのが、栃木県の取り組みです。2007年度から同県は「栃木県地方税徴収特別対策室(現『特別収納対策室』)」という専門組織を設置しました。同室は個人住民税を中心とする市町村税の徴収支援を行っています。

県内の市町から同室に派遣された自治体職員は、設置時から3年間で延べ88名に達し、徴収実績は100億円を超えています。

近年、自治体の財政状況は逼迫（ひっぱく）しています。そのため、あらゆる手段を講じて徴収しようとしています。今後は、この傾向がますます強くなるでしょう。

◆ふるさと納税の推進

「**ふるさと納税**」は、自分の故郷や応援したい自治体など、居住地以外の自治体へ寄付することで、個人住民税の一部が控除される制度です。ふるさと「納税」とありますが、実態は寄付制度です。ここでいう「ふるさと」には、自分が生まれた市区町村、自分が育ったところ、住民票のあるところなどという縛りもなく、どこの自治体に寄付しても構わないのです。

全国から「ふるさと納税」という名の寄付を集めるため、寄付者に対して「お礼」の対応をする自治体も登場しています。

総務省は、2011年にふるさと納税を利用した人は前年の約22倍の74万1,677人であり、寄付総額は約10倍の約649億円に達したと発表しました。同省は、この理由として「東日本大震災の被災地に寄付が集まったため」と説明しています。もちろん、東日本大震災の影響もあると思われますが、寄付者に対してお礼品を用意している自治体が増加していることも理由の一つと考えられます。近年では、ますますふるさと納税者が増加しています。

自治体はふるさと納税を活用して、税外収入を増やそうと躍起になっているのです。

◆法定外税の拡大

法定外税を採用する自治体も増加しています。法定外税とは、地方税法に定める税以外に自治体が独自に新設できる税です。法定外税には、法定外普通税と法定外目的税があります。普通税とは使途を特定せずに一般経費に充てる目的で課される租税のことです。そして目的税とは、特定の費用に充てる目的で課される租税のことをいいます。

熱海市（静岡県）の「別荘等所有税」（法定外普通税）は、約5億6,000万円の税収があります（2011年度）。同市は集めた法定外税を資金として、生活関連施設（ごみ処理等）や消防はしご車、救急車の整備および各種行政施設の整備に使用しています。

この法定外税には、太宰府市（福岡県）の「歴史と文化の環境税」や富士河口湖町（山梨県）の「遊漁税」などもあり、全国の約60自治体で採用されています。

自治体という「公」の世界においても、「いかに稼ぐか」という「民」のマインドが求められています。財政を改善するため、自治体の創意工夫が試されています。

4 町内会・自治会加入率向上の取り組み

◆加入率の低下が進む町内会・自治会

近年、さまざまな地域で町内会・自治会（以下「町内会等」）の加入率が低下しています。表5-1は各地域における町内会等の加入率の推移をあらわしたもので、低下していることが分かります。

町内会等の加入率低下の原因はさまざまです。しばしば指摘されるのは、「新住民にとって加入のきっかけがないこと」や「若い世代の地元意識の低下」などが考えられます。また、「単身者

表5-1　各地域における町内会等の加入率の推移

	2002年度	2004年度	2006年度	2008年度
横浜市	87.6%	86.2%	80.3%	78.4%
川崎市	72.5%	70.6%	70.1%	68.3%
町田市	60.6%	60.0%	59.0%	57.4%
戸田市	73.5%	71.9%	69.6%	68.4%
福生市	51.7%	48.7%	46.7%	45.2%

資料）著者作成

世帯や賃貸住宅の増加により、地域での近所付き合いが希薄化している」ことや「新築マンション住民全体が丸ごと町内会等に入らない傾向が強まっている」ことなど、加入率低下の背景は多々あります。

しかし、何が根本的な原因で町内会等の加入率が低下しているかは分かりません。当然ですが、町内会等の加入率が低下に向かう原因は、その地域ごとに異なりさまざまな観点から語ることができます。

多くの地方自治体は、町内会等の加入率低下を「問題」として捉えています。そして、加入率を向上させるために、さまざまな施策や事業を実施しています。以下では、特徴的な取り組みの概要を紹介します。

(1) 宅建業者等による町内会等への加入促進

横浜市は、(公社) 神奈川県宅地建物取引業協会と町内会等への加入促進に関する協定を締結しています。同協定に基づき、横浜市域では宅建業者が主体となり、マンション居住者の町内会等への加入を働きかけています。この取り組みのポイントは、日頃、マンション居住者が管理や仲介を行う宅建業者と密接に関わっている実態に注目した点にあります。

(2) おらほの地域自慢奨励制度

八戸市（青森県）は「おらほの地域自慢奨励制度」を実施しています。同制度は、町内会等の自慢できる地域資源と人材を八戸市の広報誌やホームページで紹介することにより、住民に地元への愛着と誇りを持ってもらうことを目指しています。地元愛の形成により地域の結集力が高まり、町内会等への加入拡大が期待されています。そして最終的には、町内会等を活発化させていくことが目的です。

(3) 集合住宅におけるコミュニティ組織の形成の促進に関する条例

金沢市は「集合住宅におけるコミュニティ組織の形成の促進に関する条例」を制定しています。同条例は、集合住宅におけるコミュニティ組織の形成を促進することにより、集合住宅の住民を含む地域の住民相互の連帯意識を醸成し、良好な地域社会を確立していくことを目的としています。なお、同条例では集合住宅を「マンション、アパート等同一棟内に複数の住戸が集合している建築物」と定義しています。

同条例の役割は、集合住宅居住者に地域自治への参画を促すことを目指している点があります。そして、同条例を法的根拠として、集合住宅のコミュニティスペース賃借料を補助するなど、各種の事業を実施しています。

◆地方自治の多様な機能を内包

町内会等の意義は、さまざまな観点から語られます。例えば、「防災や防犯で地域活動の核となる自治組織として意義がある」と指摘されます。特に「地震や災害などの非常事態に町内会等はセーフティーネットの役割を果たす」と強調する学識者もいます。また、行政サービスの補完として町内会等に焦点が当てられる場合も少なくありません。このような多様な機能を町内会等は内包しているのです。

地域によっては、加入率が下がっても人口増加に伴い加入世帯数が増加している場合もあります。また、加入率の低下が、そのまま町内会等が主体となる地域活動の停滞に結びつくわけではありません。

しかし、そのことを認識しつつも、一つの指標として加入率にこだわることは重要と思われます。特に近年は、**地方自治体の一つの役割に、「人と人のつながり」を確立していくことが求められ**ています。この「人と人のつながり」を再生していくことにより、町内会等の加入率の拡大と活動の充実が導出されると考えます。

複眼思考

一般的に物事を捉える視点は、単眼思考と複眼思考があります。

単眼思考は「物事の一面にだけ目を向けて一つの正解を求める思考法」です。複眼思考は「物事には多様な側面があり、見る視点でより多くの正解を求める思考法」です。

問題発見には複眼思考が大事です。多くの人は単眼思考となっており、一つの問題について一つの背景として考えてしまうと、一つの解決しか浮かんできません。しかし、現在では多くの問題が複雑な要因によって発生しています。この要因を捉えるには、複眼思考は有益です。

例として、図を見てください。三等分のそれぞれの角度は何度に見えますか？

図　三等分した各角度は何度ですか？

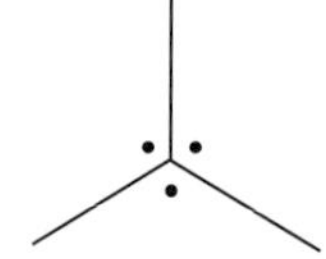

最も多い回答は「120 度」です。立体的に捉えると「90 度」にも見えます。また、上から眺める高い三角錐をイメージすると「25 度」、低い三角錐では「100 度」にも見えます。

このように、一つの問でも解答は多数あります。そのため、物事を捉える視点でも一つに限定せず「ある事象を多様な角度から捉える」ようにすることが重要と考えています。

近年では、目の前にある問題を一つの特効薬だけでは解決できず、多くの処方箋を駆使して解決に導くことが求められると思います。これには複眼思考が役に立ちます。

複眼思考を身につける一つのポイントは「当事者として意識する」ことです。人はそれぞれ考え方も違いますし、立場などによっても異なります。自身が物事を進める際に、影響を受ける人の立場ではどのように受け止められるかを考える事で「当事者として意識する」ことが重要です。

第 II 部

公民連携を知る

キーワード解説

☑ 縮小時代	人口減少に伴い、ヒト・モノ・カネなどといった行政資源が縮小していく現象。
☑ 縮小均衡	経済の均衡を維持しながら、経済規模を縮小すること。
☑ 公民連携	「Public Private Partnership」のこと。しばしば「PPP」という略称で使われる。行政と民間が相互に連携して住民サービスを提供することにより、行政改革の推進、民間の利益拡大に加え、住民サービスの向上や地域活性化等を目指す取り組み。
☑ PFI (Private Finance Initiative)	民間の資金や経営手法・技術力を活用して公共施設などの社会資本を整備すること。
☑ 指定管理者制度	公の施設（スポーツ施設、都市公園、文化施設、社会福祉施設など）の管理・運営を民間事業者、NPO 法人など法人に包括的に代行させる制度。
☑ 公設民営	国や自治体が施設を設置し、その運営を民間事業者が行うこと。
☑ ネーミングライツ	命名権とも言われ、企業の社名や商品ブランド名を公共施設等に名称として付与する権利。
☑ サウンディング型市場調査	行政が保有する資産活用の検討にあたり、その活用方法について民間企業等と対話を通して広く意見や提案を求めることにより、市場の意向を把握する調査。
☑ 自治体間『共創』	共創によりイノベーションを創出し自治体を発展させる。
☑ 新しい公共	自治体（行政）だけが公共の役割を担うのではなく、地域のさまざまな民間（住民や民間企業等）が公共の担い手の当事者として活動すること。
☑ 政策公害	自治体の多すぎる政策づくりと政策実施によって、自治体職員や地域住民に、外部不経済をもたらすこと。

1章　公民連携の概要
～最適な公共サービスとは

◆縮小均衡と公民連携

日本の人口減少は縮小時代を招きます。**縮小時代とは「人口減少に伴い、ヒト・モノ・カネなどといった行政資源が縮小していく現象」**です。さまざまな事象が同時に縮小していくのであれば、問題は起こりませんが、必ずしも同時に縮小していくわけではありません。その結果、現実には矛盾が生じてしまうことになります。

例えば、縮小時代においては、地方自治体の歳入や職員数も減少していきます。そのような状況では、行政サービスは減っていきます。ところが、現実的には行政サービスの拡大が続いています。自治体にとっては「矛盾」が生じていますが、住民には「望ましいこと」と捉えられています。

行政サービスの拡大は、今後しばらくは続き、「量」だけでなく「質」の向上も求められ、自治体は苦悩しています。

経済学には「縮小均衡」という考えがあります。縮小均衡とは、「経済の均衡を維持しながら、経済規模を縮小すること」です。一方、「拡大均衡」は「経済の規模を拡張しつつ、同時に経済のバランスを図ること」です。

人口減少にある日本の自治体に求められているものは「縮小均衡」です。ところが、これが難しく、行政サービスの拡大が続いています（行政サービスの肥大化）。

これらの打開策の一つに「公民連携」があります。その視点は、行政サービスを民間に委託することで、例えば、自治体が行政サービスから撤退し民間がすべて実施したり、共同で実施したりするなどがあります。これは、自治体負担を減らし、行政サービスの最適化を図ることで、縮小均衡が実現できます。なお、ここで言う「民間」とは、民間企業だけにとどまらず、大学や地域金融機関、NPO 団体、地域住民などです。

◆公民連携に類似する用語

近年、自治体政策の中で「公民連携」が一つのキーワードになっています。これに類似する用語は、官民連携、産学官連携、産学連携、協働、共創、協創などさまざまあります。既存の条例や行政計画などから抽出すると、これらの定義は表 1-1 のとおりです。

表の作成時に多くの文献や実際の取り組みを確認したところ、用語の「明確な違い」は見つかりませんでした。敢えて言及するなら、官民連携、産学官連携、産学連携については、法律の制定による国の動向が大きく影響した流行りがあったと言えます。一方、協働、共創、協創は、自治体によって特色を出そうとしたのかもしれませんが、同様に明確な違いは見られません。特に共創と協創の違いが分かりづらく、敢えて言うと、共創は価値や魅力を新しく創り出すことと考えられます。一方、協創は具体的な成果を求めており、事前の連絡･調整が極めて重要になると考えます。

すべての用語におおよそ共通することは、「地域を構成し、地域に関心を持つ多様な主体[1)]が協力・連携して地域づくりを進める」という内容が含まれていることです。その中でも、特に「公民連携」について取り上げます。

現在、多くの公民連携の実例があります。戸田市（埼玉県）は、(株）読売広告社と「戸田市と株式会社読売広告社の共同研究に関する協定書」を締結しています(2018 年 1 月)。同研究は「シビッ

表 1-1 「公民連携」類似用語と関連定義

用語	定　義
官民連携	これまで行政が主体として提供してきた公共サービスを、誰が最も効果的で効率的なサービスの担い手になり得るのかという観点から、公共施設等の設計、建設、維持管理、運営等を行政と民間が連携して行うことにより、民間の創意工夫等を活用し、財政資金の効率的使用や行政の効率化等を図るものです（「西東京市官民連携ガイドライン」）。
	区では、協定、官民協働、PFI 等、公有資産活用、指定管理者制度、その他民間提案において実施する事業などを官民連携と定義します（「世田谷区官民連携指針」）。
産学官連携	中小企業者、中小企業支援団体、大学等、県及び市町村が相互に連携を図りながら協力することをいう（「秋田県中小企業振興条例」）。
	従来のものづくりの伝統技術を基に、生産技術の近代化を推進し、企業、大学等の研究機関及び行政との連携（「流山市産業振興基本条例」）。
産学連携	先端科学分野の研究等を行う大学、企業その他研究機関の北九州学術研究都市への集積、学術の振興並びに産業及び学術の連携（「北九州学術研究都市条例」）。
	事業者又は産業関係団体と高等教育機関との相互の連携（「金沢市ものづくり基本条例」）。
協働	目的や性格の異なる組織が、共通の社会的な目的を実現するために、それぞれの組織の力を合わせ、特色を生かしながら、対等の立場で、共に考え、共に協力して働くこと（「高岡市共創の指針」）。
	市民及び市が対等な関係で、まちづくりに関する共通の目的を達成するため、役割と責任を分担し、連携し、及び行動すること（「真岡市自治基本条例」）。
共創	社会的課題の解決を目指し、民間事業者と行政の対話により連携を進め、相互の知恵とノウハウを結集して新たな価値を創出すること（横浜市「共創推進の指針」）。
	目標設定の段階から市民、団体、企業、大学、地域、行政等が連携し、異なる視点や価値観のもと多方面から意見を出し合いながら解決策の検討を行い、実践的な取り組みを展開することにより、新たなまちの魅力や地域の価値を共に創り上げていくこと（「高岡市共創の指針」）。
協創	誇りや生きがいを持って夢や希望に向かってチャレンジする多様な主体が、互いの個性や価値観を認めあい、ゆるやかにつながり支えあうことで、より一層力を発揮することができる仕組み（「足立区自治基本条例」）。
	市職員、市民、事業者、NPO、市民団体、学識経験者などが、信頼関係に基づいて協力し、具体的な成果を創り出すこと（小紫雅史・生駒市長「「イコマニア」とは？」）。

資料）著者作成

1）　地域住民や民間企業、大学など。

クプライド向上がもたらす効果」や「シビックプライド向上の手段・方法」の分析を実施しています。同市は、そのほか多くの主体と協力・連携を進めています。

東大和市（東京都）は関東学院大学法学部との間で、政策研究及び人材育成の推進に関する協定を締結しています。同協定により、同市の地域創生にかかわる施策へ、法学部の教員、学生が参画しています。興味深い取り組みとして、同市の魅力を訴求するポスターを関東学院大学の学生が作成した事例があります。

西条市（愛媛県）は、リコージャパン(株）と連携し、公教育において新しい授業スタイルの実現に挑んでいます。このスタイルは「西条市モデル」と言われ、Web会議システムと2枚の大型スクリーンで学校間の教室をつないで合同授業を行う取り組みです。これにより、小規模学校の教育の質を向上させつつ、地域の核である学校を存続させています。同市は、総務省の「地域おこし企業人交流プログラム制度」を活用して、同社から人材を受け入れ、教育委員会で公教育の情報化を推進しています。

◆公民連携のいろいろな定義

公民連携とは「Public Private Partnership」のことで、しばしば「PPP」という略称で使われます。「公民連携」という用語から、意味が理解できると思いますが、「公(Public)」と「民(Private)」が「連携（Partnership)」することにより、「何か」を達成していく取り組みになります。この「何か」は自治体によって違います。

公民連携の定義例をあげると、茅ヶ崎市（神奈川県）は、「公民連携（Public Private Partnership）とは、市と民間が相互に連携して市民サービスを提供することです。本市においては、市民サービスの全部または一部を民間団体や民間事業者に委ねることにとどまらず、民間団体、民間事業者、行政が適切な役割分担に基づいて公共領域を創造し、市民サービスの質・量の充実を図っていくこと」と記しています。

また、東村山市（東京都）は、「公民連携とは、行政と民間が連携し、お互いの強みを生かすことにより、最適な公共サービスの提供を実現し、地域の価値や住民満足度の最大化を図るもの」と定義しています。

そのほかの団体・機関の定義は、表1-2のとおりです。自治体が規定する公民連携の定義から気付くことは、公民連携の目的が「事業効率のアップ」や「地域経済の活性化」など、自治体によ

表1-2　自治体・機関における「公民連携」の定義

団体・機関	公民連携の定義
多摩市	PPP（Public Private Partnership：公民連携）とは、これまで行政が提供してきた各種公共サービスを民間事業者と連携し行うことです。民間事業者が持つ多様なノウハウ・技術を取り入れることにより、行政サービスの向上、民間資金の導入による財政資金の効率的使用や業務の効率化を図る手法です。
市川市	PPP（公民連携：Public Private Partnershipの略称）とは、公と民が連携して行政サービスの提供を行うことにより、これまで自治体が単独で取り組んできた分野に、民間のノウハウや創意工夫等を活用し、市民サービスの向上や業務効率の向上、地域経済の活性化等を図るものです。
柏原市	公共と民間が連携して、それぞれの強みを活かすことによって、最適な公共サービスの提供を実現し、地域の価値や住民満足度の最大化に取り組むことを言います。英語では、パブリック・プライベート・パートナーシップ（Public Private Partnership）と言い、この頭文字を取ってPPPと呼んでいます。
東洋大学大学院 経済学研究科 公民連携専攻	公共サービスを、「官（Public）」と「民（Private）」が役割を分担しながら社会資本の整備や公共サービスの充実・向上を図ることを実現する概念・手法の総称。公共サービスの提供主体が市場の中で競争していく仕組みに転換し、最も効率良く質の高い公共サービスを提供（Value for Money,VFM）することを目指しています。

資料）著者作成

り異なるという点です。

既存の定義を参考にし、**公民連携**に取り組んできたわたしの経験から、次のように捉えています。それは**「行政と民間が相互に連携して住民サービスを提供することにより、行政改革の推進、民間の利益拡大に加え、住民サービスの向上や地域活性化等を目指す取り組み」**です。

つまり、行政、民間、住民や地域すべてにメリットがある取り組みということです。**すべてにメリットがあれば公民連携は継続的に発展**していきます。

◆公民連携の具体的な取り組み

神戸市の公民連携は、「公民連携を示す言葉のPPPとは、Public Private Partnershipの頭文字です。

公民連携とは、行政と民間事業者が協働で公共サービスの提供などを行うことをいいます。

神戸市の様々な行政分野に企業、大学、NPOなど機関と連携し、アイデアや技術、ノウハウを取り入れることで、市民サービスの向上や事業効率のアップ、神戸経済の活性化、地域活動の活性化、新たなビジネスを創出させることが目的です。

具体的には、PFI事業をはじめ、指定管理者制度、公設民営、包括的民間委託、自治体業務のアウトソーシング、ネーミングライツ、定期借地活用など様々な手法があり、公民連携の範囲は年々広がりをみせています。」と具体的な取り組み方を記しています。

ここから、いくつか具体的な取り組みを簡単に紹介します。

PFI（Private Finance Initiative）とは、民間の資金や経営手法・技術力を活用して公共施設などの社会資本を整備することを意味します。公民の役割分担を事前に取り決め、公共施設の建築や維持管理を民間企業に任せ、効率的に良質な公共サービスを提供しようとする取り組みです。

従来、公共事業に民間資金を導入するものとしては「第三セクター方式」がありました。これは公民が共同出資することが前提となっています。これに対して PFI では建設から運営までを民間企業に任せるとともに、予想外の事態により負担が増加する場合の負担処理についても、事前にリスク分担を決める点が大きな違いです。1990 年代に英国で始まり、日本でも 1999 年に PFI 法が制定されて広がってきました。日本での初めての事例は、横須賀市（神奈川県）の長井海の手公園（2005 年 4 月開園）と言われています。

指定管理者制度とは、2003 年 9 月施行の地方自治法の一部改正によって、公の施設（スポーツ施設、都市公園、文化施設、社会福祉施設など）の管理・運営を民間事業者、NPO 法人などの法人に包括的に代行させる制度です。以前は、管理委託制度として公の施設の管理を外部に委託する場合には公共的団体（外部団体）に限定されていました。

この制度のメリットは、2003 年当初、①利用時間の延長など住民サービス向上による住民（特に利用者）の利便性の向上、②管理運営経費の削減による、施設を所有する自治体の財政負担の軽減でした。しかし、これが始まって 15 年も過ぎると、①と②は限界にきます。これ以上の利便性の向上は、住民だけにメリットがあり、指定管理者にとっては利用サービスの拡大志向がとまらず、管理運営経費が極限まで削減されデメリットでしかありません。同時に、これ以上の自治体の財政負担軽減を指定管理者に求めることはできません。現在は、指定管理者に勤務する職員の苦労の上に、住民の利便性の向上や自治体の負担軽減が成立している状況となっており、極めて歪な構造となっています。もちろん、すべての指定管理者がそうとは言いません。ただ、指定管理者制度も曲がり角に来ていることは間違いないと考えます。

公設民営は、国や自治体が施設を設置し、その運営を民間事業者が行うことを意味します。例えば､美祢市（山口県）にある「美祢社会復帰促進センター」という刑務所は公設民営です。刑務所は国が設置し、運営は民間が担っており、俗に「民活刑務所」と呼ばれます。

2005年4月より、セコム(株)、清水建設(株)、(株)小学館プロダクションを中心とした「美祢セコムグループ」が参加しました。セコム・新日本製鐵（当時）などが中心となり、「社会復帰サポート美祢(株)」を設立し、整備・運営にあたっています。同様な刑務所には、島根あさひ社会復帰促進センターなど4か所あります。

ネーミングライツは「命名権」とも言われ、「企業の社名や商品ブランド名を公共施設等に名称として付与する権利」と定義できます。公共施設等の所有者である自治体が命名権を企業に提供（販売）し、その売却益を得る仕組みです。企業にとっては、公共施設の壁面やイベントのパンフレットなどに社名や自社の商品ブランド名を掲載することにより、認知度の向上といった宣伝効果が得られています。

サウンディング型市場調査も公民連携と言えます。サウンディング型市場調査は、「行政が保有する資産活用の検討にあたり、その活用方法について民間企業等と対話を通して広く意見や提案を求めることにより、市場の意向を把握する調査」です。サウンディング（sounding）とは、「打診する」や「ある事案に対する相手の意向や意見を確かめるために、前もって相手に働きかけて様子を伺う」を意味します。

近年、自治体だけの政策実施では、民間企業等の意見や要望が反映されていないことにより、独り善がりになってしまう可能性があります。そのため、事前にその意向を把握してから政策を実施するという意図があります。横浜市は、本牧市民プール及び横浜プールセンターの再整備において同調査を実施しました。茅ヶ崎市は、市役所仮設庁舎跡地の活用について同調査を実施しています。また、和歌山市では、市営大新地下駐車場における民間活用事業の選定を行う上で、公募内容や条件を決定するにあたり、民間事業者の利用意向や活用手法を採り入れ、従来の活用方法に捉われない公募条件を把握することを目的に同調査を実施しています。

そのほか、公民連携の具体的な方法としては、市場化テスト[2)]、包括的民間委託、自治体業務のアウトソーシングなど多々ありま

---

2)　「官」と「民」が対等な立場で競争入札に参加し、質と価格の両面で最も優れた者が、そのサービスを担う仕組み。

す。さらに、住民を対象とした公民連携という観点には「市民参加」や「協働」も含まれます。具体的な事例は、３章から５章で例示しています。

2章 公民連携の背景
～公民連携推進に至る要因とは

◆公民連携の手段と目標

公民連携についての明確な定義はありませんが、自治体が目指す方向は同じです。地域の問題がそれぞれ異なるように、公民連携で目指す目標も少しずつ違いがあります。

ここでは、公民連携を手段と目標にわけて考えます。茅ヶ崎市（神奈川県）は「市と民間が相互に連携して市民サービスを提供すること」、市川市（千葉県）は「公と民が連携して行政サービスの提供を行うこと」が手段です。そして、茅ヶ崎市は「市民サービスの質・量の充実を図っていく」こと、市川市は「市民サービスの向上や業務効率の向上、地域経済の活性化等を図る」ことが目標です。

多くの自治体が定義する公民連携の中で、その手段はほぼ共通しています。それは、要するに「行政と民間が連携する」ことです。一方、手段の先にある目標は微妙に違っています。例えば、行政サービスの改善や事業効率のアップ、地域経済や地域活動の活性化などさまざまあります。繰り返しますが、それは地域によって抱える問題が違うからです。

公民連携を考える（推進する）時は、手段と目標を履き違えないことが重要です。当然ですが、公民連携は手段です。「公民連携を実地すること」を目標にすると、公民連携の力強さはなくなり、成果を上げることはできません。

さらに注意すべきことは、図2-1に記されている目標を達成していく手段は、公民連携だけではないことを認識することです。

図 2-1　公民連携の手段と目標

手段	【茅ヶ崎市】市と民間が相互に連携して市民サービスを提供することにより… 【市川市】公と民が連携して行政サービスの提供を行うことにより… 【多摩市】民間事業者が持つ多様なノウハウ・技術を取り入れることにより… 【柏原市】公共と民間が連携して、それぞれの強みを活かすことによって

目標	【茅ヶ崎市】市民サービスの質・量の充実を図っていく 【市川市】市民サービスの向上や業務効率の向上、地域経済の活性化等を図る 【多摩市】行政サービスの向上、民間資金の導入による財政資金の効率的使用や業務の効率化を図る 【柏原市】最適な公共サービスの提供を実現し、地域の価値や住民満足度の最大化に取り組む

資料）著者作成

例えば、「市民サービスの質・量の充実を図っていく」という目標は、公民連携でしか実現できないものではなく、民間企業に委託（自治体は行政サービスから撤退）など多くの手段があります。図にあるような各目標を達成していく手段は多様であり、公民連携が必ず実施すべき手段でもありません。この点は注意しなくてはいけない視点です。

◆公民連携の始まり

公民連携は、いつから始まったのでしょうか。図 2-2 は、全国紙（朝日・産経・毎日・読売）で「公民連携」の記事が登場した回数です。

公民連携の記事については、2001 年 9 月の朝日新聞に掲載されました。見出しは「多摩ニュータウン、4 市の助役らでまちづくり協議会　11 月にも設置」と付けられています。

同記事には「多摩ニュータウンの再構築に向け具体策を探る『多

図 2-2 「公民連携」の記事が登場した回数

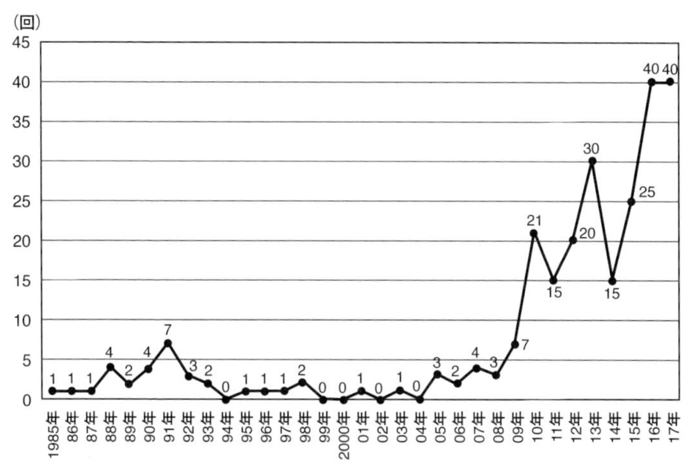

注）全国紙（朝日新聞、産経新聞、毎日新聞、読売新聞）より。
資料）@ nifty の新聞・雑誌記事横断検索から著者作成

摩ニュータウンまちづくり協議会』が今年 11 月にも設置されることになった。メンバーは、ニュータウンを構成する多摩、八王子、稲城、町田市の助役４人と、都多摩都市整備本部長、都市基盤整備公団多摩ニュータウン事業本部長の計６人。今年５月、４市の首長らが一堂に会した『多摩ニュータウンサミット』の論議を踏まえ、今後の地域経営を協議する。『サミット』では、自治体の枠組みを超えた広域的取り組みや、NPO（非営利組織）や大学なども含めた産学公民連携の強化などで一致しており、関係機関が協力し､施策展開を図っていく」とあります。この記事が「公民連携」という用語が確認できた初めての記事と思われます。

次に、公民連携が広まった背景を考えます。それは、(1)相次ぐ国の法整備等、(2)行政事務と自治体職員のギャップ改善、(3)人口減少の圧力、(4)首長意向･議会質問の活発化などがあります。

これらについて取り上げます。

(1) 相次ぐ国の法整備等

公民連携が広まった背景には、国の法整備等が相次いだことがあります。1999年には「民間資金等の活用による公共施設等の整備等の促進に関する法律」(PFI法)が制定され、2003年には地方自治法が改正されて、さまざまな公の施設において「指定管理者制度」が導入されました。そして、2006年には「競争の導入による公共サービスの改革に関する法律」(市場化テスト法)が成立しています。

1998年の「大学等における技術に関する研究成果の民間事業者への移転の促進に関する法律」(TLO法)も公民連携が広まったことに関係があると考えます。国は、同法によって大学の技術や研究成果を民間企業へ移転する活動を支援しています。国や自治体が産学の橋渡しをしたことにより、産学官という用語が広がるようになりました。

図をみると、2009年から公民連携に関する記事が増加傾向にあります。その要因として、2006年に日本で初めて公民連携専攻の大学院(東洋大学大学院経済学研究科公民連携専攻)が新設されたこともあります。

(2) 行政事務と自治体職員のギャップ改善

自治体の現場では、図2-3のような現象がおきています。図の縦軸は、職員数や事務量の増減を示しています。職員数が減少する一方、事務量は増加しています。職員数が減少する理由は、財政難です。事務量が増加する大きな理由は、国や県からの権限移譲と行政に対する住民要望の多発化・多様化です。

図 2-3　職員数と事務量のギャップ

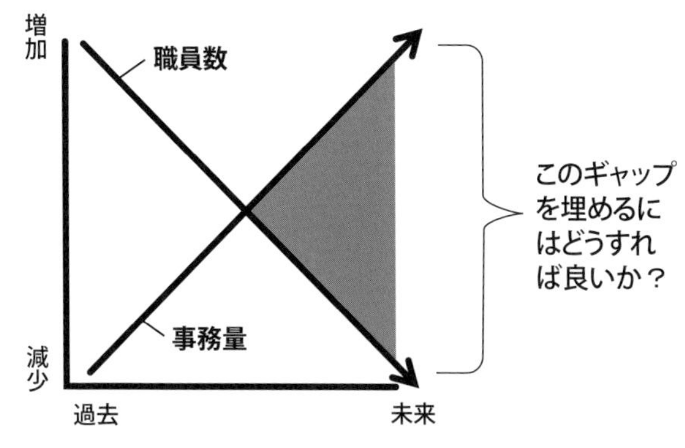

資料）著者作成

宮城県のホームページには「県から市町村への権限移譲について」の記載があり、2008 年から 2017 年の 10 年間に約 300 の事業が市町村に移譲されていることがわかります。町村のような小規模の自治体は職員数も限られています。県からの権限移譲で、職員一人当たりの事務負荷は限界に近いと言われています。

この「権限移譲」という用語は、聞こえは良いのですが、一方的な仕事の押し付けの場合が少なくないので注意が必要です。職員が減少していく中での権限（仕事）の増加は、職員を疲弊させる要因となります。

問題は、図の「網掛け」の三角形の部分がギャップとして生じることです。このギャップにどう対応するか考えなくてはいけません。ちなみに、このギャップに耐え切れないと職員の療養休暇が増える原因にもなります。

このギャップに対応する手段は、7 点ほど考えられます。まず、①職員の能力開発を進める、があります。職員の能力開発を進め、従来１人１事務量だった能力を１人1.5事務量にレベルアップさせて増加する事務量に対応するという発想です。

そのほかに、②職員数を増加させる（非正規職員も含む）、③優秀な職員を採用する、④増加する事務量に対応しない（権限移譲や住民要望を断る）。そして、現実的には、⑤超過勤務時間で対応する、⑥ICTの導入による生産性の向上があります。

さらに、⑦増加する事務量の一部を外部主体に担当してもらうことも選択肢としてあります。この**「⑦増加する事務量の一部を外部主体に担当してもらう」ことが公民連携を進める**一つの背景と考えられます。

(3) 人口減少の圧力

2015年の国勢調査によると、日本の人口は１億2,709万4,745人となりました。2010年と比較すると、96万2,607人の減少となりました。これは年平均0.15％の減少です。

このような傾向にあって、自治体が人口を維持するためには、ほかの自治体から人口の流入を進めなくてはなりません。もちろん、自然増による人口の維持や増加も考えられます。しかし、人口置換水準[1)]である合計特殊出生率を2.07以上にすることは難しいことから、どうしても社会増[2)]による人口の維持や増加に頼ることになります。それが、自治体間競争を生む原因です。なお、人口の維持や増加を求めつつ、自治体間競争をしない場合は、外国人を受け入れるしか手段がありません。

近年、人口の維持や増加を目指した、通り一辺倒の議論から、「人口減少社会をどのように生き抜くか」といった議論が見られます。わたしをはじめ多くの人の意識は、少しずつ「拡大を求める意識」から「縮小を当たり前と思う」ように変化してきています。

一部には、自治体間競争に違和感を覚える人がいますが、**わたしは競争を全面否定する必要はないと考えています。競争があることにより、行政サービスの質的向上が促される**側面もあります。民間企業では、激しい競争の中からイノベーションが登場します。イノベーションは経済を発展させていく原動力となります。ここでの公民連携も、公の分野に民が参入することにより、さまざまなイノベーションが創出されています。

最近、自治体間競争に勝ち抜くために、多くの自治体がとる方針は補助金の拡大です。例えば、「医療費は○歳まで無料」というのは典型的な例です。このような方針をとる自治体の思考にこそ大きな問題があると、わたしは考えています。

この弊害は、歳出（予算）の膨張につながり、決して良いとは言えません。また、人口規模の大きい自治体が優位となり、健全な自治体間競争が実現されません。さらに、自治体が安易に「住民に補助金を出せばいい」という考え方では、創意工夫が足りません。そこには自治体としてのレベルアップが期待できません。そのほかデメリットはさまざまあります。

イノベーションを創出できるような公民連携がますます求められてきます。

(4) 首長意向・議会質問の活発化

首長や議会からの提案で、公民連携が進むこともあります。例えば、五十嵐清隆・伊勢崎市長のマニフェストにある「行財政改革の推進」の中に、公民連携の記述があります。そこには「協働

---

1)　人口が増加も減少もしない均衡した状態となる合計特殊出生率。
2)　自治体への転入と転出の差がプラスの場合。

共創のまちづくりを進めます。公民連携システムの充実を図るとともに、市民活動団体への支援や連携を深めます」と明記されています。大山忍・八潮市長のマニフェストは、新公共経営を進めるとして「協働で経営する自主・自律のまち　公民連携（PPP、PFI）手法の活用で公共サービスの向上や効率化を推進」と記されています。首長がマニフェストに公民連携を掲げることが増えています。その結果、トップダウンで公民連携が進む傾向もあります。

また、所信表明で公民連携を取り上げる市長も多くいます。阿部裕行・多摩市長は「市民自治の実現のための試みや、市民協働・公民連携など多様な主体に行政サービスの担い手になっていただく仕組みをつくっていくためには、市役所全体をけん引していく機能の強化が必要です」と述べています（2018年第2回多摩市議会定例会）。

一方、議会からの質問も増えています。わたしが各都道府県議会における「公民連携」に関する質問回数を確認したところ、2004年に初めて登場し、その後増加しています。都道府県議会で初めて公民連携が登場したのは、2004年3月に開催された東京都議会の都市・環境委員会です。同委員会において「都が先行すべき5つの取り組みとして、まず新戦略を推進するためのガイドラインの策定、公民連携によるみどりと文化の拠点づくり…」という発言の中で公民連携が登場しています。

このように首長や議会が「公民連携」に注目しています。そのため、公民連携が否応なしに進むという背景も少なからずあります。

3章 事例①（町田市）
～あなたの夢をみんなで実現!!「まちだ○ごと大作戦 18―20」

町田市が、人口が減少する時代の新しい価値を創出し、まちの魅力を高め、15年後、30年後も選ばれ続けるまちの実現を目指し、市制60周年を契機に公民連携で取り組みを行った「まちだ○ごと大作戦 18－20」について紹介します。

◆町田市の概要

町田市は、東京都西部に位置し、都心や横浜から距離にして30～40km、電車で30分圏内に位置しています。市域面積は71.55㎢で、南北13.2㎞、東西22.3㎞にそれぞれ細長く、全体が神奈川県側に大きく半島のように突出しています。

市制は1958年2月に施行され、当時約6万人だった人口は、現在約43万人となり、東京都の市町村で2番目の多さです。

1960年代の高度経済成長期に東京郊外のベッドタウンとして、大規模団地建設と住宅開発が進み、急速に都市化が進展しましたが、周辺部には緑豊かな自然があり、「町田」の名のごとく「都市」と「田園」が調和した魅力あるまちを形成しています。市内には多くの大学もあり、街中に出ると若者がたくさん集まり活気に満ちています。

近年は、子ども（0～14歳）の転入超過数（転入者数－転出者数）が、東京都内で一番多く、全国的にも毎年上位に位置しています。子育て世帯に選ばれている都市と言えるものの、住民基本台帳における2019年1月の人口総数では、前年同月比でマイナス57人と市制施行後初の人口減少となりました。現在の人口推計では、

2040年には人口40万人を下回ると見込まれています。

◆「まちだ○ごと大作戦 18−20」誕生の背景

(1) 「未来を見据えた3年」の「契機」

町田市は、2018年2月に市制60周年を迎えるにあたり、大きな決断をしました。行政では、慣例的な市の中心部での式典行事といった周年事業を行わず、市民が町田市の地域の魅力を再発見し、多くの人が新しい人と出会いながら一緒にやってみたいことに挑戦し、行政は市民に寄り添って新しい価値やサービスの創造に向けて変革していく契機として捉えることとしました。

2019年のラグビーワールドカップの開催や2020年の東京オリンピック・パラリンピック大会の開催は、スポーツ・文化・経済・観光などのあらゆる分野の振興を進め、公民が連携した「オール町田」体制でまちの魅力向上や地域活性化に取り組む好機です。

町田市は、この3カ年を「未来を見据えた3年」と位置付け、市民と共にまちの魅力や活力を高めていく絶好の機会と捉え、市民の参画・参加を通じて、自らの地域への愛着や誇りを育むことができるような事業を展開し、市民が取り組む姿や笑顔を町田市の魅力として、市内外へ発信していくこととしました。

(2) 町田市の地域経営
〜協働による地域社会づくりの実現〜

町田市は2017年3月に「地域経営ビジョン2030〜協働による地域社会づくり推進計画〜」を策定しました。同ビジョンを踏まえ、町内会・自治会やNPO法人などの多様な担い手と市の協働による地域社会づくりに向けて、住民が主体の地区協議会の設立を市内10地区で支援しました。

地区協議会は、地域の特性と資源を活かして地区の課題を解決するネットワーク組織で、町内会自治会、民生委員児童委員協議会、青少年健全育成地区委員会をはじめ、地区で活動している市民団体、民間企業、学校等で構成しています。幅広い分野で地域における人と人の交流や連携が拡充され、地域の自治が一層育まれることが期待されます。

町田市では、協議会の取り組みを支援する「地域おうえんコーディネーター」と呼ばれる職員を配置し、庁内各部署が地域課題を解決するための企画立案や事業実施の際に、協働の視点を持つよう促す役割を担って、庁内の連携を進めています。

(3) 町田市のシティプロモーション　～いいことふくらむまちだ～

町田市は、2013年3月に「まちだシティプロモーション基本方針」を策定し、「市民が『誇り』を持ち、市外の人が『憧れる』まち」「多くの人に『選ばれる』まち」の実現を目標とし、「定住促進」と「来訪促進」を目指したシティプロモーションを展開しています。

近年は、子育て中のファミリー層をターゲットに設定し、町田市で暮らすファミリーの紹介やママが選ぶオススメスポットなどを掲載したフリーペーパーや、人気地域誌とコラボレーションした「町田のまち本」を作成し、配布しています。

町田市は誰でも気軽に使用できる「いいことふくらむまちだ」のロゴマークを作製しました（図3-1)。町田の「ひと×まち」のエネルギーが成長して、未来への可能性・期待感がどんどん膨らんでいく様子、そして町田市民の満足や期待感が膨らんでいく様子を表したピンクの風船がかわいらしいデザインとなっています。町内会自治会のイベントポスターや学校配布チラシ、企業の

図 3-1 「いいことふくらむまちだ」のロゴマーク

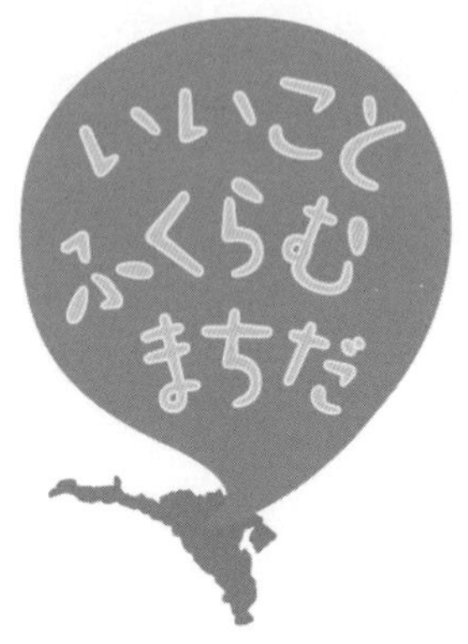

資料）町田市

名刺、工事現場の囲いのほか、オリジナルグッズの販売など、幅広く活用され認知度が高まってきています。

◆まちだ○ごと大作戦 18－20 とは何か

(1) 概要と意義

「まちだ○ごと大作戦 18－20」（以下「○ごと大作戦」）**とは、市民をはじめ、事業者や各団体の方々の「やってみたい夢」の実現をオール町田で支え、市民活動や地域活動が活発化し、市内各地域が「祭り」のように盛り上がっている様子を市内外に情報発信する**、3カ年にわたるシティプロモーションの取り組みです。

市民が自らやってみたい夢の実現に向けた取り組みを通じて、人と人の新しいつながりや交流を育み、町田市や地域に愛着や誇りを感じて「住み続けたいまち」に、市外の人が町田市の魅力に関心や憧れを抱き、「何度も訪れたいまち」になり、人口減少時代にあっても選ばれる都市となることを目指した事業です。

事業の基本コンセプトは「人と人、人と地域団体との新しいつながりから市民や地域団体の考える夢をみんなでカタチにし、次の世代へのレガシーを創り上げる交流感動都市まちだへ」です。

「まちだ○ごと大作戦」を行うことの意義は、大きく二つあります。第一に、新しい人と人との出会いやつながりを盛んにし、市内のあちこちで、新しい事柄が始まり、新しい人の交流から多くの市民の感動をつくっていくことです。第二に、「今までやりたいことが行政の規制によりできなかった」という市民の声を受け、行政の規制に関するこれまでの姿勢や考え方を柔軟にし、市民のやってみたい夢の実現につなげていくことです。市民の視点に立った新たな行政サービスの創造、職員の人材育成や組織風土の変革を目指しています。

(2) ○ごと大作戦のネーミング

「まちだ○ごと大作戦 18 － 20」のネーミングは、「まちだ○ごと」で、町田の自然・観光・文化・スポーツなどあらゆる分野にわたって、子どもから大人まで、大学や企業などを含めたオール町田で取り組んでいくイメージを表現しています。

漢字や仮名ではなく「○（丸印）」を使っているのは、人と人の「輪」や「つながり」を表し、「大作戦 18 － 20」は、2018 ～ 2020 年の 3 年間にわたって、人と人が協力してアイデアを出し合い、創造的な活動や、躍動感やワクワク感を持って自分事として取り組みを進め、「祭り」のように一体感を持って盛り上がっていく様子を表しています（写真 3-1）。

(3) ○ごと大作戦の推進体制と支援

○ごと大作戦の参加者は、自ら「やってみたい夢」の実現に向

写真 3-1 「作戦会議」集合写真

資料）町田市

けて取り組む市民、地域団体、企業などの多様な主体です。

○ごと大作戦の積極的かつ円滑な推進を図るため、オール町田で市民や地域団体の取り組みを支える「まちだ○ごと大作戦実行委員会」（会長は町田商工会議所会頭、副会長は町田市町内会自治会連合会長）を組織しました。構成団体の分野は、地域経済、スポーツ、文化、社会福祉、児童福祉、情報発信、大学、交通事業者など市内 25 団体です。

実行委員会は、○ごと大作戦に係る広報宣伝や提案内容がコンセプトに合致しているかなどの判定評価を行っています。

特筆すべきは、多様な主体の夢を応援するオール町田の実行委員会に行政が構成員として入らず事務局を担っていることです。○ごと大作戦は、市民の視点で市民が主体的にオール町田で支え合いながら進めています。

○ごと大作戦は、周年事業における予算のバラマキ事業ではありません。相談の段階から、情報発信や仲間づくりの機会提供などのサポートを行います。判定された作戦のうち資金支援を求めるものについては、メッセージ性、ワクワク・ユニーク度、つながり、町田らしさ、実現性、費用妥当性、波及効果などのポイントにより実行委員会の評価を受け、資金の一部助成やクラウドファンディングによる資金調達の場合の手数料分の負担など、提案の実現に必要な資金支援を行っています。

◆具体的な作戦の紹介

○ごと大作戦は2018年1月からスタートしました。2019年8月のエントリー件数は148件、そのうち実行委員会から判定評価を受けて実施段階となった作戦は112件です。

多くの市民が自らやってみたい夢の実現に向けて主体的に取り組み、事業に関わった関係諸団体や人と人の新しいつながりが生まれ、市内あちこちでさまざまな分野での提案が寄せられ、市内各地域や団体への拡がりを見せています。そのうち、幾つかの作戦を紹介します。

(1) 学生と地域が新たな賑わいを創出　「竹あかりの街“あいはら”」作戦

学生からのまちづくり提案を地域住民が受け止め、地域に多く自生する間伐竹を用いて“竹灯籠”をはじめとする竹のオブジェを学生と地域住民が共同作業で製作し、JR横浜線相原駅前歩道に設置し、約1カ月間明かりを灯しました。

学生や大学と地域の絆が強まり、地域住民や相原を訪れる人々に「竹あかりの街“あいはら”」を印象付け、新たな人の交流や独自性のある賑わいを創出しました。

(2) 非日常的な「水かけ祭り」で地域課題解決を目指す作戦

タイの旧正月に行われる世界的に有名な水かけ祭りを模して、子どもからお年寄りまで誰にでも水をかけ合う非日常的なお祭りを地区内生活道路で行い、地域のつながりを深める作戦です。

町内会自治会作戦の背景には、①町内会自治会の会員数減少、②地域のつながりの希薄化、③子どもの遊び場の減少、④消防団員の不足、⑤少子高齢化――などがあります。これらをただ義務的な行事としてではなく、非日常的なワクワクする作戦として地域のチカラを結集し、準備から運営まで若い世代と一緒に行い、将来の地域社会の在り方を継承しました。

(3) 自治会と福祉施設事業者が連携して実現「鞍掛台買い物・外出支援プロジェクト」

プロジェクトの当該地区である鞍掛台は地形的に坂道が多く、公共交通空白地区のため、高齢になると買い物や外出の機会が減少し、家に閉じこもりがちという地域住民の声がありました。

自治会は、高齢者支援センター、地域内の福祉施設事業者4者と連携し、買い物・外出に困っている地域の高齢者を対象に、福祉施設事業者の送迎車の空き時間を利用した市内初の買い物・外出支援の仕組みを構築し、試験運行が実現しました。

その他にも、地域住民の交流を目的としたイベント、地域課題の解決を目指した福祉や環境の取り組み、地域の歴史を学ぶ生涯学習や市民が活躍する姿をPRする取り組みなどがあります。

◆〇ごと大作戦で得られた公民連携のマインド

〇ごと大作戦は、シティプロモーション事業として、シビック

プライド（地域に対する誇りや愛着）の醸成、市民目線で行政がサポートすることによる市職員のスタッフプライドの形成と、定住人口獲得や交流人口増加の達成を目指していることが特徴と言えます。

市民がわが地域の自慢をする意欲、市民活動や地域活動に参加する意欲、まちへの恩返しや活動する人に感謝する意欲、市外の人たちに町田市やわが地域をお勧めしたいという意欲を高め、町田市のファンを増やし、市民のシビックプライドも醸成しています。

シビックプライドは、人口が減少する時代に求められる新たな価値観を生み出し、持続可能な社会をつくっていくために必要なマインドです。

公民連携は、「市役所の意識」と「市民の意識」が変わらなくては行動に結び付きません。次の世代に私たちのまちをどう残していくのでしょうか。まちを愛する気持ちからワクワクすることに取り組み、まちの未来を自らがつくっていくという当事者意識を育み、人と人の出会いの中で活動につなげていきます。行政がその活動に寄り添い、「意欲や思い」を共有する公民連携（ヒト・モノ・カネ・情報）の好循環が生み出されます。

シビックプライドという意識に働きかける○ごと大作戦の展開は、**確実に市民や地域、企業等の多様な主体の「共感」を育み、「きらめく町田の未来」へ確実な一歩を踏み出し**ています。

市民の地域や活動に対する誇りを高める上で、他地域や市外の人からの視点で、「いいね」と言ってもらうことは最も効果のある賛辞です。そして、市民が生き生きと活動し、笑顔で学び、働き、暮らす活力あふれる様子を市民が自らの言葉・自らの方法で市内外に発信するようになることが「まちだ○ごと大作戦」での最大の成果と考えられます。

4章　事例②（日光市）
～社会的弱者への対応とサウンディング型市場調査の取り組み

公民連携の事例として、日光市（栃木県）の取り組みを紹介します。

◆日光市の現状

日光市は栃木県の北西部に位置し、北は福島県、西は群馬県に接しています。2006年3月、旧今市市、旧日光市、旧藤原町、旧足尾町、旧栗山村の2市2町1村の合併により、総面積が栃木県全体の約4分の1（1,449.83㎢）という広大な市が誕生しました。

市町村合併から13年が経過しましたが、各地域では人口減少が進み少子高齢社会への動きが加速し、高齢化は全国や栃木県の平均を上回る状況にあります。現在の人口は、約8万人強です。

◆日光市公民連携（PPP）活用指針の策定

(1) 日光市の動向

日光市は、「民間資金等の整備等の活用による公共施設等の促進に関する法律」(PFI法)、指定管理者制度の導入や「競争の導入による公共サービスの改革に関する法律」などにより、民間が担うことができるものは民間に委ねる観点から、行政の関与その他規制を最小限にし、民間事業者の創意と工夫が反映される公共サービスを提供するための取り組みを着実に実施しています。

(2) PPP活用指針の策定

財政状況の逼迫（ひっぱく）による厳しい状況の中で、現在の公共サービスを行政が将来にわたって、すべて提供していくことは、質的にも量的にも難しい状況です。また、社会経済環境が大きく変化する中、市民ニーズはますます拡大し、多様化の一途をたどっています。

今後、限られた職員数や財源により効率的で質の高い事務事業の実現と、多様化する市民ニーズへの対応を図りながら、将来にわたって持続可能なまちづくりを進めていくためには、担い手となり得る多様な主体と連携し、公共サービスを提供できる多元的な仕組みを整える必要がありました。

このため、2016年9月に「日光市PPP（公民連携）活用指針」を策定しました。同指針は、公共サービスの提供における多元的な仕組みを構築し、民間活力の積極的な活用を推進することを目的としています。

◆公民連携の事例紹介

ここで紹介する事例は、児童虐待関係における公民連携事業です。現在の公民連携事業は、PFI（民間資金活用による社会資本整備）など、公共施設に関する連携が多いのですが、ここで取り上げる事例は、ソフト事業が多い福祉分野の中でも、国に先駆けて公民連携で一定の成果をあげています。

(1) 民間団体設立の背景と経緯

2004年の「児童福祉法及び児童虐待の防止等に関する法律」の改正により、子ども虐待の定義の明確化、国および地方公共団体の責務等の強化など、子ども虐待防止対策の充実・強化が図られました。これにより、子どもと家庭に関する各種の相談に関し、市町村が担う役割が法律上明記され、家庭児童相談の専門性が求められることになりました。

当時、今市市（現日光市）では、家庭の問題への対応は、市が雇用した家庭児童相談員２人で行っていました。しかし、法改正に伴い、養育困難家庭や虐待予備軍といわれるグレーゾーンの家庭への支援を家庭児童相談員２人で対応することには限界がありました。

このような状況を克服するため、市と福祉分野の民間事業者は勉強会を開催し、現状と課題および解決の方向性を議論していきました。議論の中で、市のみでは虐待リスクが高い子育てに難しさを抱えている家庭を支援することには限界がある、という結論に至りました。当時、市には児童虐待対応専門の民間団体がなかったため、児童虐待対応専門の民間団体を設置し、市と連携して業務を推進することになり、2005年4月にNPO法人「だいじょうぶ」が設立されました（写真4-1）。「だいじょうぶ」設立のメリッ

写真4-1　家庭児童相談室

資料）日光市

トの一つは、既存の団体の活用ではなく、ゼロベースで市の置かれている現状と課題を認識し、そこから官民が連携・協働して行う必要があるという事実を共有できたことです。そして、理想と現実のギャップを埋めるため、対応できる組織の設立に至ったことです。

「だいじょうぶ」の活動の原点となっているのは、≪だいじょうぶ　いっしょに考えよう　あなたは大切な人だから≫というスローガンの下、子どもたちに「温かいご飯」「暖かい布団」がある普通の暮らしを提供することです。

(2) 児童虐待分野における連携の事例

「だいじょうぶ」と日光市の連携業務で、特徴的な取り組みが２点あげられます。

１点目は、市の家庭児童相談業務を「だいじょうぶ」と一体となって運営していることです。相談窓口を市の職員(専門職)と「だいじょうぶ」の職員が一緒に実施しています。

相談を受けて、情報と支援内容を共有し、そこから、要支援者への来所相談や訪問相談など必要な支援を行っています。「だいじょうぶ」では、24時間電話相談を受け付けており、県内市町で実施しているのは日光市のみです。

市と「だいじょうぶ」では、毎週支援方針会議を開催し、相談支援情報を共有化して、支援方針の決定までを協働で実施し、虐待の早期発見につながっています。協働実施しているため、市は「だいじょうぶ」が独自活動で培ったノウハウや知見を活用することができ、支援方針の決定と対応が迅速に行われています。

２点目は、育児支援家庭訪問事業、子どもの居場所づくり支援事業等も包括的に連携していることです。子ども、親たちから虐待や発達の遅れに対する相談電話等を受けた際、話を聞くだけでは子どもや親が抱える問題の解決につながらないことがあります。例えば、子どもの弁当箱を洗っておらずきのうの食べ物が弁当箱にそのままだったケースでは、親の家事未経験が原因ということがあります。これは、親を指導するだけでは解決には向かいません。この場合は、一緒に家事をしながら学びを通じて状況を改善しています。

子どもの居場所づくり支援事業では、子育てに苦しさを感じている親や、家で安心できない子どもたちの放課後の居場所として、市内に２カ所の施設を設置しています。

親はストレスの解消となり、子どもたちは、みんなで遊び、食卓を囲み、必要に応じて入浴をするなど普通の家庭と同じことをすることで、精神的なケアとともに、基本的な生活習慣を身に付けることができます。また、入浴の際に体の状況も確認できます。栃木県内で子どもの居場所づくり支援事業を行っているのは、当市を含め５市です。

「だいじょうぶ」では、クリスマスパーティー等のイベントを企画し、リスクを抱えている親や子どもを個別に招待するなど、居場所となる施設に来やすくするような工夫を行い、足を運んでほしい子どもへのアプローチを行っています。

(3)　連携事業の効果

連携事業の効果は、さまざまな観点から把握できます。まずは要支援者へのメリットがあります。日光市と「だいじょうぶ」との連携事業により、要支援者は最適なサービスを公私の区別なく、手厚く受けることができます。

次に、日光市にもメリットがあります。「だいじょうぶ」と連携事業を実施することにより目的を共有化でき、育児負担解消のための支援、孤立防止のための支援、養育スキル向上のための支援といった子育て支援全体に目が行き届くようになりました。なお、リスクがある要支援者の情報は、関係部署とも共有しています。これにより、市民にとっては、安全で安心した生活を送ることができ、市と市民との信頼関係の構築につながっています。

そして、「だいじょうぶ」のメリットもあります。「だいじょうぶ」は、民間団体でありながら公益性、公共性の観点を持って事業を実施しています。さらに、市との連携事業実施により、知名度がアップし、他市町の民間団体とも連携した支援活動を行っています。住民からの信頼も得て、市からの事業費以外にも、寄付金などの収入等を得るなど自立した運営を行うことができています。

ここで紹介した、家庭児童相談業務での公民連携が成功した要因は、効果的な公共サービスを提供するため、最適な効果を生み出す担い手をつくり上げたことにあります。その結果、**要支援者、「だいじょうぶ」、市のそれぞれにとって三つの「ウィン」を創出しており、まさに「三方よし」の取り組みとなっています。**

◆日光市の公民連携の展望

(1) サウンディング型市場調査

日光市では、2018年度から市有地や市有施設等の有効活用に向け、民間活用等も含めた多角的な検討を行う場合に、事業検討の段階や事業者公募前の段階で民間事業者と対話する場を設け、市場性を調査するサウンディング型市場調査を実施しています。これまで、4事業のサウンディング調査を実施し、民間事業者が参入しやすい条件による事業化の検討を行っています。

(2) 民間企業等からの提案制度の実施

2019年4月に、日光市と縁が深い企業である古河電気工業(株)と地図会社の（株)ゼンリンデータコムが共同開発を進めている道路付属物点検支援システム（ドライブレコーダーを使用して、道路付属物の撮影を行い、点検データを作成するシステム）の実証実験を日光市において実施したい旨の申し出があり、現在実証実験を担当課において実施中です。

実証実験について、市はデータの提供のみで、費用は一切負担しません。企業側は開発したシステムを現場で使用しながら、改良を進めることができます。まさに、両者ウィン・ウィン（相互利益）の形です。

2019年5月には、この事例を制度化するため、民間事業者等からの積極的な提案を受ける実施要領を策定し、7月より運用を開始します。民間企業等から積極的に事業提案いただき、事業費用等を全額負担してもらった上で、日光市と協働で事業を進めていく制度です。

民間企業等にとっては、「日光」というネームバリューでCSR（社会的責任）活動の充実をPRすることにより、企業価値を向上できるというメリットがあります。同時に日光市にとっては、民間企業等の資金を活用することによる財政的利点と、先進的な取り組みを通して地方創生を効果的に進めることが可能となるというメリットがあります。

(3) 公民連携のこれから

今後、多様化する市民ニーズに応えながら、地方自治法が規定している「住民の福祉の増進」を推進していくためには、ゼロベースの視点で、既存の枠組みにとらわれることなく、新たな発想で公的関与の在り方を検討していく必要があります。

民間企業等からの提案制度による**公民連携事業**は、連携したからといって、決して民間企業等に丸投げするものではありません。**目的を共有し、事業の最適化の観点から役割分担を明確にして一体となって進めていく**ものです。

連携に当たっては、随時、民間企業等と議論し、改善の必要があれば改善して、市民にとってより良いサービスを提供しなければなりません。

5章　事例③（加賀市）～スマートシティの実現に向けて

加賀市（石川県）が進めているスマートシティに向けての公民連携事例を紹介します。

◆加賀市の概要

加賀市は、石川県の西南部に位置する人口6万7千人の地方都市です。16.5㎞に及ぶ美しい海岸線は越前加賀国定公園に指定されています。また、同県小松市と福井県の境界にある大日山（標高1,368メートル）に源を発する大聖寺川・動橋川が日本海に注ぎ、それぞれの流域に開けた森や水に恵まれた地域です。

◆加賀市が公民連携を推進する背景

2013年10月の宮元陸市長の就任後、2014年5月に日本創成会議が発表した「**消滅可能性都市**」に、加賀市は南加賀地域で唯一該当していたことから、危機的な状況と再認識するようになりました。

消滅可能性都市からの脱却に向けて、子育て支援策の拡充、小・中学校のプログラミング教育による人材育成のほか、国や他の自治体に先駆けた公民連携によるイノベーションの推進を図り「**挑戦可能性都市**」の実現を目指すこととなりました。これが公民連携を強く進める背景です。

◆イノベーションを目指した公民連携

(1) (特非) みんなのコードとの連携

長期的視野に立った将来の産業人材の育成に向けて、加賀市は「(特非) みんなのコード」(以下「みんなのコード」) と、2018年10月に「プログラミング教育に関する連携協定」を締結しました。2016年、市内の5小学校を実証校とした総務省「若年層に対するプログラミング教育の普及推進事業」の採択を「みんなのコード」が受けたことから連携し、プログラミング教育を開始しました。

連携の取り組みとして、学習指導要領の改訂を見据え、全国初の市内全小・中学校でのプログラミング教育を行いました。プログラミング教育を実施するに当たり、夏休みを中心にプログラミング教育中核教員と研修会を開催し、指導する教員の資質向上を図りました。また、夏休みを利用して電子工作やプログラミングに興味を持ってもらうことを目的に、小学校4、5、6年生の希望者を対象として、「ラズベリーパイ」というシングルボードコンピューターを無料配布しています。

プログラミング教育には、学校教育という枠組みの中だけではなく、校外においても子どもたちの好奇心、創造性を発揮する機会を設けることが必要です。そのため、米マサチューセッツ工科大のメディアラボが開発協力した学習モデルである、「コンピュータクラブハウス」を市内の交流施設「かが交流プラザさくら」において、2019年5月に日本で初めて開設しました。

コンピュータクラブハウスは、子どもたちが「いつでも」「安全に」「テクノロジーを知ることができる」を目的に、1993年に米国で設立されました。これまでに世界18カ国、約100カ所に施設があります。

同市のコンピュータクラブハウスでは、「みんなのコード」の協力を得ながら、知識や技術を教え込むのではなく、コンピューターなどを自由に使える環境をつくっています。そこで子どもたちが、主体的に関心を深めていくことを目指し、この延長線上に、加賀の地から世界的な情報通信技術（ICT）の開発者が現れることを期待しています。

コンピュータクラブハウスの開設に当たっては、返礼品がないクラウドファンディング型のふるさと納税制度を活用し資金を調達しました。全国から計1,000万円を超える支援を得て、そのすべてをコンピュータクラブハウス事業に活用しています。

(2) (株)スマートバリューとの連携

社会課題をクラウドで解決する実績を持つ「(株)スマートバリュー」とは、ブロックチェーン技術を中核とする、電子行政の実現に向けた包括連携協定を結んでいます。同協定に基づく共同研究開発の第１弾として、個人の年齢や性別、職業、興味のある分野など、いわゆる「個人の属性」に応じた情報を自動的に提供するサイト「加賀POTAL」を開設しました（写真5-1)。

同サイトの利用者情報や利用履歴は、ブロックチェーン技術を用いることにより安全に管理されています。これまで閲覧しにくかった加賀市のホームページ上の情報について、さまざまなニーズや属性に合わせた提供が可能となりました。また、訪問者が求める情報にたどり着きやすくなったことから、多くの市民等が利用しやすくなりました。さらに、全国の自治体においてブロックチェーン技術を行政サービスの基盤に活用するのは、初めての試みです。

写真 5-1 「加賀 POTAL」公開記者会見

資料）加賀市

(3) (株) D & I との連携

2019年5月には、HRソリューション（雇用に関する課題解決）事業を展開する「(株) D & I」と「障がい者のテレワークの推進に関する連携協定」を締結しました（写真5-2）。

加賀市の障がい者福祉施策は、2018年3月に策定した「障がいのある人（子ども）のサポートプラン」に基づき進めています。同プランの目標の一つに、働く意欲を持つ障がい者の適性と能力に応じた就労の場の確保を掲げています。最新の通信技術を活用した、時間や場所にとらわれない柔軟な働き方である在宅就業、いわゆる「テレワーク」を重要な施策と位置付けています。

障がい者の雇用促進事業を展開し、「テレワーク」にも多くの実績がある同社と市内に住む障がい者からの「テレワーク」のニーズを結び付けることにより、障がい者の就労機会の拡大を図るこ

写真 5-2　テレワーク連携協定締結式

資料）加賀市

とを目的に、協定を締結しました。この取り組みにより、障がい者のさらなる「自立と社会参加」の推進が図られる可能性があります。

　また、将来的には「障がい者のテレワーク事業」を市内企業にも展開していくことで、労働力不足に悩む市内企業と障がい者の就労ニーズのマッチングが可能となり、地域課題の解決にもつなげられると考えています。

(4) ANA ホールディングス(株)との連携

　航空輸送事業社である「ANA ホールディングス(株)」と、最新の技術・ビジネスモデルを活用し、加賀市の活性化を推進していくために、「イノベーション推進に関する連携協定」を締結しています。今後は、最新技術を用いた自走式の遠隔操作分身ロボット「アバター」の実証実験を行っていく予定です。

具体的には、アバターを用いた「市役所での窓口相談」や「著名な先生による遠隔教育」などを検討しています。検証実験を行い、将来的には市民サービスにおけるアバターの実用化を図り、加賀市における地域課題の解決や産業の振興、教育水準の向上を想定しています。

(5) (株)トラジェクトリーとの連携

ドローンのAI管制システムを提供する「(株)トラジェクトリー」とは、「AirMobility（空飛ぶ車）管制プラットフォームの構築ならびにドローン利活用に関する連携協定」を締結しました。同協定に基づき、同市での地域課題の解決や新たな産業振興に、ドローン（小型無人飛行機）を利活用していきます。

現在は、市内の廃校となった小学校を活用して、ドローン機体の飛行テストや管制システムの整備の実証を行っています。今後、前述したANAホールディングス(株)と連携した物流新サービス等の導入も視野に入れています。

(6) モネ・テクノロジーズ(株)との連携

2019年7月には「モネ・テクノロジーズ(株)」と加賀市が自動運転社会に向けた次世代モビリティサービスに関する連携協定を締結しました。

同社は、MaaSプラットフォームを目指すため、トヨタ自動車(株)とソフトバンク(株)という日本を代表する企業が共同出資し、世界のMaaS市場の獲得に向け、日本の期待を背負って設立された企業です。さらに、本田技研工業(株)と日野自動車(株)とも資本提携し、ますますMaaSプラットフォームの発展が期待されています。MaaSという用語は、まだまだ聞き慣れない読者も多いと思います。MaaSとは、あらゆる交通機関を統合し、その最適化を図った上で、マイカーと同等か、それ以上に快適な移動サービスを提供するまったく新しい概念です。

今回の連携に基づく具体的な取り組みは、加賀市が運営する「乗合タクシー」にトランスログ（移動の目的地、経路、時間、速度、クルマのデータ）を受信できるDCM（通信機）を搭載し、市内における人の移動に関するビッグデータを収集するとともに「乗合タクシー」のフルデマンド[1)]化等に向けた、さらなる利用者サービス向上を目指しています。

特に、北陸新幹線加賀温泉駅開業に向けて、同駅と市内観光地をつなぐオンデマンド型交通[2)]の運行も計画しています。将来的には「乗合タクシー」のほか、多数のモビリティによるビッグデータを蓄積し、人流データと重ね可視化することで、渋滞や事故の起こりやすい場所等を分析し、道路計画、交通計画等で活用する、データ活用型の都市運営を行うことが想定されます。さらに、市民や観光客の移動について目的地までつなぎ目のない移動を実現できるほか、必要なときに必要なだけ受けられる買い物や診療のサービス支援が可能となります。

MaaSは交通手段を最適化することにより、過疎化・高齢化が進む地方の移動手段の確保のみならず、交通渋滞や環境問題の解決、交通事故の減少、産業振興など社会課題解決の手段となります。現在の地方におけるマイカー依存型社会から脱却し、車の所有ではなく活用できる社会へのシフトを目指していく取り組みです。

1）　完全なドア・ツー・ドアで利用客の要望に応じて呼び出しがあった地点から目的地まで運行する形態。

2）　運行経路（路線）・乗降地点（停留所）・運行時刻（時刻表）が定められている一般的な路線バスと異なり、経路・乗降地点・時刻のいずれか、あるいは、すべてに柔軟性を持たせることで、利用者の要求に応えて運行する乗合型の公共交通サービス形態。

(7) (同)DMM. COMとの連携

8月には「(同)DMM. COM」と3Dプリント技術の提供・連携を基本とした包括連携協定を締結しました。同社は、40以上の幅広い事業リソースを持つほか、3Dプリント技術についてはデータ制作から製造、後処理や加飾まで包括的に対応可能な生産技術を保有しています。

加賀市内に、光造形や粉末積層造形といったあらゆる造形方式に対応した3Dプリンター工場を保有するなど、同分野において専門性の高い技術と設備を保持しています。

今回の連携協定では、昔から製造業が盛んである同市が、3Dプリンターによる先進技術を駆使した「次世代ものづくりのメッカ」となり、新たなビジネスモデルを創出し、それにより地場産業の活性化や、地域経済が振興する「地方創生」の実現につながっていくことを想定しています。

(8) (株)日本総合研究所との連携

加賀市は、先端技術を保有する数々の企業と連携し、同市の地域課題に取り組んできました。しかし、その取り組みが一つの分野、一つの主体にとっての最適解（個別最適）にとどまり、地域全体にとっての最適解となるまでには至っていませんでした。

地域全体の最適解を得るには、住む人のQOL（Quality of Life＝生活の質）の向上を目的とし、従来の技術オリエンテッド（志向）ではなく「都市のどの課題を解決するのか？」、「何のために技術を使うのか？」を常に問い掛けることが必要です。

そして「個別分野特化型」の取り組みから、官民データ、ICT、AI（人工知能）を活用し、交通、観光、防災、健康・医療、エネルギー・環境等、複数分野にわたる「分野横断型」をコンセプトに、都市全体のマネジメント（計画、整備、管理・運営等）を行う「スマートシティ」を実現するしかないと考えています。その実現こそが、人口減少に立ち向かうために、最も重要な政策の一つです。

そこで、2019年8月には「（株）日本総合研究所」と「加賀市におけるスマートシティ推進に係る連携協定」を締結しました。同協定は、公民連携体制を強化し、包括的なスマートシティを実現するための政策立案とその推進を目指し、加賀市におけるスマートシティ推進のプラットフォームとなる「加賀市スマートシティ推進官民連携協議会」を設立しました（写真5-3）。同協議会は、加賀市をはじめとして、市内の産業団体や市民団体、合わせて25団体で構成されています。協議会の役割は、参加団体によるスマートシティに関しての情報交換や、市民への普及啓発、実証事業の推進などです。これらにより、公と民が一体となってスマートシティの構築を推進し、整備以後のマネジメントまでを含めた包括

写真5-3　加賀市スマートシティ推進官民連携協議会設立総会

資料）加賀市

的な調整をしながら進めています。

◆公民連携の展望

加賀市は、近年、急激なスピードで公民連携を進めています。**加賀市の外に位置する多様な主体と連携することで、イノベーションが生まれ**つつあります。現在、加賀市はスマートシティの実現に向けて、多くの外部主体と連携している状況です。

加賀市においてスマートシティが実現したとき、より一層魅力的なまちへと変貌します。丸ごと生活スタイルがアップデートされ、住民の生活は豊かになります。加賀市を訪れる交流人口は増加します。市内の産業は生産性が向上して活性化し、さらには新たな産業集積も起きていくでしょう。

6章　イノベーションの基盤
～自治体間共創、新しい公共、SDGs、規定条例

「公民連携」には、さまざまな取り組みがあることが分かったと思います。

次に、公民連携の展望について取り上げます。

◆新しい価値を提供する公民連携

地方創生は、自治体間競争を生み出した側面があります。多くの自治体は、単独だけで自治体間競争に対応できません。その理由は、自治体単独では、ヒト・モノ・カネといった行政資源の制約があるからです。もちろん、都道府県や横浜市、大阪市などの規模の大きな自治体では行政資源を多く有しており、単独で地方創生に取り組むことができます。しかし、多くの自治体は行政資源が限られているため、独力では自治体間競争に立ち向かっていけません。

そこで競争に負けないために、自治体は外部の多様な主体と協力・連携しなくてはいけません。その一つの手段が公民連携です。ここまで紹介した事例は、自治体以外の多様な主体と協力・連携することで、自治体間競争に立ち向かっているという現状を示しています。

自治体間競争という用語に違和感を覚える人がいます。確かに、その思いも理解できますが、わたしは、**「自治体間『競争』は自治体間『共創』にも結び付く」**という違う視点を持っています。

競争の英語は「Competition」です。共創は「Cocreation」と英訳されます。注目点は、競争にも共創にも「Co」という単語が入っ

ていることであり、この「Co」は「共に」という意味です。ちなみに、Communication（交流）、Collaboration（協働）にも「Co」が入っています。つまり、競争には「共に」という思想が組み込まれていると解することもできます。むしろ競争に立ち向かうために、多様な主体と「共に」進めなくてはいけないと捉えることもできます。

現実的にも、自治体間競争に対応していくために、自治体は多様な主体と共創し、対応していかなくてはいけません。その意味で、自治体間競争は自治体間共創に結び付くのです。わたしは**共創を「自治体が地域住民や民間企業、NPO 法人、大学等の自治体外と『共』に活動して、イノベーションの『創』出につなげること」**と考えています。自治体間共創を進めることにより、地方自治の世界に多様な価値観が入ることになります。その行きつく先は、新しい価値観を地域創生の関係者に提示することです。この関係者とは、自治体や議会、地域住民や民間企業などが該当します。

新しい価値観は、自治体にイノベーションを起こす基盤ともなります。すなわち、**公民連携は共創によりイノベーションを創出**することになり、競争を勝ち抜く自治体をつくるというのが、わたしの持論です。その意味で、わたしは公民連携に可能性を感じています。イノベーション（新結合）は、経済学者であるシュンペーターが提示した概念であり、同氏はイノベーションこそ資本主義の本質と説いています。新結合による変化が、経済を発展させると述べています。シュンペーターの理論に習い、わたしは**イノベーションが自治体を発展させる**と考えています。

なお、シュンペーターは、イノベーションを次の５パターンに分けています。それは、①新しい商品・サービスの創出、②新しい生産方法の開発、③新しい市場の開拓、④原材料の新しい供給源の獲得、⑤新しい組織の実現、です。すべてを満たす必要はなく、それぞれがイノベーションになります。新結合と言うと重い印象を与えますが、「ちょっとした工夫」程度で良いと考えます。

◆公民連携の前に考えなければいけない視点

公民連携の前に検討すべき課題があります。

「**新しい公共（新たな公）**」という用語があります。新しい公共と公民連携は、基本的には異なる概念です。しかし、わたしは新しい公共という考えは、公民連携を推進する一つの契機となっていると考えています。そこで、新しい公共について取り上げてみます。

「新しい公共」があるということは、「古い公共」もあることを意味します（図6-1）。

図6-1　「古い公共」と「新しい公共」のイメージ

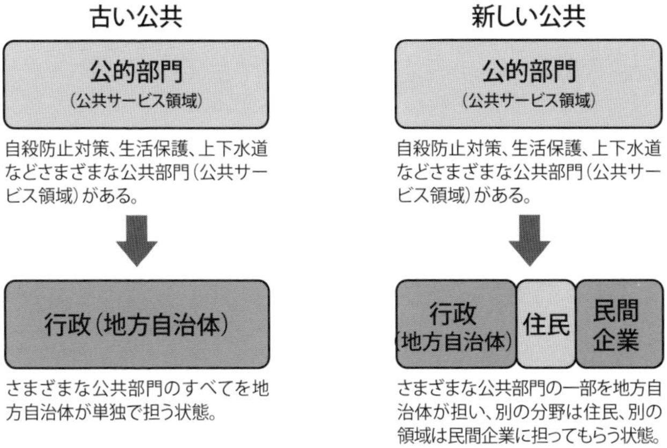

古い公共

公的部門
（公共サービス領域）

自殺防止対策、生活保護、上下水道などさまざまな公共部門（公共サービス領域）がある。

行政（地方自治体）

さまざまな公共部門のすべてを地方自治体が単独で担う状態。

新しい公共

公的部門
（公共サービス領域）

自殺防止対策、生活保護、上下水道などさまざまな公共部門（公共サービス領域）がある。

行政（地方自治体）｜住民｜民間企業

さまざまな公共部門の一部を地方自治体が担い、別の分野は住民、別の領域は民間企業に担ってもらう状態。

資料）著者作成

近年、公共部門（公共サービス領域）は、教育・医療・交通・司法・消防・警察など多方面にわたっています。「古い公共」は、多岐にわたる公共部門のすべてを自治体が単独で担う状態を意味します。

しかし、「古い公共」が限界に近付きつつあります。その理由は、権限移譲や住民ニーズの多様化・多発化に伴う事務量の増加、職員数の減少や財政難などにより、自治体はすべての公的部門には対応できなくなってきていることです。そこで「新しい公共」という概念が出てきたと推察します。

図の右側が「新しい公共」のイメージです。さまざまな公共部門の一部を自治体が担い、別の分野は住民、別の領域は民間企業等に担ってもらう状態です。すなわち**「新しい公共」とは、自治体（行政）だけが公共の役割を担うのではなく、地域のさまざまな民間（住民や民間企業等）が公共の担い手の当事者として活動すること**を意味します。

読者に一つ提起すると、「公的部門が減れば、公民連携は必要ないかもしれない」という論点です。現在、さまざまな事情で公的部門が拡大しています。公的部門が拡大（肥大）する一方、行政資源は縮小しています。その結果、「政策公害」という職員の療養休暇の増加やコストパフォーマンスの低下など大きな歪みが生じています。なお、**政策公害とは「自治体の多すぎる政策づくりと政策実施によって、自治体職員や地域住民に、外部不経済をもたらす」**と定義しています。

現在の公民連携は、前提として「公的部門が拡大する」ことや「政策（施策や事業を含む）が増える」という事情があるようです。公的部門が拡大し政策が増加していくため、民間活力により対応しようとする発想が少なからずあるように感じます。

もし、公的部門が縮小し政策が減少していくのであれば、公民連携に取り組む必要はありません。公民連携も大切ですが、まずは「身の丈に合った自治体運営」をするために、公的部門や政策を減らしていく取り組みも必要です。

とは言うものの、わたしは公民連携を否定しているのではありません。**自治体にイノベーションを起こし、新しい次元にステップアップさせるためにも、多様な主体と協力・連携することは、極めて重要**なことと考えています。

◆SDGsと公民連携

近年、「**SDGs**」という用語が話題です。急激に自治体に浸透してきた感じがあります。SDGsとは「Sustainable Development Goals」の頭文字をとった略称で「**持続可能な開発目標**」と訳されます。国は「持続可能な開発目標（SDGs）推進本部」を設置しました（2016年5月）。同本部は、本部長を内閣総理大臣とし、副本部長を内閣官房長官と外務大臣、本部員は他の全ての国務大臣で構成しています。同本部を中心に、国はSDGsを強く推進しています。

わたしの持論ですが、**SDGsは、自治体にとっては新しいことではないと考えています。**これはよく考えてみると、これまで自治体が目標としてすでに取り組んでいることです。例えば、多くの自治体が定住人口の増加に取り組んでいます。それは「11　住み続けられるまちづくりを」になります。また、自治体の教育行政そのものは「4　質の高い教育をみんなに」になります。自治体は子どもの貧困対策にも取り組んでいます。これは「1　貧困をなくそう」に該当します。

なお、自治体が「SDGsをはじめます」と宣言すると、多くの

資料）国際連合広報センター

職員は「また仕事が増える」と思い、嫌悪感を覚えます。職員にとってSDGsは関心がないことだと思います。そこで、「既に実施している事業そのものがSDGs」と認識させることが重要です。そうすることで、職員にSDGsマインドが浸透していきます。わたしは、「自治体が実施している事業そのものがSDGsである」と認識させることが重要だと考えます。

わたしは、SDGsが公民連携を進めるうえでとても有効と考えます。公民連携は、自治体と民間企業が公的部門で共に進めていくものです。しかし、連携相手の民間企業が、時には公的部門内での収益目当ての自己中心的な行動をとったり、突然撤退したりすることがあり、自治体にとってリスクが生じる場合があります。こうしたデメリットもあるため、公民連携が一気には広がらないのだと考えます。そのため、自治体（行政）は民間企業にSDGsを浸透させ公的マインドを育てていく必要があります。そして、民間企業に公的マインドが育てば、公的部門で自治体（行政）と共存でき、公民連携は軌道に乗ると考えます。

◆公民連携を規定した条例

公民連携の持続性を担保させるためには、条例化することも一つの案です。大東市（大阪府）は「大東市公民連携に関する条例」を制定しています（2018年3月）。この時点で条例化した自治体は、大東市のみでした。

大東市条例は「大東市に関わるすべてのものが、その垣根を越えて連携することについての基本的事項を定めることにより、自立的かつ持続可能な地域経営、公共サービスの質的充足および地域の価値の向上を図り、もって、皆に誇れるまちを実現する」ことを目的としています。同条例における公民連携の定義は「市民全体の利益を最大化させるため、民間および市長等が連携することにより、公共サービスの質的充足を図ること」としています。

近年、公民連携に関する指針や行政計画は、多くの自治体で定められています。しかし、条例化は大東市だけです。確かに、昨今の「何でも条例化」という風潮は頂けませんが、公民連携には多くの利点があります。そのため公民連携の条例化には賛成します。

また、SDGsは公民連携を後押しする内容のため、SDGsも条例化しても良いと考えます。近年、SDGsを規定した条例もあります。それは下川町（北海道）にあり、「下川町における持続可能な開発目標推進条例」です（2018年6月）。同条例は、下川町環境未来都市推進条例の全面的な改正として制定されました。

下川町条例は「下川町における持続可能な開発目標の達成に向け、推進体制を整備し、『2030年における下川町のありたい姿』の具現化を図り、誰ひとり取り残されず、しなやかに強く、幸せに暮らせる持続可能な地域社会を実現する」ことを目的としています。なお、桐生市（群馬県）と下妻市（茨城県）も条例があります。

大東市も下川町等も基本条例であり、具体的な取り組みを明記しているわけではありませんが、その意義は大きいと考えます。それは自治体の意思であり、自治体として責任を持って、公民連携やSDGsを進めていく意思表示となるからです。

ちょっとブレイク

ゼロベース思考

「お魚くわえたドラ猫追っかけて♪」と聞けば、読者の脳裏に思い浮かべるのはサザエさんでしょう。そこで問題です。旦那さんのマスオさんの年齢は何歳だと思いますか？

わたしは、醸し出す雰囲気から直感的に 30 歳代半ばと考えていましたが、実は 28 歳でありイメージとはかけ離れています。

図　マスオさんは何歳か？

政策はターゲットをイメージして政策づくりを進めますが、固定的な観念や偏った考え方を持つと見誤ります。問題発見のため（政策づくりのため）には既存の思考を一度捨てて、ゼロベースの観点から検討していくことが大事です。特に、住民ニーズを的確に把握し、政策の実効性を高めるために「ゼロベース思考」を活用すべきです。

ゼロベース思考は「過去の経験や知識、思い込みなどをすべてリセットし、ゼロの状態から検討しなおすこと」を意味します。

過去の成功体験や蓄積された経験、既存のしがらみや通説などに囚われることなく、すべてを白紙の状態でゼロから検討することが重要です。

このことが、政策づくりにも役立ちます。

第Ⅲ部

まちづくりのヒント

キーワード解説

☑あじさい都市	都市を構成する地域コミュニティごとに歩いて移動できる範囲に生活を支える都市機能を集中させながら、都市全体を支える核や他地域と連携・共生していく都市のあり方。
☑コンパクトシティ	まち全体が小さくまとまりながらも、都市機能が充実している地域。
☑ウィンザー効果	第三者（他者）を介した情報、噂話のほうが、当事者が直接伝えるよりも影響が大きくなる心理効果。
☑まちづくり	「まちづくり」の前提には、地域（自治体）を構成する多様な主体との協働がある。
☑健幸	「健康」と「幸せ」が、すべての人の願いであるとの考えを基に「健幸＝健康で幸せ」を意味した造語。

1章　事例①（北上市）
～「市民」が実践！ 理想のコンパクトシティ

◆地方創生と SDGs

地方創生の一つの視点は「人口減少の克服」です。地方自治体は模索しながら、人口減少に対応をしています。その対応について、自治体が取り組んでいる政策をSDGsのキーワードをもとに紹介します。冒頭のSDGsのアイコンは、同市の政策に関連します。なお、SDGsには17の目標があり、「Sustainable Development Goals」の頭文字をとった略称で「持続可能な開発目標」と訳されます。

◆北上市の概要

北上市は、岩手県内陸中部に位置し、北上川と和賀川の合流地点にある自然豊かな人口約9万2,000人のまちです。同市は自然豊かで農業を基幹産業とする都市でした。昭和の初期には人口流出による地域の衰退に危機感を持ち、地元で働く場を確保することを目的として工業振興に力を入れてきました。

企業誘致を基軸としたまちづくりは、多くの雇用の場の創出と働き手やその家族の転入につながっています。そして教育・福祉環境の充実や社会資本の整備にも力を入れてきた結果、東洋経済新報社が発表している「都市の住みよさランキング」では県内上位に位置し、そのまちづくりは一定の評価を得ています。

◆「あじさい都市」のまちづくり

北上市は、少子化による人口減少に加え高齢化の進行や、厳しい財政状況が続く環境を踏まえて、人口増加を前提とした拡大基調のまちづくりの方向を見直しています。既存インフラや地域資源の有効活用を図りながら、住民、事業者、行政の有機的な連携と協働のもと、将来にわたって持続可能なまちづくりの構築に取り組んでいます。多くの自治体では「持続可能なまちづくり」を掲げていますが、具体的には示していません。そこで同**市は住民と共有するイメージとして「あじさい都市」を掲げて**います（図1-1）。

図 1-1　北上市の「あじさい都市」のイメージ

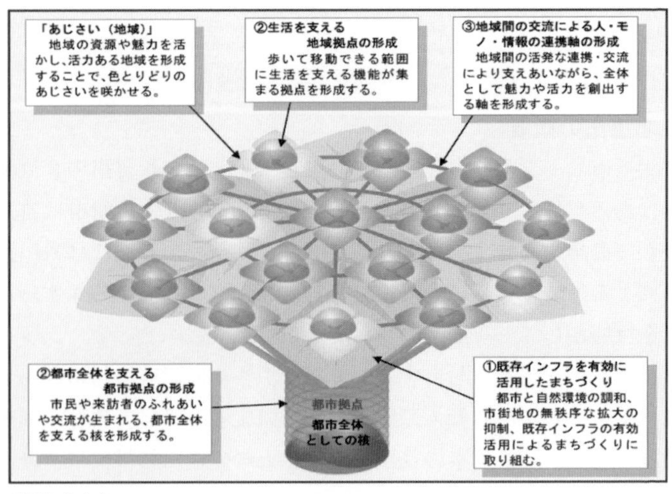

資料）北上市

「あじさい都市」とは、都市を構成する地域コミュニティごとに歩いて移動できる範囲に生活を支える都市機能を集中させながら、都市全体を支える核や他地域と連携・共生していく都市のあり方で、「多極集中連携都市」とも言えます。

同市は、都市を構成する地域コミュニティをあじさいの花にたとえ、それぞれの地域が独自の資源を活かして自立した地域として咲き誇ることを前提としています。そして各地域が相互に連携し、持続的に発展する都市の姿をイメージしています。市内の各地域が市全体を支える核と結びつくことにより、市全体の魅力と活力の創出を目指した、まちづくりを進めています。

あじさい都市を実現していく重要なキーワードが「協働」と「コンパクトシティ」と考えています。次に「協働」と「コンパクトシティ」を取り上げます。

◆協働によるまちづくり

北上市の協働が順調に進んだ理由は、同市のまちづくりは人口減少社会の到来を見越し、**約20年前より**行政主導のまちづくりから、**市民参画による協働のまちづくりへの転換を念頭に、その仕組みの構築などに取り組んできたことによります。**2006年3月に「北上市まちづくり協働推進条例」を制定し、県内でいち早く「市民の参加」を基本とする協働による、まちづくりを推し進めることを宣言しました。条例を制定し、協働へと進めた意義は大きいものがあります。なお、条例名に「協働」が入るのは、全国で約150条例しかありません。

そして「あじさい都市」の実現に向けて、市政への市民参加の在り方や協働の方向性など、まちづくりの規範・理念を定めた「北上市自治基本条例」を2013年1月に施行しました。これに伴い、同年４月には、「北上市まちづくり協働推進条例」を改正しました。総合計画に掲げる将来の都市像の実現に向けた地域づくりを推進するため、その担い手としての自治組織の在り方や位置付けなどを定めた「北上市地域づくり組織条例」を施行し、これら「まち育て三条例」の理念に基づき市民主体の協働によるまちづくりを推進してきました。

より良い地域づくりのためには、地域の実情をよく知る住民が、資源、人材を活かして、目指す将来像の実現に向け行動していくことが大切です。市の発展には、市と地域でまちづくりを一体的に進める必要があります。

北上市の協働を実現させるため、市民が主体となったまちづくりを目指すために、地域づくりに関する知識と行動力を身につけた人材を育成する必要があることから、コミュニティリーダー研修会や地域づくり講座を実施しています。協働によるまちづくりにあたっては、中間支援組織として市内の特定非営利活動法人の「いわてNPO－NETサポート」が参画しています。この法人は、企業との協働推進、市の各種計画策定や地域における事業実施など、その支援は多岐にわたっています。

◆コンパクトシティによるまちづくり

図1-2は、全国紙（朝日・産経・毎日・読売）で「コンパクトシティ」の記事が登場した回数です。記事に「コンパクトシティ」の用語が初めて登場したと考えられるのは、1997年４月の朝日新聞です。

1990年代以降、コンパクトシティに関して注目を集めたのは青森市で、1995年の総合計画において「コンパクトシティ構想」を行政計画として明確に位置付けています。わたしは、さまざまな

図1-2　「コンパクトシティ」の記事が登場した回数

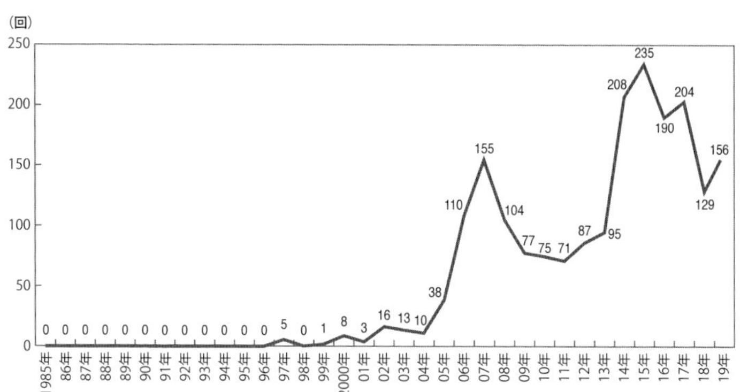

注）全国紙（朝日新聞、産経新聞、毎日新聞、読売新聞）より。
資料）@ nifty の新聞・雑誌記事横断検索から著者作成

定義を参考にしつつ、**コンパクトシティを「まち全体が小さくまとまりながらも、都市機能が充実している地域」と捉えています。**

2017年には、国土交通省が内閣府と連携し、都市のコンパクト化と地域の稼ぐ力の向上に取り組む「地方再生のモデル都市」（地方再生コンパクトシティ）を進めていますが、明らかな成果は出ていないようです。そのような中でも北上市のコンパクトシティは実効性があり、国土交通省も注目しています。同省の報告書には、コンパクトシティには3類型あるとしています（図1-3）。

同市は、居住や都市の生活を支える都市機能の誘導によるコンパクトなまちづくりと、各拠点内や拠点間をバス等の公共交通で結び、徒歩や公共交通を利用して生活できる「コンパクト・プラス・ネットワーク」のまちづくりを進め、高齢者や子育て世代が安心して暮らせる都市の実現を目指しています。

コンパクトシティを実現するには、地域との協力と連携が欠かせません。当然ですが、自治体の独り善がりな取り組みでは、コ

図1-3　コンパクトシティの類型

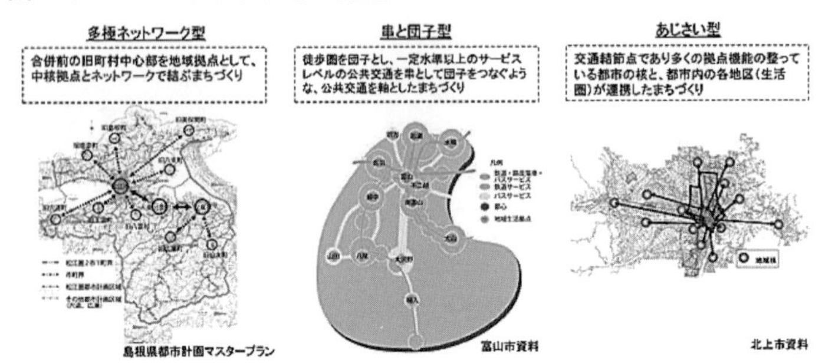

資料）国土交通省

ンパクトシティは成功の軌道に乗りません。ところが、多くの事例は「協働」という基盤がないところで、自治体目線によるコンパクトシティが進められています。それがうまく進まない要因と考えられます。

同市は、あじさい都市を成功させるために地域コミュニティの構築が重要と判断し、協働に力を入れてきました。「まち育て三条例」をはじめ協働に向けた環境整備を進めたことにより、コンパクトシティが軌道に乗っていると言えます。

◆まとめ

この事例から得られる知見は、次の3点です。

(1) イメージの明確化と共有の重要性

「まちづくり」のフレーズだけでは理解しづらいことから、「あじさい都市」というフレーズを掲げ、図1-1のようなイメージの明確化をして、自治体と住民が共有することが重要です。

(2) 協働に力点を置く

これからの時代は協働なくして地域運営ができません。北上市はどこまでも協働が基本です。なお、協働の「協」に着目すると、右の旁には３つの力があります。これは、行政の力、住民の力、事業者の力、と捉えることができます。行政、住民、事業者は地域を構成する主要な主体です。この３つの力が部首（十）のように「プラス」されて一緒に働いていくという意味が協働にはあります。

(3) 政策には順序が大事

自治体の独り善がりでコンパクトシティを進めても住民の共感は得られません。北上市は、協働を基本とし住民との信頼関係を構築した後、コンパクトシティを進めたことが成功の要因と考えます。政策づくりは順番を間違えると失敗するので注意が必要です。

2章 事例②（西条市）
～「住みたい田舎ランキング全国１位」獲得のまち

◆西条市の概要

西条市は、愛媛県東部の道前平野に位置する人口約 11 万人の地方都市です。市南部には西日本最高峰の石鎚山（標高 1,982 メートル）がそびえ立ち（写真 2-1）、石鎚山系からの伏流水は、全国的にも稀な被圧地下水の自噴地帯を形成しています。

西条平野の自噴井戸は、東西に約 5,600 メートル、南北約 400

写真 2-1　西条市内から見た西日本最高峰の石鎚山

資料）西条市

～2,200 メートルの広範囲に見られ、自噴エリアは実に 800 ヘクタールに渡っています。市内約 300 カ所から良質な地下水が自噴する「うちぬき」という現象が見られるなど、市民の約半数が水道施設を使わず地下水で生活しています。

同市は、1985 年に旧環境庁から名水百選に選出されているほか、1995 年と 1996 年に岐阜県で開催された全国利き水大会では２年連続で日本一に輝くなど、全国的にも「水の都」としての評価を得ています。

また、西条市は 1962 年に新産業都市建設促進法に基づく「東予新産業都市」の開発拠点に選定されたことを機に、四国屈指の産業都市として発展してきました。四国最大規模の臨海工業団地には多くの大手企業の工場が立地しているほか、関連企業も多く集積しています。

◆シティプロモーションの推進

玉井市長（第１期）の公約の一つに「つながり広がる西条」があります。この公約の実現に向け、シティプロモーションが推進され、2017 年４月に「シティプロモーション推進課」が設置されています。

シティプロモーションの持つ意味についてふれます。近年、多くの自治体がシティプロモーション（シティセールス）に注目してきました。図 2-1 は、全国紙（朝日・産経・毎日・読売）で「シティプロモーション」と「シティセールス」の記事が登場した回数です。2016 年まで右肩上がりで拡大してきました。2017 年以降減少しているのは、シティプロモーションが「当たり前」になってきた状況があります。西条市はシティプロモーションに参入した後発組の自治体ですが、先進事例を参考にして戦略的に進める

図2-1 「シティプロモーション」「シティセールス」の記事が登場した回数

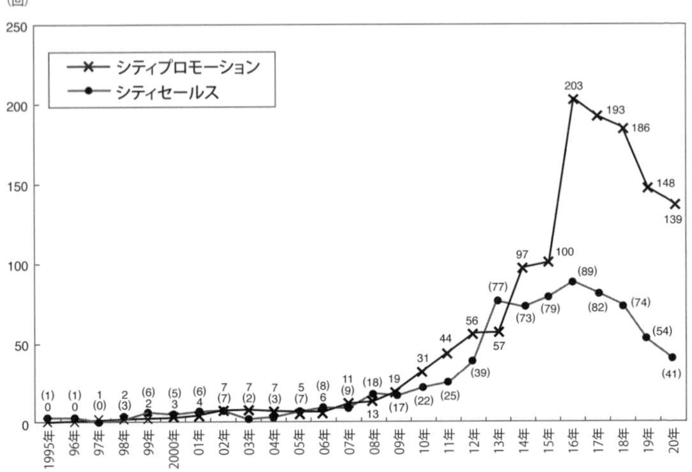

注）全国紙（朝日新聞、産経新聞、毎日新聞、読売新聞）より。
資料）@ nifty の新聞・雑誌記事横断検索から著者作成

ことにより、多くの成果をあげてきました。

西条市のシティプロモーションは「移住・定住を最終目標として、西条市が持つ豊富で魅力的な資源の情報発信することを、ヒト・モノ・コトを呼び込むための手段」と捉えています。具体的には、知名度・都市イメージの向上を通じた移住・定住・交流・関係人口の獲得を目指して進めてきました（西条市シティプロモーション戦略）。

積極的なシティプロモーションにより、西条市が保有していた魅力的な資源が「見える化」され、幅広く伝わることによりイメージが変化していきました。その一つの成果が「第９回住みたい田舎ベストランキング（全４部門）」での全国１位獲得です（図2-2）。四国第１位は３年連続となっています。

図2-2　第９回住みたい田舎ベストランキング

総合部門	若者世代が住みたい田舎部門	子育て世代が住みたい田舎部門	シニア世代が住みたい田舎部門
第1位　愛媛県西条市	第1位　愛媛県西条市	第1位　愛媛県西条市	第1位　愛媛県西条市
第2位　山口県宇部市	第2位　大分県大分市	第2位　愛媛県今治市	第2位　鹿児島県鹿児島市
第3位　静岡県静岡市	第3位　鳥取県鳥取市	第3位　静岡県静岡市	第3位　山形県酒田市

注）移住定住の推進に積極的な市町村を対象に、移住支援策、医療、子育て、自然環境、就労支援、移住者数などアンケートを実施し、集めた回答をもとに、田舎暮らしの魅力を数値化しランキング化している。世代によって移住者のニーズや施策が異なるため、全世代対象の【総合部門】のほか、【若者世代部門】【子育て世代部門】【シニア世代部門】の全４部門を用意している。
資料）（株）宝島社『田舎暮らしの本』（2021 年２月号）

西条市のシティプロモーションの特徴は「ファンづくり」です。その一つの取り組みが 2018 年 4 月にスタートした「LOVE SAIJO ファンクラブ」です（https://www.lovesaijo.com/love-saijo-fanclub/）。同クラブは、市内・市外を問わず、西条が好きな人が集まり、みんなで西条を応援するコミュニティで、図 2-3 が

図2-3　「LOVE SAIJOファンクラブ」の入会状況

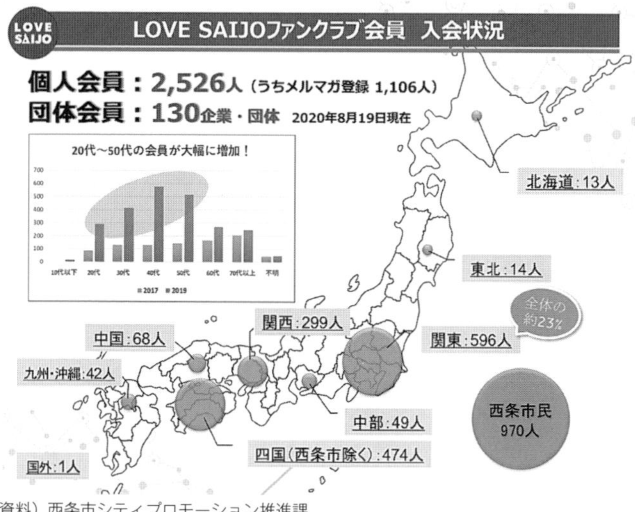

資料）西条市シティプロモーション推進課

「LOVE SAIJO ファンクラブ」の入会状況です。

マーケティング戦略には「**ウィンザー効果**」(Windsor effect) という心理的効果が多く用いられます。ウィンザー効果は「**第三者(他者)を介した情報、噂話のほうが、当事者が直接伝えるよりも影響が大きくなる心理効果**」と定義されます。西条市が「わが市はすごい!」というよりも、ファンクラブのメンバー(第三者)が「西条市ってすごいよ!」と話すことで信ぴょう性が高まり、大きく拡散される傾向があります。ウィンザー効果は「クチコミ効果」の一つで、**「LOVE SAIJO ファンクラブ」はウィンザー効果を活用**した成功事例と言えます。

◆移住・定住の促進

西条市はシティプロモーションによりイメージを転化させ、大きな波が生じました。その波を確実に捉え移住・定住を進めてきたのが「移住推進課」の存在です。同課の尽力により、移住者は急拡大しています。2017 年度は 106 人、2018 年度は 289 人、2019 年は 346 人、2020 年は 358 人と増加し、2021 年は 1,177 人と驚異的な数字です。

移住者の増加に貢献したのが、移住体験ツアーです。同ツアーは、移住への意思が強い子育て世代を中心にターゲットを絞っています。特徴的なのは、移住希望者一人ひとりに特化した完全オーダーメイド型体験ツアーであることで、しかも交通費・食費・宿泊費は無料です。完全オーダーメイド型の移住促進の効果はてき面で、2018 年度は 15 組 32 人を招待し、わずか半年間で 4 組 11 人が移住しました。

完全オーダーメイド型の特徴の一つに「西条市で自分たちの暮らしに近しい暮らしをしている人たちに話を聞くことができる部

分が最大の魅力だ」と課長は述べています。またこの移住体験ツアーが口コミで広がることにより、イメージアップという形で好影響を与えています。

この移住の取り組みも、シティプロモーション同様に後発組ですが、後発組であるがために、先発事例との差別化を図り（完全オーダーメイド型、交通費・食費・宿泊費の無料化など）、移住に取り組む多くの自治体の中で勝ち残ってきました。

また、移住促進に貢献しているのが関係人口です。同市は関係人口というくくりの中で、東京圏で地元出身者を対象としたイベントを実施しています。さらに大阪事務所を「Ｕターンを促進する拠点」と位置付けており、この「Ｕターン」に特化した点がイノベーション的な視点となります。

◆学校教育現場のICT化の推進

現在、全国的にGIGAスクール[1)]構想が進められています。この参考になる自治体が西条市です。同市は、以前からあった地域の魅力を発掘し、磨きをかけ、プロモーションをし、同時に新しい魅力の構築にも取り組んでいます。その一つが情報通信技術（ICT）の導入を積極的に推進して行政サービスの質の向上を図る「スマートシティ西条」の取り組みです。

特に学校教育現場でのICT化が進んでおり、全国的にも高い評価を得ています。2018年１月には、全国ICT教育首長協議会において、最も優れた取り組みをする自治体に与えられる「2018日本ICT教育アワード」を受賞しています。また、全国的な課題と

1)　１人１台端末と、高速大容量の通信ネットワークを一体的に整備することで、特別な支援を必要とする子供を含め、多様な子供たちを誰一人取り残すことなく、公正に個別最適化され、資質・能力が一層確実に育成できる教育環境を実現する構想。

して意識が高まっている学校教職員の働き方改革についても積極的に取り組み、2019年2月には、優れたテレワーク制度を導入する企業や団体を表彰する「第19回テレワーク推進賞表彰式」の最高賞を受賞しています。

西条市単独ではICT化を図ることはできないため、リコージャパン(株)と協力・連携し進めてきました。愛媛県内初の総務省「地域おこし企業人交流プログラム」制度を活用し、2018年4月から3年間にわたり、社員が市教育委員会へ出向しています。

教育分野におけるICTの象徴的な取り組みが、離れた学校間をつないで遠隔合同授業を実現する「バーチャルクラスルーム」です（写真2-2）。

西条市内の小学校の中には1学年の児童数が10人を割り込み、存続の危機に直面した小学校も複数存在します。そのような小規模校では、一人ひとりの子どもたちに教職員の指導が行き渡りやすいなどのメリットがある反面、限られた学校環境だけでは、子どもたちが将来的に社会で活躍するために必要とされるコミュニケーション力、協働力、問題解決力、批判的思考力などのスキルを身に付けることは困難となります。そこで、小規模校のデメリットを解消して子どもたちの成長を促す方法として注目したのが、小規模校同士の教室に大型スクリーンとWeb会議システムを設置し、互いに学び合うアクティブな学習環境を創出する「バーチャルクラス」の実現です。

教育分野にICTを入れることにより、ほかの自治体には見られない独自の教育を進めています。そして、その**成果が学力の向上です（図2-4）**。これらの取り組みは、教育分野における「西条市モデル」として全国的に注目を集めています。機器設置などのハード面の整備から、教職員に対する授業実施支援などのソフ

写真 2-2　バーチャルクラスルーム

資料）西条市

ト面まで、多くの課題を一つひとつ乗り越えて実現したものです。それらの課題を行政の力だけで乗り越えるのは難しく、必ずと言っていいほど行政とともに活躍する民間企業の存在がありま

図2-4　西条市のICTを活用した教育政策の成果

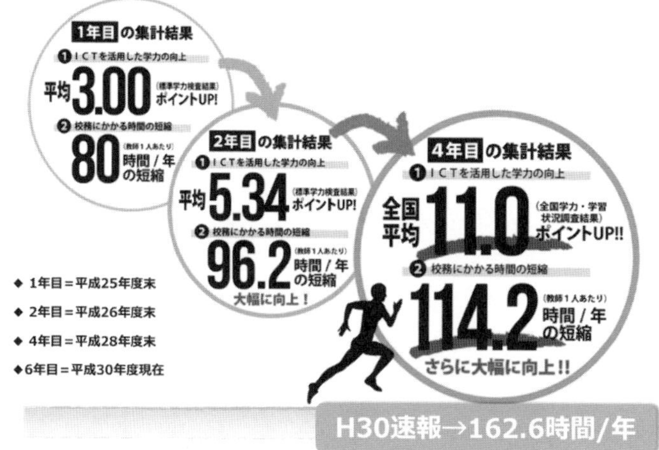

資料）西条市

す。教育分野に限らず、積極的に民間企業との連携を進めている点も、同市の特徴です。

これ以外にも、西条市は多くの取り組みを実施し、中四国地域の都市として初めての自治体シンクタンク「西条市自治政策研究所」を開設し、EBPM[2)]に基づく行政運営などを進めています。

◆まとめ

同市の事例から得られる知見は、次の３点です。

(1) 後発組のメリットをいかす

同市は「シティプロモーション」も「移住促進」も後発組でしたが、現在ではフロントランナーです。後発組のメリットは、先進事例の良い点は模倣し、悪い点は避けることができます。先進事例を分析し、自らの政策（施策・事業を含む）に活用することにより、成功の軌道に乗ることができます。後発参入には利点があり、そのメリットを最大限に活かすことが大事です。

(2) イメージの転化を狙う

シティプロモーションの推進により、西条市の認知度が高まり、イメージが転化され、新しい印象が定着されつつあります。しかし、多くの自治体はシティプロモーションが目的化しています。そうではなく手段として位置づけ、戦略的に進めていく必要があります。

(3) 差別化による施策展開

先進事例を模倣しただけでは、フロントランナーになれず、成功は限定的です。頭一つ抜けるためには、ほかの自治体との「差別化」を図ることが必要です。定住促進の「完全オーダーメイド

型」や教育分野におけるICTの導入などが差別化です。差別化は「そこに行かないと味わえない」ことであり、「オンリーワン」となります。意図的に差別化を進めることも重要です。

2）「Evidence Based Policy Making」の略称。しばしば「証拠に基づく政策立案」と訳される。

3章　事例③（東大和市）
～少子化に待った！「子育て支援」がアツイまち

◆東大和市の概要

東大和市（東京都）は、東京都心から西方35㎞圏にあり、電車で40分程度です。同市の西方に多摩モノレールが走り、商業が集積し発展している立川駅まで約10分で行けます。

同市の面積は13.42㎢で、東京のベッドタウンとして発展してきました。人口は85,157人（2020年国勢調査）。市域の北部には、新東京百景でもある東京の水がめ多摩湖（村山貯水池）があり（写真3-1）、周辺の狭山丘陵と合わせて市域の約25％を占めています。

都立東大和南公園に、第二次世界大戦で受けた機銃掃射の弾痕などが残る戦災建造物「旧日立航空機株式会社変電所」があり、市の指定文化財となっています。この戦災建造物は「西の原爆ドーム、東の変電所」と称され、同変電所の保存のために、ふるさと納税を呼びかけています。

東大和市の南部は、都心への交通アクセスが良いことから、マンション等の集合住宅が建ち並んでいます。そのため若い世代を中心に人口の流入が続いてきました。近年の東大和市はほかの自治体と同様に人口の減少傾向がみられますが、2020年は、転入者が増加し社会増となりました。

写真 3-1　多摩湖

資料）東大和市

◆東大和市子どもと大人のやくそく（東大和市子ども・子育て憲章）

2020年に同市は市制50周年を迎えました。同市に住むすべての人たちが明るい未来を目指し、それぞれが自分らしく成長していけるように「東大和市子どもと大人のやくそく」（東大和市子ども・子育て憲章[1)]）を制定しました（図3-1）。

これは、国連の「児童の権利に関する条約」（子どもの権利条約）[2)]の理念を踏まえたものです。同市の大人たちが温かい眼差しをもって子どもたちを見守り、若者や子育て家庭に寄り添い支えていくことを目指し、子どもと大人の代表による会議で策定しました。

1）住民の心構え自主的行動の規範として、道徳や生活規範についての住民の心のよりどころという位置づけで制定。
2）1989年の第44回国連総会で採択。日本は1994年に批准。

図3-1　東大和市子どもと大人のやくそく（東大和市子ども・子育て憲章）

東大和市 子どもと大人のやくそく（東大和市 子ども・子育て憲章）

令和２年２月２１日議決
令和２年９月２６日　市制５０周年を記念して制定

（前文）
豊かな自然に恵まれた東大和に住む　すべての人が　未来に夢や希望を持ち　命や人とのかかわりを大切にし　明るく元気よく生きていくために　子どもと大人がお互いに約束しあいます

わたしたち　子どもは	わたしたち　大人は
すすんで元気よくあいさつをします	子どもの心に寄り添い　健やかな成長を見守ります
よく遊び　よく学び　規則正しい生活をします	子どもから信頼されるよう　誠実に生きる姿を見せます
一人ひとりの個性を大切にし　思いやりを持って行動します	子どもの様々な個性や考え方を認め　可能性を引き出します
約束やルールをしっかり守ります	大人としての自覚と責任を持ち　ダメなことをダメと言える勇気を持ちます
いじめはしません　させません 困ったときは　すぐに相談します	子どもの心や体を傷つけることはしません 気付いたときは　すぐに手を差し伸べます
ごみのないきれいな東大和にします	ふるさとの豊かな自然を守り　歴史や文化を伝えます

資料）東大和市

この前文は「豊かな自然に恵まれた東大和に住む　すべての人が　未来に夢や希望を持ち　命や人とのかかわりを大切にし　明るく元気よく生きていくために　子どもと大人がお互いに約束しあいます」としています。

前文のメッセージは、生きづらさを感じ、自己肯定感や自尊心が低くなってしまっている子どもたち（大人たちも含め）に「ひとつしかない命を大切にして、自分だけではなくすべての命を大切にしてほしい」や「ひとりぼっちではない、誰かとつながり、お互いを気にかけ、支えあう関係性をもてるよう、人とのかかわりを大切にしてほしい」という願いが込められています。

同市は、この憲章に込めた願いを実現するため、子どもたちや子育て世代を応援する施策を整え、包括的かつ重層的な観点から子どもに関する取り組みを進めています。

◆まちづくりの価値

東大和市は「日本一子育てしやすいまちづくり」をスローガンに市政を推進してきました。同スローガンの下、子ども・子育て支援には、一定の成果が見られています。

子ども・子育て支援に関して「日本一」を掲げる自治体は多くあります。同市と同様なスローガンとして「子育てしたくなるまち日本一」、「日本一住みたい子育てしやすいまち」、「子育て応援日本一のまち」などがあります。わたしは同市のスローガンにある**「まちづくり」の「つくり」に注目**してきました。**「まち」ではなく「まちづくり」の前提には、地域（自治体）を構成する多様な主体**[3)] **との協働があります。**むしろ、協働がなくてはまち「つくり」はできません。すなわち、同市の「日本一子育てしやすいまちづくり」には、日本一子育てしやすいまちを目指して、同市だけではなく、市の内外に存在している多様な主体と協働していくという意味が含まれています。

実際、子ども・子育て支援に限らず、施策を実施する際には、多様な主体と協働してまちづくりを進めています。例えば、(株)イトーヨーカ堂及び(株)セブン－イレブン・ジャパンをはじめ、(株)エコス、森永乳業(株)、東京大学未来ビジョン研究センターなどの多様な主体と連携を進めています。

◆シニア活躍の視点も

東大和市は子ども・子育て支援に、シニア活躍を加えた二つの施策を重点的に進めています。

2019年に「健幸都市の実現に向けた東大和市健康寿命延伸取

---

3)　地域住民や民間企業、大学など。

組方針」を策定しました。翌2020年には「東大和市『健幸都市』宣言」を行い、さらなる健康寿命の延伸を図るとともに、健幸都市の実現に向けた取り組みを推進していくことを目的としています。なお、同宣言で使われている**「健幸」は、「健康」と「幸せ」が、すべての人の願いであるとの考えを基に「健幸＝健康で幸せ」を意味した造語**になります。

◆子ども・子育て支援

子ども・子育て支援の成果の一つが合計特殊出生率に現れています。図3-2は東大和市の合計特殊出生率の推移で、2015年(1.67)と2017年（1.59）の合計特殊出生率が東京23区と多摩地区26市で第1位となりました。

0～4歳児の転入者数は220人前後で推移しています。一方、0～4歳児の転出者数は多い年で約280人、少ない年で約190人で

図3-2　東大和市における合計特殊出生率の推移

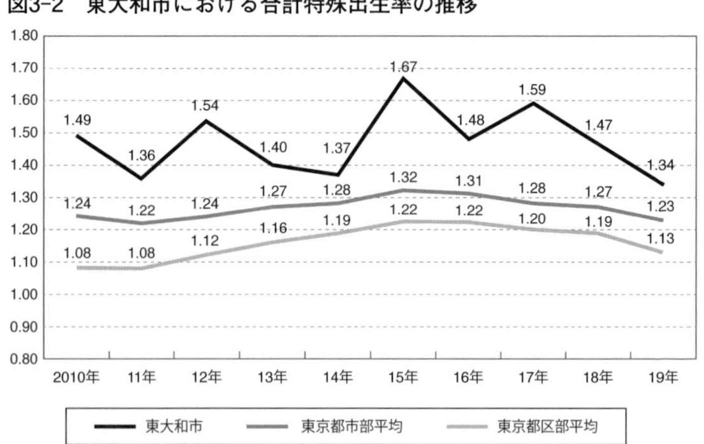

資料）東京都福祉保健局人口動態統計

す。人口の維持を考える場合、現在生活している住民に対して、いかに同市の子ども・子育て支援の良さを認知してもらうかが重要になります。

次に、東大和市の特徴的な子ども・子育て支援を取り上げます。

(1) 病児・病後児保育室とお迎えサービス

同事業は、2015年から保育所等に在籍している子ども（生後六か月～小学校六年生）が体調不良となったときに、保育室で保育する事業を実施しています（写真3-2）。

お迎えサービスは、保護者が迎えに行くことが困難な時に、病児・病後児保育室の保育士が保護者に代わって子ども（生後六か月～小学校就学前）を保育所等に迎えに行くサービスで、利用に伴う交通費は徴収していません。

写真3-2　病児・病後児保育室

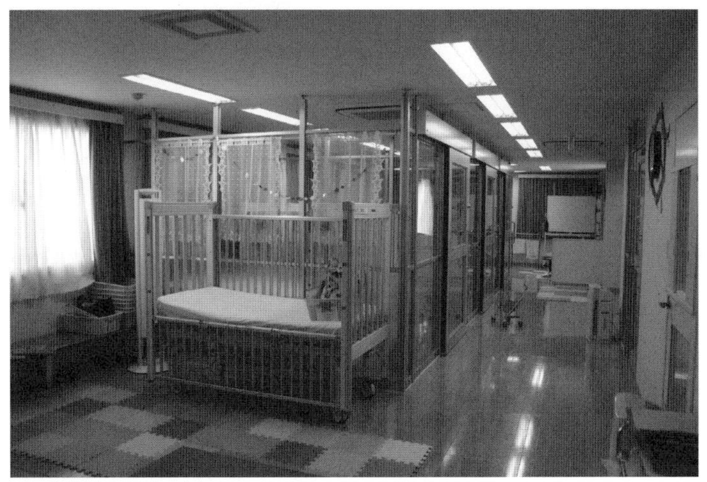

資料）東大和市

(2) 保育コンシェルジュ

同事業は、小学校就学前の子どもの保護者が保育サービスを適切に選択し、円滑に利用できるよう、保育サービスに係る情報の集約・提供、相談対応、利用の支援・援助を行う取り組みです。

同市は、母子保健に詳しい保健師資格のある職員と、保育士経験の長い職員を配置しています（写真 3-3）。子どもの健康状態、障害の程度、対応医療機関、母親の心理・精神状態など、保護者に寄り添いながら、その家庭にとってより良い手助けの方法を探すことができる人材を配置しています。

写真 3-3　保育コンシェルジュ

資料）東大和市

(3) 休日保育

2016 年から休日保育を開始しています。同事業により、両親が休日勤務をする家庭に対する子育て支援の充実が図られました。しかし、休日保育は、子どもと両親の関わり方で課題もあります。

そこで、同市は休日保育を利用する週は、必ず平日にその分を家庭で保育する日として事前申告してもらうこととし、家庭での保育状況を確認しています。

また、虐待やネグレクト等への対処や支援が必要な家庭に対して、関係機関と連携して対応する体制がとられています。

(4) ランドセル来館事業

2008 年には学童保育の補完事業として、学童保育の条件に外れた子どもを対象に帰宅時間までの居場所を提供する制度「ランドセル来館事業」を開始し、2019 年から学童保育かランドセル来館事業のいずれかを選択できるようになりました。受入施設には児童館や小学校の空き教室を使い、放課後の居場所づくりとして活用しています。

ここでは、４事業のみを紹介しました。同市は、前述のほかにも子どもの幸せと最善の利益を考え、多くの事業を推進しています。

◆まとめ

東大和市の取り組みから、得られる知見は次の３点です。

(1) 子どもと大人のやくそくを土台とした子ども施策

同憲章を基本に、子どもに関する施策を包括的かつ重層的に進めています。なお、自治体のスタンスにより憲章、宣言、条例のどの方針で示すかは異なります。これらのどの方針をとったとしても、子ども施策の方向性を具体的に示すためには重要なものです。

(2) まちづくりの「つくり」協働の意味を含む

「まちづくり」という言葉の前提には、地域（自治体）を構成する多様な主体との協働の意味が含まれます。むしろ、協働がなくてはまち「つくり」はできません。近年では「共創」という言葉でも使われています。わたしは共創を「自治体が地域住民や民間企業、NPO法人、大学等の自治体外と『共』に活動して、イノベーションの『創』出につなげること」と捉えています。

(3) 子どもの幸せを基調とした多様な子ども・子育て支援

病児・病後児保育室とお迎えサービス、保育コンシェルジュをはじめ、アナフィラキシーホットラインの開設など、子どもの幸せを基調とした多様な子ども・子育て支援を推進しています。その結果、合計特殊出生率が高水準で推移し、人口けん引力の一助となっています。

同市の子ども・子育て支援の事例より、子ども・子育て支援の進め方の中に、まちづくりを進めていくヒントがあるのではないかと考えます。

４章　事例④（相模原市）
～市民の愛着を高める「あるもの探し」

◆相模原市の概要

相模原市は神奈川県の北部に位置し、人口は約 73 万人です。緑区、中央区、南区の３つの行政区で構成された政令指定都市です。同市は都心からも近く都市的な要素をもっています。同時に、山や湖、川などの豊かな自然や中山間地域があります。都市と自然がつながり合うまちと言えます。

市内には６つの鉄道路線が通っています。近年は、圏央道相模原 IC と相模原愛川 IC の相次ぐ開通など、交通アクセスの優位性が増しています。そのため産業用ロボット等のリーディング産業や大型物流施設の立地が進み発展を続けています。

今後は、リニア中央新幹線の駅が設置される橋本駅や、在日米陸軍相模総合補給廠（ほきゅうしょう）の一部返還地を生かしたまちづくりが検討されている相模原駅を中心に、さらなる発展が見込まれています。

同市の西部には、丹沢大山国定公園や陣馬相模湖自然公園に指定されている雄大な森林地帯があります。そのほか、宮ヶ瀬湖や津久井湖、相模湖が広がり、流域に恵みをもたらす水源地の役割を果たしています。これらの豊かな自然環境は、キャンプや釣り、ハイキングに訪れる多くの人たちに親しまれています（写真 4-1）。

ここでは相模原市が政策として注力する「シビックプライド」

写真 4-1　青野原野呂ロッジキャンプ場（相模原市緑区）

資料）相模原市シビックプライド推進部

(Civic Pride) を取り上げます。シビックプライドは、人口減少時代の重要なキーワードです。

　これに加え、もう一つ重点的に進めている政策があります。それはSDGsです。同市は、2020年7月に国の「SDGs未来都市」に選定され（図4-1)、シビックプライドとSDGsの2つが、本村賢太郎市長の大きな取り組みでもあります。

図4-1　相模原市の未来都市ロゴ

資料）相模原市 SDGs 推進室

◆シビックプライドとは何か

「**シビックプライド**」は、人口減少時代の中、注目を集める考えです。これは、「**都市に対する市民の誇り**」という意味で使われることが多く、日本の「郷土愛」に似ていますが、単に地域に対する愛着を示すだけではありません。「シビック」（市民の／都市の）には、権利と義務を持って活動する主体としての市民性という意味があります。すなわち、シビックプライドには、自分自身が関わって地域を良くしていこうとする、当事者意識に基づく自負心を指しています[1)]。

昨今、シビックプライドに注目する自治体が増えている理由は、多くの利点があると指摘されているからです。伊賀市（三重県）の「伊賀市シティプロモーション指針」では、「伊賀市民であること、伊賀出身であることを誇りに思うこと」と「伊賀がより良い地域になるために主体的に関わる意思を持つこと」と定義しています。同指針では、シビックプライドの効果として、定住・Uターン人口の増加、参画意識の向上、市民による情報発信の増加があると指摘しています。

そのほかにもさまざまな観点から効果が指摘されています。例えば「市民一人ひとりが感じる都市への誇りや愛着が行動として表出することで、まち全体のムードがつくられていく」[2)]があります。また、「シビックプライドを進めることにより、点がいっぱい繋がり、線になり、線が面を作り、新しい活動、経済活動が生まれていく」[3)]とも言われています。

---

1)　読売広告社都市生活研究局著・伊藤香織他監修（2008）『シビックプライド―都市のコミュニケーションをデザインする』宣伝会議。
2)　一般財団法人アジア太平洋研究所（2012）『水都大阪のシビックプライド』。
3)　経済産業省四国経済産業局（2011）『観光効果を活用した地域住民の地域に対する愛着と誇りと自負（シビックプライド）の醸成事業成果報告書』。

日本においては、シビックプライドは新しい考えであるため数は少ないのですが、その効果は、例えば、防災活動への積極的参加、継続居住意向の拡大、地域活動へ参加意欲の増大、NPO 活動の活発化、Uターンの高まりなど[4)]で明らかになっています。

多くの可能性があるシビックプライドに同市は注目しています。多様な政策（施策や事業を含む）を進めることで、シビックプライドの醸成に取り組んでいます。

◆シビックプライド条例

シビックプライドに関して、同市の大きなトピックスは、**全国で初めて「さがみはらみんなのシビックプライド条例」を制定**したことです（2021 年 4 月施行）。同条例を根拠にシビックプライドを着実に推進しています。

同市条例におけるシビックプライドとは「相模原市に対する誇り、愛着及び共感を持ち、まちのために自ら関わっていこうとする気持ちのこと」と規定しています。

図 4-2 が相模原市条例の前文です。相模原市のホームページには、同条例に関して「子ども達を含め、多くの皆様にご覧いただき、親しんでいただけるよう、難しい漢字や表現をできるだけ避け、分かりやすく簡潔な内容及び文体としております」と記しています。

図の前文に注目すると、前文 1 行目の冒頭の「さ」を下にたどれば「さがみはラ踏あん」となります。これは「さがみはらファン」と読めます。また、前文 1 行目の最後の「自」を下にたどれば「自びっクプらいド」となります。つまり「シビックプライド」が隠されています。シビックプライドの当事者となる住民や関係者に親しみを抱いてもらうため、同条例は多くの工夫が凝らされています。

図4-2 「さがみはらみんなのシビックプライド条例」の前文

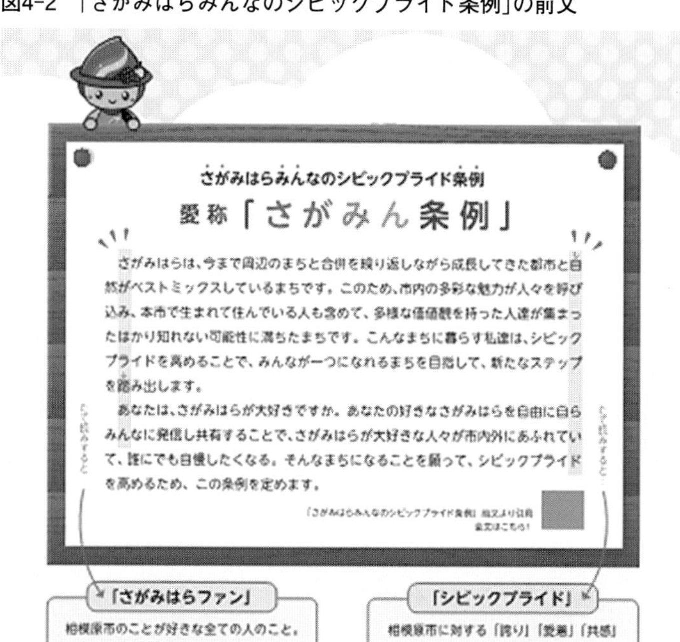

資料）相模原市シビックプライド推進部

相模原市条例の第８条の見出しが「計画」で、条文は「市長は、相模原市と関わりのあるみんなのシビックプライドを高める取組を効果的かつ計画的に推進するための計画を定めます」です。同規定を根拠として、シビックプライドを醸成していくための行政計画を用意しています。

一般的に条例と行政計画の両輪の存在は、政策を強くしていき

4) 牧瀬稔・読売広告社 ひとまちみらい研究センター編(2019)『シティプロモーションとシビックプライド事業の実践』東京法令出版。

ます。相模原市のシビックプライドも、既に制定・施行された**条例に加え、行政計画が用意されることにより、ますます実効性が高まる**と考えます。

◆シビックプライド醸成の事業

既にシビックプライドを醸成するための事業は動いています。例えば、自分たちの住んでいるまち相模原市をもっと好きになってもらうことを目的に、小学生向け出張授業を実施しています。同授業の目指すところは、①自分たちの住んでいるまち相模原市をもっと知ってもらうこと、②自分たちの住んでいるまち相模原市をもっと好きになってもらうこと、です。

具体的には、総合授業などの時間を活用し、同市の魅力や未来像などを市職員から説明を受けた後、「相模原市の好きなところベスト３」を作成するグループワークを実施し、最終的に発表を行っています。小学生たちが地元や地域に意識を向けることで、中長期的な観点でのシビックプライドの醸成を目標としています。

また、同市はキャンプ場を活かした「マイクロツーリズム促進事業」を実施しました。緑区には多くのキャンプ場（写真4-1）があり、都市地域で生活している市民がキャンプのために訪れ、新たな「相模原市を知る」ことによって、シビックプライドが醸成されることも目的の一つです。

マイクロツーリズムは、ある意味、生活圏を観光とする取り組みであり、地元や地域に視点が向きます。そのためには地元や地域から魅力的な資源を発掘する必要があります。これは**地域創生（地域づくり）の要諦である「ないものねだりではなくあるもの探し」に通じ**ます。「あるもの探し」の考えもシビックプライドの醸成につながっていきます。

同市のシビックプライド醸成の取り組みの中で、一つの成果が「見える化」されています。(株)読売広告社は「シビックプライドランキング」[5]を発表しています。同ランキングは、関東圏（１都６県)、関西圏（２府４県）における住民人口10万人以上の自治体（151団体）の居住者を対象に、住民の街への評価を数値化しています。

評価指標は、愛着、誇り、共感、継続居住意向（住み続けたい)、他者推奨意向（人に勧めたい）の５項目です。

2018年調査では、すべての指標において下位に低迷していました。しかし、「シビックプライド」を意識し、多様な事業を進めることで、ランキングの順位を大きく上げています（表4-1)。同社の評価は「対外的評価」(第３者による評価）です。今後はシビックプライドが高まることにより、市民生活がより充実していくことが求められ、「対内的評価」（市民評価）を高めていくステージに入っています。

表4-1　相模原市におけるシビックプライドランキングの推移

順位	総合	愛着	誇り	共感	継続居住意向	他者推奨意向
2021年調査	76位	77位	86位	76位	93位	59位
2018年調査	149位	150位	150位	142位	140位	141位

資料）読売広告社

◆まとめ

今回の相模原市の事例から得られる知見は、次の３点です。

5)　詳細は読売広告社のホームページ（https://www.yomiko.co.jp/news/release/）を参照。

(1) いち早く「シビックプライド」に注目

人口減少に対応する手段として「シビックプライド」に注目した点があります。これには、継続居住意向の拡大、地域活動への参加意欲の増加、Uターンの高まり、など人口減少時代を勝ち抜くための可能性があり、今後も人口減少が進むと予測される中で、ますます注目を集めている考えです。

(2) シビックプライドを条例（法制）化

シビックプライドに関する法的根拠はありません。そこで、全国で初めてシビックプライドに関する条例を制定したことも、他自治体の参考となる取り組みです。「さがみはらみんなのシビックプライド条例」と条例化することで、法的根拠を背景に強力に政策を進めています。条例化へのハードルが高く感じる場合は、憲章や宣言、指針なども考えられます。

(3) シビックプライド理念が各事業と連携

シビックプライドの理念を事業に結び付けている点も参考となります。ここで紹介した小学生向け出張授業やマイクロツーリズム促進事業に加え、さがみはらファンサイト「Sagamihara FAN FUN FAN」（さがみはらFavo）の開設、Instagramフォト＆アートコンテストの実施などもあります。Instagramフォト＆アートコンテストは、「さがみはらのここが好き！」と思うことを写真や絵画で表現するもので、市の魅力を見つける取り組みになっています。

人口減少時代の一つのキーワードが「シビックプライド」です。シビックプライドを基本とした自治体運営を進めていくことが大切なポイントです。

数字(データ)思考

下記の質問に答えてください。

【問】郵便ポスト・郵便局・美容所（美容院）・理容所（理容室）・都市公園・歯科診療所（歯科医院）・コンビニエンスストアを多い順に並べてください（2018年時点）

解答は表のとおりです。意外と思った読者もいるのではないでしょうか。わたしも間違えて認識していました。数字を把握しないと的確に問題が発見できないことが多くあります。

自治体の政策においても同じことが言えます。データを根拠としないことには、正しい政策が立案されません。これを押さえないと、本当の問題は発見できません。また、これを基本とした政策づくりでなくては他者への説得力もありません。政策づくりにおいてデータは極めて重要となります。

表　各施設等の順位

①	美容所（美容院）	254,422
②	郵便ポスト	179,121
③	理容所（理容室）	117,266
④	都市公園	111,525
⑤	歯科診療所（歯科医院）	68,500
⑥	コンビニエンスストア	57,966
⑦	郵便局	24,341

注）美容所と理容所、歯科診療所は厚生労働省「医療施設動態調査」、郵便ポストと郵便局は総務省「情報通信白書」、都市公園は国土交通省都市局「都市公園等整備の現況等」、コンビニエンスストアは一般社団法人日本フランチャイズチェーン協会「フランチャイズチェーン統計調査」を参照とした。

第Ⅳ部

まちづくりの注意点

キーワード解説

☑ブルーオーシャン	競合相手のいない（もしくは少ない）状態のこと。
☑レッドオーシャン	競争相手が市場に非常に多く、競争が激化している状態のこと。
☑ブランドメッセージ	自治体がメイン・ターゲットに伝えたいキャッチフレーズ。
☑自治体 DX	デジタル技術を活用して、既存の行政サービスを改善したり、新しい行政サービスを創出したりすることで、住民の福祉の増進を目指す取り組み。
☑マイクロツーリズムの視点	より地域に目を向けて、今まで見過ごしていた地域資源を発見・発掘し、ターゲット（顧客）に合致するように磨き上げをする。マイクロツーリズムを進めることは、シビックプライドにつながっていく。
☑低炭素社会	二酸化炭素（温室効果ガス）排出量を可能な限り少なく抑える社会。
☑脱炭素社会	地球温暖化の原因である二酸化炭素（温室効果ガス）排出量が実質ゼロになる社会。

1章 地域課題把握の注意点 ～自治体間競争に打ち勝つには

1 「若者・女性の雇用創出」の注意点

若者と女性の雇用創出の注意点と雇用増を進めるためのポイントを紹介します。

◆国の若者・女性の雇用創出

国は、若者と女性の就労支援に取り組んできました。厚生労働省は、①新卒者・既卒者等の就職支援、②フリーターや若年失業者等に対する就職支援、という観点から若者の就労支援を進めています。背景には、同省ホームページに「大卒者の3割、高卒者の4割の方が、卒業後3年以内で離職している状況もあります。また、フリーター数は155万人前後で推移している（以下省略）」との記述があります。このため、国はこれらを改善する政策を展

表1-1　若者・女性の雇用創出に関連する法律

法律	公布
青少年の雇用の促進等に関する法律	1970年5月25日
雇用の分野における男女の均等な機会及び待遇の確保等に関する法律	1972年7月　1日
男女共同参画社会基本法	1999年6月23日
女性の職業生活における活躍の推進に関する法律	2015年9月　4日
政治分野における男女共同参画の推進に関する法律	2018年5月23日
地域における大学の振興及び若者の雇用機会の創出による若者の修学及び就業の促進に関する法律	2018年6月　1日

資料）著者作成

開してきました。

一方、内閣府は「女性の活躍促進」という観点から女性の就労支援を進めています。この背景は、内閣府の『男女共同参画白書』に毎年のように記されており、社会全体や女性の意識変化、国際的に比較して管理職の女性割合の低さなどがあげられています。同時に、厚生労働省も女性の就労に関してさまざまな支援を進めています。なお、表1-1は若者・女性の雇用創出に関連する法律です。

◆若者・女性の雇用創出のポイント

国の後押しを受けて、地方自治体は多様な観点から若者・女性の雇用創出を進めていますが、成果が上がらないことがあります。

この原因は、国の補助金と自治体の取り組む姿勢にあると考えられています。自治体は、国の補助金を活用する場合「国のモデル例に従って」申請することになります。つまり、補助金を得ることが目的であって、地域の現状を踏まえているというわけではありません。**地域に即した事業でなくては成果をあげられません。**

さらに「国のモデル例に従う」という方針から、どの自治体でも同じような取り組みとなってしまいます。これは型通りの政策であり、魅力的な内容にはなりません。国の補助金目当てではなく、地域の現状を把握し、それに合わせた若者・女性の雇用創出を進める必要があります。

一つの事例ですが、戸田市(埼玉県)は、2016年6月に「女性の育児と就労に関するアンケート」を実施し、大半の女性が、非正規雇用、就労6時間／日未満、週3～4日の出勤、を希望している状況が把握できました。

この結果を受けて、同市で生活する女性の就労ニーズを満たす

図 1-1　戸田市の「ママスクエア」の取り組み

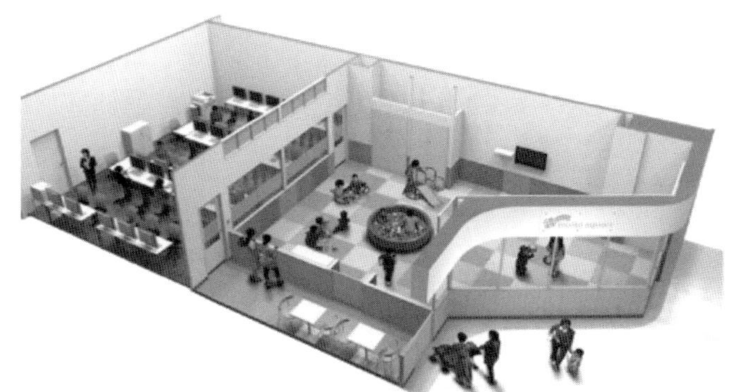

資料）戸田市（2017 年９月）報道発表資料

ために、(株)ママスクエアと連携し事業展開を実施しました。図1-1 は、母親が子どものそばで働くことができるオフィス「ママスクエア北戸田店」で、同一建物にワーキングスペースとガラス越しに見える位置にキッズスペースを併設した施設で関東初の取り組みでした。

わたしは、若者を対象に教壇に立つ一方で、自治体も訪問しますが、その際に、若者と自治体の意識の差を感じることがあります。自治体の政策展開は相変わらず独り善がりと感じられるため、地域貢献への意欲を持った若者たちは、その政策内容に失望し、地元に戻ることなく東京圏での就職を余儀なくされることがあります。そのため、若者が希望を持てる就労機会を提供することが重要です。

◆雇用増のためのポイント

雇用増を進めようとする自治体側からみて、事業者をわかりやすくセグメント化(細分化)すると、図1-2のようになります。若者・女性に限定するのではなく、全ての就労者が対象です。

まず、「①いまある事業者」と「②いまはない事業者」に分けることができます。自治体が雇用増の実現を考える時は「①と②のどちらの事業者を対象に雇用増を目指していくのか」を明確にしていくことが重要です。

そして「①いまある事業者」も細分化します。「③やる気のない事業者」と「④やる気のある事業者」に区別できます。「③やる気のない事業者」に対しては、大きく分けて「⑤延命措置」と「⑥業種転換」に関する政策を実施していくことになります。

また、雇用増を進めていくためには「④やる気のある事業者」を対象とすることが重要で、大きく2つに分けられます。その一つは「⑦+1人以上の雇用増」の促進を目指すことです。もう一つは「零細企業」を「中小企業」に促進し、「中小企業」を「中堅企業」に変えていくという「⑧規模の拡大」を目指すことです。

雇用増の実現に向けて「②いまはない事業者」を対象とした場

図1-2　雇用増のセグメント化

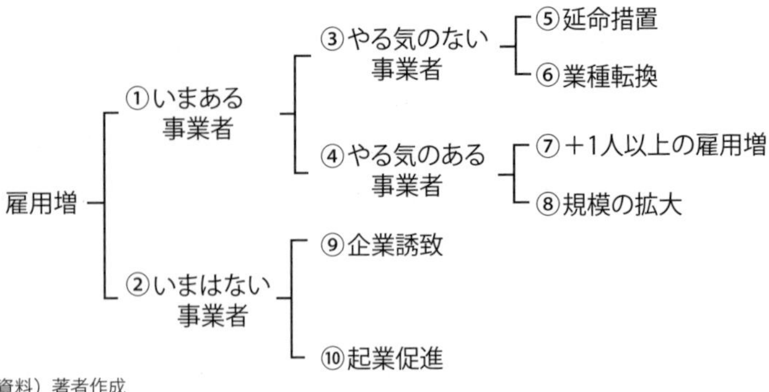

資料）著者作成

合は、大きく2パターンしかありません。それは「⑨企業誘致」と「⑩起業促進」です。

わたしが考える注意点は、対象者のニーズを把握した上で政策展開をすることです。このことが十分に実現されていないため、若者・女性の雇用創出が進んでいません。

2 「シティプロモーション(シティセールス)」の注意点

今では、多くの地方自治体が「シティプロモーション」に取り組んでいます。「シティセールス」という表現もありますが、ほぼ同じ意味と考えられるため、ここでは「シティプロモーション」として、これに取り組む際の注意点について取り上げます。

◆「発信しなければならない」という思い込み

シティプロモーションを成功させるには、メイン・ターゲットを設定し、その人だけに共感されるブランドメッセージを策定します。

地方自治体は、ひとたびブランドメッセージを作ると市民やマスコミに向けて積極的に発信することを意識します(ロゴマーク、プロモーション動画含む)。そして、「メッセージを発信する」ことがいつの間にか目的となり、さらに「発信しなければいけない」という思い込みに捉われていきます。これは、手段と目的をはき違えていることから本来の目的に活かせていないことになります。

ところが、自治体職員がPRとして数多くのメッセージを発信することに終始し、その結果が伴わなかった場合は自己正当化する傾向があります。これは民間企業において「数多く飛び込み営業しても売上がゼロだった」と言い訳をし、自己を正当化しているのと同じことです。

また、議会質問を確認すると、メッセージの使用箇所や使用回数の質問が一定数あることから、議会にも問題があると言えます。手段ではなく目的（アウトカム）で評価していくことが求められます。

◆ブルーオーシャンを検討する

経営戦略論には、ブルーオーシャン戦略とレッドオーシャン戦略という考えがあります。ブルーオーシャン戦略とは、「従来存在しなかった新しい領域に事業を展開していく戦略」のことです。そして、**ブルーオーシャンとは「競合相手のいない（もしくは少ない）市場のことを指す言葉」です**。他社と競合することなく事業を展開することができ、**先行者利益を得る**ことができます。

レッドオーシャン戦略とは、「既存の領域に参入し競合企業との競争の中で事業を展開していく戦略」です。そして、レッドオーシャンとは、競争相手が市場に非常に多く、競争が激化している状態を指します。限られた市場を奪い合うため競争も激しく、血を流す戦いが不可避となります。

近年、多くのシティプロモーションはレッドオーシャンとなっています。多くの自治体は「子育て世帯」をターゲットにしているため、自治体間でお互い競い合っている状態と言えます。

特に、小規模自治体は行政資源が乏しいため、政策の対象がレッドオーシャンであれば失敗の第一歩となります。あえてほかの自治体が対象としていない未開拓の領域に取り組むほうが良いと考えます。もちろん、しっかりと政策研究をした上で「勝算がある」と判断した時に、未開拓の領域に取り組むことになり、政策研究が極めて重要になります。

ブルーオーシャン戦略は先行者利益を得ることにつながります。ところが、自治体は横並び意識が強いため、同一領域に入って競い合ってしまう傾向があります。

◆シティプロモーションを冷静に捉える

「シティプロモーションをすれば定住人口が増える」という誤った考えがあります。定住人口を増やすには多くの手段があり、シティプロモーションだけに固執するのは良くありません。また、「シティプロモーションをすれば」という発想ではなく**「定住人口を増やすために戦略的にシティプロモーションを展開する」という考えが望ましい**のです。改めて冷静にシティプロモーションを捉える必要があります。

わたしは、「プロモーション」という民間思考が自治体に入ることで、政策にイノベーション（新機軸）が生じ、その結果、自治体を良い方向に大きく変えていく利点があると考えています。

3 「ブランドメッセージ」の注意点

地方自治体がシティプロモーションを展開する際、しばしばブランドメッセージを用意します。わたしは、**ブランドメッセージを「自治体がメイン・ターゲットに伝えたいキャッチフレーズ」**と捉えています。キャッチフレーズとは、メイン・ターゲットの共感を呼び、注目度を高めるための用語を意味します。

ブランドメッセージを活用し浸透させることにより、所期の政策目標を達成することが可能になると考えます。しかし、目標が不明確なケースも多く見受けられます。表1-2はシティプロモー

表 1-2　シティプロモーションが掲げる政策目標（例示）

政策目標	定　義
情報交流人口	自地域外（自市区町村外）に居住する人に対して、何らかの情報提供サービスを行う等の『情報交流』を行っている『登録者人口』のこと。情報提供の手段はインターネットのほか、郵便やファクス等も含まれる。
交流人口	その自治体を訪れる（交流する）人のこと。訪問の目的は、通勤や通学、買い物、観光など、特に内容を問わないのが一般的である。
定住人口	その地域に住んでいる人、居住者。
関係人口	観光で地域を訪れる「交流人口」と、長期的に住む「定住人口」の中間的な概念。特定の地域と継続的につながりを持つ人口を意味する。
シビックプライド	「市民が都市に対してもつ誇りや愛着」とされることが多い。
スタッフプライド	自治体職員の自覚と責任感を併せ持つ自負心であり、自らが勤務する自治体への愛着心である。民間企業には「愛社精神」という概念がある。スタッフプライドは、愛社精神に近い考え方と思われる。
協働人口	地方自治体や地域の様々な主体と一緒に地域づくりをする人口である。
人口還流	Ｕターンやターンと捉えられている。Ｕターンとは地方圏から都市圏へ移住した者が再び地方の生まれ故郷に戻る現象を言う。Ｊターンとは地方圏から都市圏へ移住した者が、生まれ故郷の近くの地域（自治体）に戻り定住する現象を指す。なお、Ｉターンも人口還流となる。Ｉターンとは都市圏で生まれ育ち都市で働いていたが、その後地方圏に移動する現象である。

資料）著者作成

ションが掲げる政策目標の例をまとめています。

有名なブランドメッセージでは、「母になるなら、流山市。」や「住めば愉快だ 宇都宮」などがあります。ブランドメッセージについて２つのパターンを検討し、注意点について取り上げます。

◆「強み」を前面に出したメッセージ

自治体が持つ「強み」を前面に出して言語化するブランドメッセージが多く存在します。

しかし、実際には、成果を上げていないケースが多いことから、このタイプのブランドメッセージには注意が必要です。具体的には、次の３点に留意する必要があります。

第１に、「強みを客観視できていない」ということです。一般的に「強み」とはライバルと比較してこそ明確になります。しかし、多くの自治体は、ライバルを設定しない状態で強みを見出そうとしており、これは主観的（独り善がり）の強みと言えます。自己満足のブランドメッセージにつながり、メイン・ターゲットに対する訴求効果はほとんどありません。

第２に、「強みが抽象的」ということです。例えば「豊かな自然が強み」や「住みやすさが強み」といったブランドメッセージがありますが、「自然」や「住みやすさ」は抽象的なものであり、特徴とはなりません。一般的に、ブランドとは「自然」とか「住みやすさ」といった大きな範囲で形成するのではなく、「高尾山が強み」や「鬼太郎が強み」といった独自性に絞ることが重要です。これが、ほかの自治体（ほかの地域）との差別化になります。

第３に、「自治体目線（お上目線）のブランドメッセージ」ということです。自治体の持つ強みを基本としたブランドメッセージについて穿った見方をすると、「自分の自治体には、いい資源があり強みがある。だから引っ越して来い」と言っているようなものです。読者は「こんな強みがあるから引っ越して来い」と言われて共感するでしょうか。

ここで指摘した３つの注意点の要素が少しでも入っているブランドメッセージは、あまり成果があがっていません。

◆「メイン・ターゲット」を意識したメッセージ

ブランドメッセージの重要なことは、メイン・ターゲットを明確にし、対象層の共感を得ることです。メイン・ターゲットを明確に意識し、対象層の共感を得たブランドメッセージでなくては、シティプロモーションは成功しません。

当然ですが、メイン・ターゲットの満足度向上を目指すのならば、その視点に立ってブランドメッセージを構築しなくてはいけません。しかし、メイン・ターゲットを無視した自治体の強みのみを書き込んだ事例が多々あります。

近年では、第1子出生時における母親の平均年齢が30歳代前半となっています。そのため、流山市（千葉県）のシティプロモーションは、30歳代前半の世帯をターゲットとして「母になるなら、流山市。」というブランドメッセージにしたと推測されます。**「母になるなら、流山市。」がメイン・ターゲットの共感を得て、所期の政策目標を大きく達成**してきました。このようなメイン・ターゲットを意識したブランドメッセージは、意外に少ないのです。

ここで紹介した「『強み』を前面に出したメッセージ」、「『メイン・ターゲット』を意識したメッセージ」のどちらを選択するかは、自治体の置かれた状況によって異なります。しかし、政策目標を達成している事例をみると、後者のケースが圧倒的に多くあります。

2章 With コロナの注意点
～DX、マイクロツーリズムの取り組み

1 「DX」の注意点

「DX」という用語が、急速に社会全体へ浸透してきています。地方自治体も無視できない状況に置かれています。

DXとは「Digital Transformation」の略です。DはDigitalであり、XはTransformationです。

わたしは、自治体におけるDX導入の専門家ではないため、基本的な考えを述べます。

◆ DXの意味

総務省の『平成30年版情報通信白書』には、DXの概念（意義）について「ICTの浸透が人々の生活をあらゆる面でより良い方向に変化させる」と明記しています。なお同白書では、DXは、当時ウメオ大学（スウェーデン）の教授であったエリック・ストルターマン氏が2004年に提唱した概念と言及しています。

DXの意味には、明確な定義がありません。わたしは「デジタル技術で既存制度を良い方向に変革すること」と捉えています。DXの対象は自治体だけではなく、民間企業にも当てはまります。そこで、DXの前に「自治体」を付けた**「自治体DX」**は**「デジタル技術を活用して、既存の行政サービスを改善したり、新しい行政サービスを創出したりすることで、住民の福祉の増進を目指す取り組み」**と言えそうです。

総務省は「自治体デジタル・トランスフォーメーション（DX）

推進計画」を策定しました。同計画は、自治体が情報システムの標準化、行政手続のオンライン化などについて計画的に取り組む方策をまとめています。同推進計画の期間は2021年1月～2026年3月です。自治体DXの推進に向けて、首長がリーダーシップを発揮し、副市長等を最高情報責任者（CIO）に据えるなど全庁的な体制整備が必要と指摘しています。

総務省の推進計画の後押しもあり、自治体はDXに関係する計画を策定しています。郡山市（福島県）は「郡山市デジタル市役所推進計画」を策定し、福岡市には「福岡市データ活用推進計画」があります。また茨木市（大阪府）は「茨木市DX推進に関する宣言」と行政計画ではなく宣言を策定しています。

首相官邸の成長戦略ポータルサイト（https://www.kantei.go.jp/jp/singi/keizaisaisei/portal/digital_rule/）には「Society5.0[1)]の実現による更なる経済成長や生産性の向上に向けて、社会全体のデジタル化が不可欠となっています。そのため、デジタル市場のルール整備を行い、市場における公平な競争を促すとともに、5G[2)]の実装・ビヨンド5G[3)]の実現の加速化、データ流通の活性化、DXの推進、サイバーセキュリティの確保など、社会全体のデジタル化の推進に向けた各種の施策を講じていきます」とあります。すなわち、DXはSociety5.0を実現するための手段ということになります。

◆自治体DXの注意点

多くの自治体が「DX」に取り組んでいます。それは、AI[4)]やRPA[5)]の活用、ペーパーレス化、テレワークの促進、行政手続きのオンライン化、情報システムの共通化など多様であり、なかには成功した事例も多々あります。一方、自治体内のデジタルの人材不足や紙の書類をメインとしたアナログ的な業務慣習への固執、自治体職員のDXに対する理解不足などの問題点もみられます。

近年、多くの自治体では「DXに取り組まなくてはいけない」という考えに捉われて先走ってしまいがちですが、業務効率化につながるデジタル人材確保の取り組みや職員へのペーパーレス化への意識改革の推進、成功事例をもとにした導入についての検討などをすることが重要です。また、抜本的な改革を一気に進めることはハードルが高く、リスクも伴います。まずは、業務量やプロセスを把握し、出来る事から少しずつ着手していく事が、DXの目的である「業務の効率化」への近道だと考えます。

---

1) 現実空間と仮想空間が一体となり、さまざまな社会問題の解決と経済発展を実現する社会のこと。
2) 「5th Generation」の略称で、携帯電話などに用いられる次世代通信規格の5世代目という意味。日本語では「第5世代移動通信システム」と表記する。
3) 「高速・大容量」「低遅延」「多数同時接続」といった5Gの特徴的機能のさらなる高度化に加え、「超低消費電力」「超安全・信頼性」「自律性」「拡張性」といった持続可能で新たな価値の創造に資する機能をもった5Gの次の世代の移動通信システムのこと。
4) 「Artificial Intelligence」の略称である。人工知能と訳される。
5) 「Robotic Process Automation」の略称である。事務作業等の定型作業をロボットで自動化することを指す。しばしば「仮想知的労働者（デジタルレイバー）」とも呼ばれる。

2 「サテライトオフィス」の注意点

近年、身近になっている「サテライトオフィス」について取り上げます。

◆サテライトオフィスの動向

サテライトオフィスとは「企業や団体の本社や本拠から離れた場所に設置されるオフィス」と定義されます。

近年、地方自治体は積極的にサテライトオフィスを誘致したり、開設したりしています。その際に支援などをすることがあります。例えば、

①仮設住宅の再整備

②県外に本社を置く民間企業対象の新規開設支援（賃料半額補助）

③開設検討する企業に対する整備費用支援（整備費用の３分の２補助）

などがあります。

図2-1は、全国紙（朝日・産経・毎日・読売）で「サテライトオフィス」の記事が登場した回数です。急激に増えている印象がありますが、図を確認すると、この動きは以前からあったものと分かります。

2014年に登場回数が増えた理由は、地方創生が影響しているからです。東京圏への過度な人口集中を是正するため、国は地方圏での開設を進めるために多様な補助金を用意してきました。

2020年の増加は、コロナ禍の影響からテレワークによる在宅勤務とともにサテライトオフィスの機運も高まったからです。

図 2-1 「サテライトオフィス」の記事が登場した回数

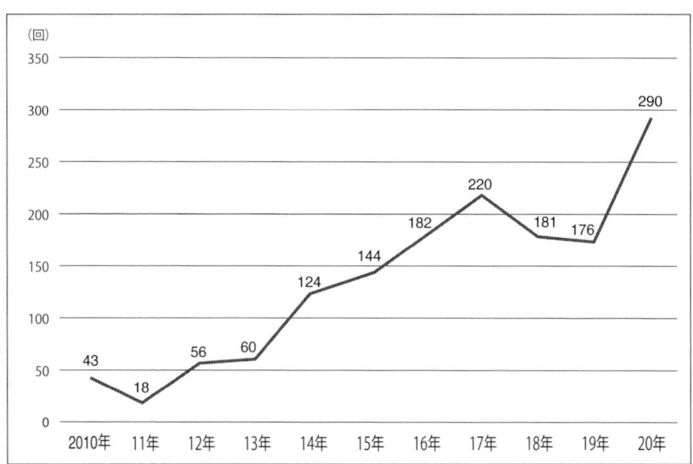

注）全国紙（朝日新聞、産経新聞、毎日新聞、読売新聞）より。
資料）@nifty の新聞・雑誌記事横断検索から著者作成

◆負けていくサテライトオフィス

総務省は「地方公共団体が誘致又は関与したサテライトオフィスの開設状況調査」(2021 年 10 月）を実施しています。これによると、2020 年度末時点の数は 916 箇所と記され、都道府県あたり平均約 20 箇所が存在していることになります。

まさにサテライトオフィスの開設状況は、「レッドオーシャン」の状態と言えます。特に、地方自治体は、利益追求を基本とし綿密な戦略を立てる民間企業とどう戦っていくのでしょうか。

この調査によると、2020 年度までに自治体が設置したサテライトオフィスは、57 箇所（2020 年度）が撤退しました。わたしは、この数はかなり大きいと考えています。

◆民間設置のサテライトオフィスに勝てるのか

地方自治体が開設したサテライトオフィスをみると、空き家や空き店舗の活用がみられます。空き家や空き店舗となるのには、それなりの理由があると考えます。例えば、中心市街地から外れていたり、生活するのに不便な場所であったりします。そのような地域にサテライトオフィスを開設しても、ニーズを満たすことができるのか疑問です。

民間企業が設置するサテライトオフィスには魅力的な設備が備わっており、地方自治体は敵わないような気がします。これを活用するのは、多くの場合、民間企業に勤務する人です。民間企業のほうがニーズをしっかり把握し、ノウハウも持っています。地方自治体が設置するサテライトオフィスは、利用者のニーズに応えるとか収益を上げるという考えがないことも多く、57箇所が撤退している（総務省調査）現実があると推察します。

地方自治体が設置したサテライトオフィスの中には、自治体職員が利用している事例もあり、「何かが違う」のではと感じています。

◆サテライトオフィスのニーズは

そもそも「サテライトオフィスにニーズがあるのか」という疑問があります。総務省は「『サテライトオフィス』設置に係る民間企業等のニーズ調査」（2017年4月）を実施しています。同調査によると、サテライトオフィスを既に導入している企業が850社（7.8％）、導入検討中が459社（4.2％）、検討していないが興味はある企業が1,721社（15.7％）という結果でした。それ以外は検討していないことになります。

同調査はコロナ禍以前であるため、現在の状況とは異なりますが、ニーズを見極めてサテライトオフィスを開設しなくては失敗に終わります。

③「スマートシティ」の注意点

【問1】スマートシティとスーパーシティの違いを述べなさい。
【問2】スマートシティに関連する用語（概念）を下記からすべて選択しなさい。
DX・IoT・ICT・AI・DMV・RPA・OMG・IDK・nudge

問1と問2は解答できたでしょうか。住民に理解しづらく、自治体の担当職員でさえ意味不明のまま、漠然と使用している傾向がみられます。この点はスマートシティを進める際の注意点の一つと考えます。

地方自治体が取り組むスマートシティは、住民の福祉の増進に寄与しなくては意味がありません。スマートシティに取り組むことが目的となっており、本来あるべき住民の福祉の増進がなおざりになっている事例もあります。

スマートシティの基本的内容について紹介します。

◆スマートシティとスーパーシティの提起された経緯

図2-2は、全国紙（朝日・産経・毎日・読売）で「スマートシティ」と「スーパーシティ」の記事が登場した回数です。

スマートシティの記事が初めて登場したのは2009年9月の毎日新聞です。見出しは「スマートグリッド：電力網にIT活用、

図 2-2 「スマートシティ」と「スーパーシティ」の記事が登場した回数

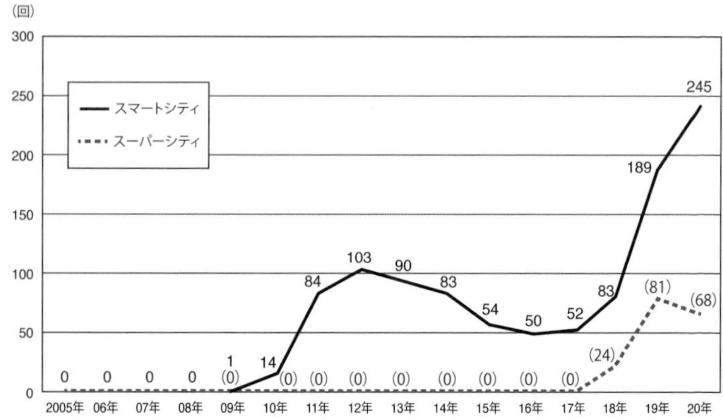

注）全国紙（朝日新聞、産経新聞、毎日新聞、読売新聞）より。
資料）@nifty の新聞・雑誌記事横断検索から著者作成

需給スマートに」です。記事の中に「…CO_2 削減の『スマートシティ』構想に取り組むアムステルダムでは（以下略）」とあります。ここに「スマートシティ」という用語が登場しています。

近年、注目を集めるスマートシティは、日本だけの取り組みではなく世界各国で同様な動きが起きています。その背景には、人口爆発があり、国連は、現在 80 億人の人口が 2050 年には 95 億人になると予測しています。人口増加に伴い 2050 年の都市部人口は、25 億人増加すると推計しています。人口が都市部に集中することにより、交通渋滞や公害、治安の悪化、ゴミ問題、エネルギー消費などの問題が今まで以上に増える可能性があります。これらの問題を解決することがスマートシティに求められています。

次にスーパーシティですが、新聞記事に登場したのが 2018 年 10 月の読売新聞です。この見出しは「地方創生相　AI 活用の新特区検討　都市づくりと規制緩和　両輪」とあり、同記事は「…

国家戦略特区諮問会議の民間議員らとの会合で明らかにしたもので、『スーパーシティ』構想と名付けた（以下略）」とあります。

スーパーシティは、人口減少対策が主題の地方創生に関係して登場してきた取り組みと言えます。スマートシティとスーパーシティが提起された経緯は大きく異なります。

◆スマートシティとスーパーシティの関係

スマートシティとスーパーシティの提起された経緯は異なりますが、目指す方向性は同じです。

内閣府は、スマートシティを「ICT 等の新技術を活用しつつ、マネジメント（計画、整備、管理・運営等）の高度化により、都市や地域の抱える諸課題の解決を行い、また新たな価値を創出し続ける、持続可能な都市や地域であり、Society 5.0 の先行的な実現の場」と定義しています（https://www8.cao.go.jp/cstp/society5_0/smartcity/）。

この定義にある Society 5.0 とは『第５期科学技術基本計画』（2016 年１月）において初めて提起されました。私たちの生活する社会は、狩猟社会（Society 1.0）、農耕社会（Society 2.0）、工業社会（Society 3.0）、情報社会（Society 4.0）と経て、新たな社会という意味で Society 5.0 が提唱されました。

一方、日本の「スーパーシティ」の定義はさまざまです。例えば、内閣府は「地域の『困った』を最先端の J-Tech が、世界に先駆けて解決する。企業の技術力を、地域で役立てる構想」と記しています（https://www.chisou.go.jp/tiiki/kokusentoc/supercity/openlabo/supercitycontents.html）。各省庁がさまざまな言い回しを用いていますが、「生活に関わるすべての分野のデータを連携させ、都市の機能を最適化することにより、住民の暮らしの向上を図ることを目指す取り組み」と言えそうです。

国は、スーパーシティを実現するため、2020年5月に「国家戦略特別区域法の一部を改正する法律」(スーパーシティ法) を制定しました。同法は、より柔軟で迅速な規制緩和や特例措置が設定できるように、従来まで規制特例の設定に使われていた「国家戦略特別区域法」を大幅に改定し、先端技術を活用する際に障害となる規制を地域限定で緩和できるようになりました。

わたしの解釈は、「スマートシティ」の日本版が「スーパーシティ」であると捉えています。なお、海外で「スーパーシティ」と言うと「大規模都市」と勘違いされるため注意が必要です。ここまでが問1の回答です。

◆スマートシティに関係する概念

問2の用語の意味を確認します。

① DXとは「Digital Transformation」の略称で、「情報技術の浸透が、人々の生活をあらゆる面でより良い方向に変化させる」こと。

② IoTとは「Internet of Things」の略称で、あらゆる「モノ」がインターネットに接続され、情報交換することにより相互に制御する仕組み。

③ ICT (Information and Communication Technology) とは「情報通信技術」と訳され、「通信を使ってデジタル化された情報をやりとりする技術」のこと。

④ AIとは「Artificial Intelligence」の略で、「人工知能」のこと。人工知能とは、人間の知的ふるまいの一部にソフトウェアを用いて人工的に再現したもの。

⑤ RPAとは「Robotic Process Automation」の略称で、事務

作業等の定型作業をロボットで自動化することを指す。しばしば「仮想知的労働者（デジタルレイバー）」とも呼ばれる。
⑥ DMV（Dual Mode Vehicle）とは、列車が走るための軌道と自動車が走るための道路の双方を走行できるよう、鉄道車両として改造されたバス車両のこと。
⑦ OMG とは、「Oh My God」のこと。
⑧ IDK とは、「I don't know」の略称。
⑨ nudge とは、行動を宣言したり強制したりせずにちょっとしたきっかけを与えることで、本人が無意識に良い選択をするように誘導すること。

以上より、問２の解答は、DX・IoT・ICT・AI・RPA がスマートシティに関連してきます。

なお、Smart とは「賢明な、賢い、頭の良い、気のきいた」などの意味がある一方、「厳しい、激しい、油断のない」などの意味を含んでいます。スマートシティは一つ間違えると、私たちにとって厳しく激しい社会になる可能性があり注意が必要です。

４ 「マイクロツーリズム」(地域観光)の注意点

地域経済にとって大きな収入を占める観光産業は、コロナ禍では大きな影響を受けました。しかし、観光産業は、地域経済の低迷が続くコロナ禍でも共存していく方策を検討しなくてはいけません。その施策の一つとして「マイクロツーリズム」(地域観光)があります。

◆マイクロツーリズムとは

マイクロツーリズムは、コロナ禍でも観光産業が生き残っていく手段です。既に多くの地方自治体が注目し事業を展開しています。地方自治体がよく実施することは、地域住民を対象として、地域観光する場合に補助金を支給するという内容です。長崎県は、県民を対象に県内旅行の宿泊代金を割り引く「ふるさとで“心呼吸”の旅」キャンペーンを実施しており、近隣県などにも広がりました。

相模原市は、緑区に多くのキャンプ場があることで、これを活かした「マイクロツーリズム促進事業」を実施しました。同事業は、市内キャンプ場等利用料助成や市内キャンプ場の魅力を磨き上げ、キャンプ場の価値を発信していくことを意図しています。市民が、キャンプのために訪問し、「相模原市を知る」という意味もあります（第Ⅲ部４章)。ほかにも、多くの地方自治体がマイクロツーリズムを意図した事業を展開しています。

◆マイクロツーリズムの限界

マイクロツーリズムもいくつか限界が指摘されており、３点に絞って取り上げます。

第１に、地方自治体の人口規模に影響される点です。例えば、人口３万人の町と人口20万人の市がマイクロツーリズムを実施した場合、経済効果が大きいのは後者になります。一般的に、ある程度の人口規模がないと地域経済は自立しません。規模の小さな自治体がマイクロツーリズムを実施しても、経済効果が小さいため、近年は近隣自治体と連携し、広域化しつつあります。

第２に、住民の可処分所得の多寡に影響する点です。可処分所得とは収入の中から生活費に回せる金額を意味します。可処分所得の高い個人や世帯が多い自治体は、マイクロツーリズムを持続可能な形で進めていけますが、そのような住民が少ない自治体は、継続することが難しくなります。一般的に可処分所得の高い個人や世帯は都市圏に集中しているため、地方圏に位置する自治体ではやや不利になります。

第３に、「地域資源が貧弱な地方自治体は、マイクロツーリズムには適さない」という意見があります。わたしは、これは杞憂だと思っています。どの地域にも観光資源はあり、貴重な観光資源に気が付いていないケースが多いのです。どの地域であっても、観光資源になる要素は秘めているはずです。

地域振興のためには「ないものねだりではなく、あるもの探し」が良いでしょう。**マイクロツーリズムを実施する時は、より地域に目を向けて、今まで見過ごしていた地域資源を発見・発掘し、ターゲット（顧客）に合致するように磨き上げをする**ことで、売れる観光資源へと変化します。

◆シビックプライドにつながるマイクロツーリズム

いくつかマイクロツーリズムの限界を指摘しました。どのような規模であれ、これを進めることにより、コロナ禍で影響を受けた観光産業を再活性化させる可能性があります。

また、これは生活圏を観光する取り組みのため、地域住民の視点はより地域に向きます。その延長線には、地域住民のさらなる地域への誇りや愛着につながっていく可能性があります。すなわち、**マイクロツーリズムを進めることは、シビックプライドにつながっていきます。**マイクロツーリズムとシビックプライドは相性が良いため、わたしはマイクロツーリズムの可能性を感じています。

5 「関係人口」の注意点

2020年から国は新たな視点として「関係人口」を重視しています。関係人口とは、観光で地域を訪れる「交流人口」と長期的に住む「定住人口」との中間的な概念です。特定の地域と継続的につながりを持つ人口を意味します。

◆地方自治体の関係人口施策の現状

2018年から総務省は「『関係人口創出・拡大事業』モデル事業」を実施しています。総務省の強い「推し」もあり、関係人口という概念が急速に地方自治体の中に浸透してきました。

多くの地方自治体が関係人口施策を実施しており、かつ今後しばらくは増加していくことが予測されます。

表2-1は関係人口に関する施策の例示です。

国土交通省は、「地域との関わりについてのアンケート調査」(2020年2月) を実施しました。三大都市圏に住む18歳以上の居住者 (約4,678万人) のうち、23.2% (約1,080万人) が特定の地

表2-1 関係人口に関する施策（例示）

団体	関係人口施策
竹原市（広島県）	竹原市に愛着を持ち継続的に関わる「関係人口」を増やすために「たけはらファンクラブ」を開始した。
下野市（栃木県）	下野市と下野市観光協会は、同市の観光大使でもあるキャラクター瓜田瑠梨が出演するアニメ「サクラノチカイ」のファンクラブを設立した。ファンを組織化し、市内イベントなどに参加してもらうことで関係人口の増加を考えている。
佐野市（栃木県）	「佐藤姓」のゆかりの地として、佐野市を聖地化することによって関係人口を増大させるプロジェクトをスタートさせた。佐藤姓を持つ人々が継続的に関わる機会の創出やふるさと納税などを通じて、関係人口から定住人口につなげていくことが目的である。

資料）著者作成

域を繰り返し訪問している「関係人口」であると推計しました。

これによると、地縁・血縁先以外の地域で飲食や趣味活動を行う「趣味・消費型」の関係人口が10.5%であり、地域の産業創出や地域づくりに直接参加する「直接寄与型」の関係人口が3.0%となっています。

また、関係人口のうち東京都在住者の41.4%が首都圏内に関係先を持っているという結果が出ており、これは近距離志向の関係人口と言えます。一方、都市圏や政令市を除く地方部への関わりを持っている人は28.5%と推計され、こちらは遠距離志向の関係人口と言えます。

◆関係人口の懐疑論

国の「第2期『まち·ひと·しごと創生総合戦略』(2020 改訂版)」は、東京一極集中の是正に向け、関係人口の拡大に注視しています。同戦略には「副市長等が CKO（チーフ関係人口オフィサー）と称して率先して取り組む体制の構築等も有用」などの言及があります。地方創生は、関係人口に活路を見出そうとしています。

国が重要視していることもあり、多くの地方自治体が関係人口の創出に取り組んだ結果、関係人口の獲得競争が激しくなっています。定住人口の獲得競争の次に、関係人口獲得競争が起きています。この事実を冷静に捉える必要があります。

◆関係人口の注意点

「関係人口」という施策に可能性を感じるかもしれませんが、これには「良い関係人口」と「悪い関係人口」があります。国は関係人口であれば、すべて良い施策と捉えているため、地方公共団体も同様に考えています。ところが「関係人口ならば何でもよい」という自治体が少なくないのです。関係人口には、「良い関係人口」と「悪い関係人口」があります。悪い関係人口には、現在生活している住民とのトラブル、交通問題、ゴミ問題を誘発しているケースも見られます。関係人口を盲目的に礼賛するのではなく、やや否定的な視点で捉えることも重要と考えます。

3章　地方創生展開の注意点
～まちづくりの「4つの軸」

1「脱炭素」の注意点

2020年10月、菅総理大臣（当時）は、所信表明演説において「我が国は、2050年までに、温室効果ガスの排出を全体としてゼロにする、すなわち2050年カーボンニュートラル、脱炭素社会の実現を目指す」と宣言しました。近年、急速に脱炭素の動きが加速化しています。

◆脱炭素と低炭素の経緯

近年、「脱炭素」という用語が注目を集めています。以前は「低炭素社会」という概念がありました。**低炭素社会とは「二酸化炭素（温室効果ガス）排出量を可能な限り少なく抑える社会」**を示しています。一方、**脱炭素社会とは「地球温暖化の原因である二酸化炭素（温室効果ガス）排出量が実質ゼロになる社会」**を指します。脱炭素のほうが、より高い目標ということが分かります。

冒頭の「カーボンニュートラル」（carbon neutral）とは、二酸化炭素排出量を実質ゼロにすることであり、日常生活から排出される二酸化炭素の量と吸収される二酸化炭素の量を同じにすることです。これは、大気中にある二酸化炭素の量がこれ以上増加しないことを意味しています。

図3-1は、全国紙（朝日・産経・毎日・読売）で「脱炭素」と「低炭素」の記事が登場した回数です。「低炭素」が減り、「脱炭素」が注目を集めていることが分かります。

国は、2008年7月に「低炭素社会づくり行動計画」を閣議決定し、この中で「世界全体の温室効果ガス排出量を現状に比して2050年までに半減」という長期目標を掲げ、「低炭素社会」の実現を強調しています。

しかし、図のように低炭素に向けた機運は低下しています。その理由は、リーマンショック、東日本大震災などの非常事態の発生、地方創生をはじめ別の大きな取り組みが始まったことなど、低炭素より優先順位の高い政策が登場したからだと考えています。さらに国際的には、2017年6月にアメリカがパリ協定から離脱する方針を発表したことも影響したのかもしれません。

一方、2015年からは脱炭素の記事が増加しています。この理由として、2015年のパリ協定の「国際社会は今世紀後半に世界全体の温室効果ガス排出量を実質的にゼロにする」(脱炭素)ことが明記されたことと、同年9月の国連総会で採択されたSDGsの動

図3-1 「脱炭素」と「低炭素」の記事が登場した回数

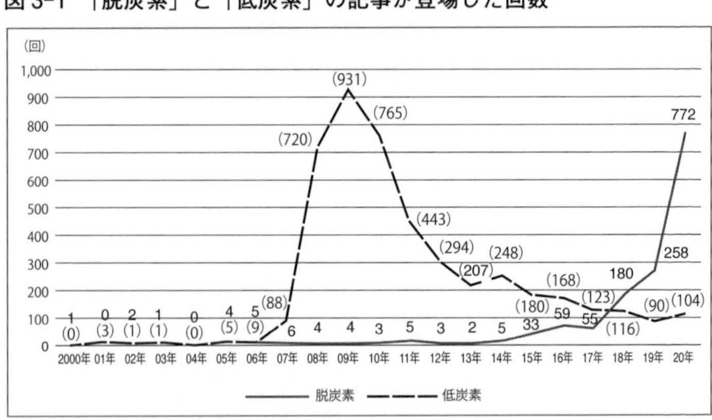

注）全国紙（朝日新聞、産経新聞、毎日新聞、読売新聞）より。
資料）@niftyの新聞・雑誌記事横断検索から著者作成

きも影響していると推察されます。近年は、特にSDGsに関連して脱炭素を掲げる傾向が強まっています。

図のように、低炭素に向けた機運は急激に拡大し一気に低下しています。わたしは、現在進められている脱炭素も、低炭素と同じ傾向になるのではないかと危惧しています。いま地道な脱炭素への取り組みが求められます。

◆脱炭素等に関する条例

地方自治体の脱炭素に関する地道な取り組みの手段が「条例」になります。条例名に「脱炭素」が明記されているのは、現時点において10条例もありません。わたしも「意外に少ない」と感じています。

具体的には、「徳島県脱炭素社会の実現に向けた気候変動対策推進条例」、「長野県脱炭素社会づくり条例」、「横浜市脱炭素社会の形成の推進に関する条例」などです。

条文に「脱炭素」が登場するのは、「八雲町設備投資促進条例」、「下川町快適住環境促進条例」、「ゼロエミッション東京推進基金条例」、「浜松市適正な再生可能エネルギーの導入等の促進に関する条例」、「富士宮市再生可能エネルギーの導入の推進に関する条例」、「上勝町木づかいの景観まちづくり条例」の6条例です。

一方、「低炭素」という3文字が条例名にあるのは、「五ヶ瀬町における低炭素社会実現のための基本条例」など数条例程度です。この少なさが低炭素の取り組みを持続化できなかった一つの要因と考えています。

今も、脱炭素に向けた具体的な取り組みは進んでいますが、条例という大局的な観点でみると、「まだまだ不十分だ」と感じます。脱炭素を持続的に進めるためには、条例化も一つの案と考えます。

◆条例以外の脱炭等素の取り組み

条例のハードルが高いのであれば、脱炭素に関する宣言を行うことも考えられます。八尾市（大阪府）は「ゼロカーボン シティやお宣言」があり、中央区（東京都）は「ゼロカーボンシティ中央区宣言」を実施しています。そのほか、新発田市（新潟県）、高松市、釧路市（北海道）など脱炭素に関する宣言を実施した自治体は多々あります。

また、八千代市（千葉県）は「八千代市ゼロカーボンシティに関する行動指針」を発表しています。港区（東京都）は「港区低炭素まちづくり計画」、福島市は「福島市脱炭素社会実現実行計画」などがあり、脱炭素社会の実現に向けて行政計画化する事例も増えています。限られた行政資源の中でどの程度活用できるかが課題ですが、宣言や行政計画の策定によって、脱炭素の政策展開を推進していくと考えます。

2 「企業誘致」の注意点

定住人口を獲得し維持するためには、地域の雇用が必要です。それを実現する一つの手段が「企業誘致」であり、これによって雇用増加や税収増というメリットを得ることができます。

◆「あれかこれか」の企業誘致

企業誘致を進める際はターゲティング[1)]が求められ、「あの業種かこの業種か」という選定が必要です。「どんな業種（企業）でもいいので来てください」では、失敗の原因となります。これを進める時は、特定の業種や限定された産業に特化して取り組まなくては成果が出ません。

特定の業種を決定する際の一つの視点は「産業別の有効求人倍率」に着目することです。例えば、自動車産業の有効求人倍率が低い場合、自動車産業の関連企業を誘致しても大きな成果は期待できません。しかし、現実にはこのような関連企業を誘致して、「人材雇用できない」という事例があります。さらに、当該地域に工業高校等がなく、スキルを持った人材の雇用ができないということもあり、その結果数年で撤退していくこともあります。

◆企業の財務体質等を確認する

企業誘致は短期間で顕著に成果が出てきます。以前、多くの自治体は企業誘致に乗り出しましたが、企業は景気の影響を受けやすいのがリスクです。

自治体が税の減免や補助金などの経済的支援を行って企業を誘致したものの、景気悪化の影響により失業者で溢れたという話は多いのです。特に、製造業は景気の影響を強く受けます。三重県は2004年に90億円の補助金によりシャープ亀山工場を誘致しました。この誘致は、同県に雇用と税収の両面で効果をもたらしましたが、長くは続きませんでした。リーマンショック直前の2008年に8,600人の雇用効果があったのをピークに、2011年には7,100人まで落ち込んでいます。また、税収も2006年度65億円から2009年度2.4億円まで激減しています（『WEDGE2012年10月号』鈴木英敬知事インタビュー）。

一般的に、健全経営をしている企業は移転を考えず、地域に留まり活動を続ける傾向があります。一方、補助金目当ての企業は、経営上の問題を抱えている可能性があります。そのため企業が移

1）マーケティング用語であり、セグメンテーションによって細分化された市場の中から、自社がターゲットに据える市場を選ぶプロセスのこと。

転してきても、結果的に地域にとってデメリットとなることも少なくありません。

そうならないためには、**誘致する企業の財務体質や狙っている市場の予測等を冷静に分析する必要があります**。

◆企業誘致のリスク

確かに企業誘致は雇用創出や税収増の可能性がありますが、同時に「外部不経済」のリスクがあります。「外部不経済」とは、地域における不利益や損失と捉えられます。

企業誘致により、公害の発生や交通渋滞の日常化等の外部不経済が発生する可能性があり、また、進出してきた企業と地元住民との間でさまざまなトラブルも外部不経済と考えられます。

そのほかのリスクは「企業団地を造成したが売れない」があります。また、「誘致した企業の撤退」は補助金の返還がされる場合もありますが、失業者が増えるなどの地域経済に与えるデメリットは大きいものがあります。

企業誘致に関する多くのリスクを想定し、それを回避する手段、軽減する方法を事前に準備した上で、誘致を進めていくことが求められます。

3 「起業促進」の注意点

雇用創出の柱として「起業促進」があります。

◆起業促進の法的根拠

地方自治体は創意工夫を凝らして、起業促進に取り組んでいます。

起業促進の法的根拠は「中小企業基本法」にあり、同法の第13条の見出しは「創業の促進」となっています。基本的に条文の主語は「国」であり、「地方自治体」ではありません。

同法の第６条が地方自治体の責務で、条文は「地方公共団体は、基本理念にのつとり、中小企業に関し、国との適切な役割分担を踏まえて、その地方公共団体の区域の自然的経済的社会的諸条件に応じた施策を策定し、及び実施する責務を有する」とあります。これには「起業」や「創業」の用語はありません。国は、自治体が実施する起業や創業を強制するのではなく、自治体の自主性に任せるスタンスをとっています。

◆地方自治体における起業促進の法的根拠

自治体にとっての起業促進の法的根拠の一つが条例です。条例とは議会の議決によって制定される「自主立法」です。

全国の市区町村の中で、起業促進に特化した条例はかなり少なく、条例名に「起業」や「創業」があるのは10条例もありません。例えば、「壮瞥町起業化促進条例」や「みよし市ベンチャー起業家支援奨励条例」、「錦町起業者支援条例」など少数です。

壮瞥町条例は「壮瞥町において新たに事業活動を行う者や新規分野での事業活動を行う者を支援し、起業化の促進による産業の振興及び雇用の促進を図る」ことを目的としています。また、「臼杵市有機農業起業者誘致条例」があり、「有機農業」に特化した起業家を「誘致」する条例で特徴的です。

条例名に「起業」や「創業」という用語がないものの、条文の中に起業促進を規定しているケースもあります。例えば「新宿区産業振興基本条例」の基本理念の第４項に「産業振興は、社会経済状況の変化に適切に対処するため、創業のための環境を整備するとともに、創造力のある産業を育成することを基本とする」とあります。この条文に「創業のための環境を整備」とあり、起業促進の意思とみられます。

「吉川市における幸福実感向上を目指したまちづくりのための産業振興基本条例」の基本的方針の第２号が「起業及び創業を推進するとともに、若者、女性、高齢者、障がい者、外国人等の活躍できる場の創出等新しい挑戦を推進することにより市内産業の活性化を図ること」とあり、「起業及び創業を推進する」と明記しています。

新宿区条例や吉川市条例のように産業振興系の条例の中に「起業促進」を書き込むケースもあります。それらを含めても全国では数十例程度です。

わたしは、**地方自治体が起業促進に取り組むのならば、これに特化した条例化や産業振興系の条例の中に規定をすることも一つの案**と考えます。それは、条例が政策の内容を明確にし、議会の議決を経た上での地方自治体の意思という位置付けがあるからです。

◆起業促進の注意点

雇用創出には「企業誘致」という手段がありますが、それができない自治体が一定数存在します。企業誘致は、インフラ整備など多額な財源を投入しないと費用対効果が見込めません。そのため都道府県、政令市や中核市など、ある一定規模以上の自治体でないと企業誘致に取り組むことは難しいのです。

小規模の自治体が実施する企業誘致には限界があります。特に、中山間地域や条件不利地等に位置する自治体では、現実的に企業誘致は困難なため「起業促進」に価値を見出すことが重要です。

さらに、これにも注意が必要です。それは、起業した企業の経営活動が安定してくると、都市圏に移転する傾向があることです。特に、都市圏の近郊自治体でこの傾向が多くみられます。

当然、自治体から支援を受けた起業家の中には支援の恩義から、そこに留まることを考えることもありますが、多くの起業家は儲けを優先します。事業の継続性を考えると、ビジネスチャンスがある大きな市場(ほかの自治体)に移転してしまいます。この点は、注意する必要があります。

これを防ぐ視点は、起業促進の対象を地場産業や地域密着の事業にすることです。起業家と地域住民の関係の基本的な考えは「BtoC」(Business to Consumer)[2)] です。これに関して起業促進を進めていきます。特に、起業家が直接的に消費者向け（地域住民向け）に行う事業であり、地域密着の事業がベストです。

具体的には、花屋、カフェ、床屋など地域住民の生活に根付く起業に焦点をあてます。それは地域との運命共同体となるため、簡単にはほかの地域に移転しません。特に、中山間地域や条件不利地等の場合は、その起業にさまざまな支援を実施していくことが求められます。

ただし、この場合は多くの雇用が見込めません。その多くが個人事業主であり、一人から数人程度の雇用です。雇用創出や税収増は、起業には期待できないことがあり、注意が必要です。

4 「子育て環境づくり」の注意点

「子育て環境づくり」はさまざまな視点があります。保育料や

---

2) 企業と消費者間の取引。

医療費などの経済的な軽減や公教育を充実させることも子育て環境づくりに含まれます。設備などのハード面や規則などのソフト面から検討することもできます。

◆「子育て環境づくり」の視点

単に「子育て環境づくりを進めることは良いことだ」と思われがちですが、実は多くの指摘ができます。ここでは３点に絞って取り上げます。

第１に、「誰に」とって良いことなのかが不明確です。確かに、子育て環境のサービスを受益する住民にとっては「良い」ことですが、その対象にならない人にとっては良いことなのでしょうか。

特に、子どものいない共働き世帯にとって良いことなのかが疑問です。税金を納めているものの行政サービスの提供をほとんど受けられません。子育て環境づくりは、すべての住民にとってメリットがあるわけではありません。

第２に、子育て環境づくりを進めることは「自治体の税収効果に貢献するからすべきだ」ということも言われます。しかし、わたしの分析では、多くの子育て世帯は税負担の能力が低く、子育てサービスには費用がかかることが多いため、費用対効果で考えると、必ずしも良いものではないという結論に至りました。

しかも、多くの住民は自由な行動を取る傾向があります。子育て期間が終わると、ほかの自治体に引っ越すことも珍しくありません。自治体は、費用対効果が悪くても、長期間居住してもらい、投入した行政サービス費を回収することを目指しますが、住民が転出してしまうこともあります。

第３に、多くの自治体がとる施策は、補助金の拡大です。これで勝ち残れるのは、財政に余裕のある自治体だけですが、現実には、財政に余裕がなくても多くの自治体が取り組んでいます。自治体の財政は、ますます逼迫（ひっぱく）していきます。

そのほかにもいくつかの視点がありますが、わたしは、「子育て環境づくり」のメリット、デメリットを考慮した上で、各自治体が方針を決定すれば良いと考えます。

安易に「子育て環境づくりが良い」という風潮に流されずに、既存のデータを収集・分析した上で、冷静な判断をする必要がある、と考えます。

◆住民増加の４視点

地方自治体が「子育て環境づくり」を進める理由の一つは、住民の増加があります。住民は子育て世帯だけではありません。図3-2は「独身・既婚別、現役・退職別の４分類」です。子育て世帯は、Ⅱ型が中心となります。

多くの自治体がとる施策はⅡ型の人達を主にターゲットとしており、レッドオーシャンの状態となっています。この中を生き残っていくキーワードは戦略性やブランド化などですが、多くの自治体は戦略を持たず、ブランド化に取り組むノウハウもないため、補助金の拡大に走ることになります。これは自治体衰退、自治体消滅の第一歩と認識すべきです。

ちなみに図のⅠ型は地域起こし協力隊などが当てはまります。Ⅳ型はCCRC（Continuing Care Retirement Community）構想が該当します。CCRCとは、「都市部の高齢者が地方に移住・定住し、地域社会において生活を送る」という内容です。国は「生涯活躍のまち」として推進しています。

Ⅲ型に取り組む自治体はほとんどなく、競争相手のいない未開拓の市場のブルーオーシャン状態です。わたしは、Ⅲ型にこそ、

図 3-2　独身・既婚別、現役・退職別の４分類

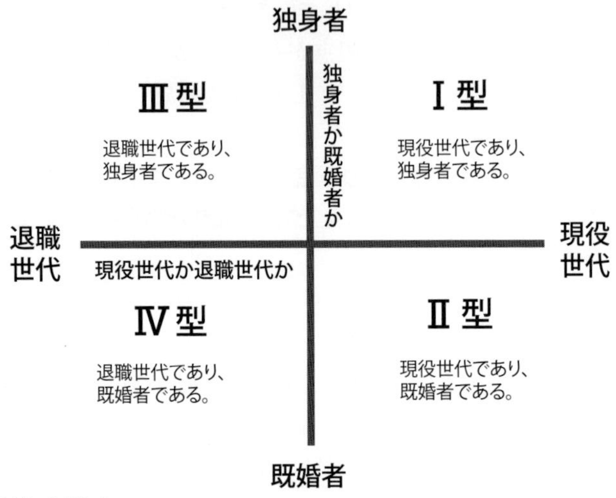

資料）著者作成

自治体が住民（人口）を維持する秘められた視点があると考えています。

あるものさがしの例

・境港市（鳥取県）――「水木しげるロード」

漫画家・水木しげる氏の出身地である。代表作の鬼太郎をはじめ180体弱の妖怪たちのブロンズ像が商店街の道筋に整備されている。

・川崎市（神奈川県）――「工場夜景」

京浜工業地帯の夜景は「幻想的」であると話題になった。「ドラマチック工場夜景ツアー」なども実施。

・横須賀市（神奈川県）――「横須賀海軍カレー」

横須賀市は地域にあった海軍カレーの価値に気が付き、横須賀海軍カレーを活用した事業が開始された。

・上勝町（徳島県）――「葉っぱビジネス」

季節の葉っぱや花、山菜などを栽培・出荷・販売する農業ビジネスで、高齢者や女性が活躍するビジネスとして注目される。

・宇都宮市（栃木県）――「餃子のまち」

市内に駐屯していた第14師団が中国に出兵したことで餃子を知り、帰郷後広まったことがきっかけとなっている。また、この地域は、夏暑く冬寒い内陸型気候であり、スタミナをつけるために餃子人気が高まったとも言われている。

・阿智村（長野県）――「天空の楽園ナイトツアー」

平成18年環境省実施の「星が最も輝いて見える場所第1位」に認定され、天気さえよければ、見上げる限り星空が広がる素晴らしい景色を堪能することができる。

・五所川原市（青森県）――「地吹雪体験ツアー」

青森・津軽の厳寒の中を、地吹雪体験をしながら巡るという雪国ならではのユニークな体験ツアーができる。

第Ⅴ部

条例活用でまちづくり

キーワード解説

☑ 対策	何かが起きた後に対応を検討するという行動。現実対応。
☑ 政策	問題が生じる前に先手を打って対応を考えておく行動。未来志向。
☑ シルバー民主主義	少子高齢化の進行により有権者に占める高齢者（シルバー）の割合が増加することで、高齢者層の政治への影響力が増大する現象。
☑ 交通権	人が自由に移動する権利。
☑ 公共交通空白地域	駅やバス停が一定の距離の範囲内にない地域。
☑ 自助	自分の命と財産等を守るために、自分で防災に取り組むこと。
☑ 共助	災害に関連して、近所や地域の方々と助け合うこと。
☑ 公助	市町村をはじめ警察・消防等による公的な支援のこと。
☑ 協働	地域住民と地方自治体職員が対等の立場に立ち、共通の課題に互いが協力しあって取り組むこと。
☑ 協働の失敗	地方自治体と住民等の協力関係の中で、それぞれが当初期待したとおりの協力関係とはならず、かえって不信感が増大し、その結果、デメリットが生じること。

1章　子ども
～地域コミュニティの一体感を創出する「子ども」政策

「子はかすがい（鎹）」ということわざがあります。この意味は「子が夫婦の縁を保ってくれる」ということです。「かすがい」とは、材木と材木とをつなぎとめるために打ち込む両端の曲がった大きな釘を指します。これがあることによって、それぞれの材木が離れずにいます。

かすがいの役割を担う子どもは、夫婦だけの縁にとどまらず、地域の多様な主体[1)]の縁をつないでいく役割もあります。子どもを通じて地域のコミュニティが形成されることがあります。

子どもは地域にとって大事な存在であり、地域を構成するさまざまな人々を結びつけていく可能性があります。その意味でも、子どもは「地域の宝」であり「社会の宝」です。

子どもの存在は、地域コミュニティの一体感の創出に大きく貢献します。それゆえ地方創生を実現していく要因にもなります。「子ども」というキーワードをもとに、地方自治体が取り組む子どもに関する施策の現状を紹介します。

◆「子ども」の定義

国際条約では、子どもの定義を「児童の権利に関する条約」（通称「子どもの権利条約」）に「児童とは、18 歳未満のすべての者をいう」と定義されています。日本はその条約を批准しており、自治体もそれに倣って、子どもの定義を「18 歳未満」としています。

1）地域住民や民間企業、大学など。

◆「子ども」が抱える多くの問題

地域コミュニティにとっても、また持続的な地域社会を構築するためにも、子どもは重要な存在ですが、子どもは多くの問題の中で生きています。例えば、近年の「子どもの貧困」があげられます。

厚生労働省が発表した全国の「子どもの貧困率」(17 歳以下)では 13.5%となっています(2019 年)。子どもの貧困とは、簡単に言うと「平均的な所得の世帯の半分に満たないレベルで生活をしている世帯の 17 歳以下の子ども」となります。

また、「子ども犯罪被害」が問題となっています。少子化にともなって、子どもの犯罪被害は減少傾向にありますが、SNS を通じた犯罪事件に巻き込まれた 18 歳未満の子どもは 2,082 人で過去最多(2020 年 3 月)となり、看過できません。

さらに、「いじめ」も子どもにとって大きな問題です。文部科学省の「2019 年度児童生徒の問題行動・不登校等生徒指導上の諸課題に関する調査」によると、いじめの認知件数は 61 万 2,496 件で過去最多を記録しています。小・中・高・特別支援学校のうち、小学校でのいじめが 8 割近くを占めています。そのほか子どもが抱える多くの問題があります。

図 1-1 は、全国紙(朝日・産経・毎日・読売)で「子ども」の記事が登場した回数です。近年、一時的に低下していたものの、再び増加に転じています。

すべてが子どもの犯罪被害や虐待などの問題を取り上げた記事ではありませんが、多く登場していることが分かります。

子どもが抱える多くの問題に対応するために、自治体が率先して対応に当たっている現状があります。

図 1-1　「子ども」の記事が登場した回数

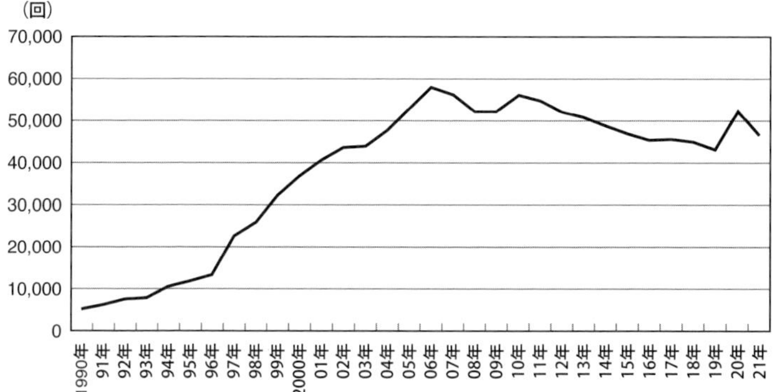

注）全国紙（朝日新聞、産経新聞、毎日新聞、読売新聞）より。
資料）@ nifty の新聞・雑誌記事横断検索から著者作成

◆議会質問等における「子ども」の動向

図 1-2 は、Web サイトの「全国 47 都道府県議会議事録横断検索」を活用した「子ども」に関する質問等の回数です。議会からの質問と執行機関の答弁が含まれ、増加傾向であったものが 2010 年をピークに減少に転じました。

「子ども」に関する質問内容は、議員の関心などにより多岐にわたっています。例えば、1980 年代には、子どもの読書時間の確保や離婚への対応、不妊治療への取り組みなどの質問があります。

1986 年 2 月の新潟県議会においては「人口が減少に転じ、出生数が死亡数を下回り、人口減少が現実的となるためその対応はどうするのか」という趣旨の質問がありました。1980 年代には既に少子化（人口減少）を危惧する質問が、いくつかの議会で確認できます。一部の議会（議員）は少子化を憂慮していたのにも関わらず、地方創生が始まるまで議会では抜本的な対策がとられていませんでした。

図 1-2　「子ども」に関する質問等の回数

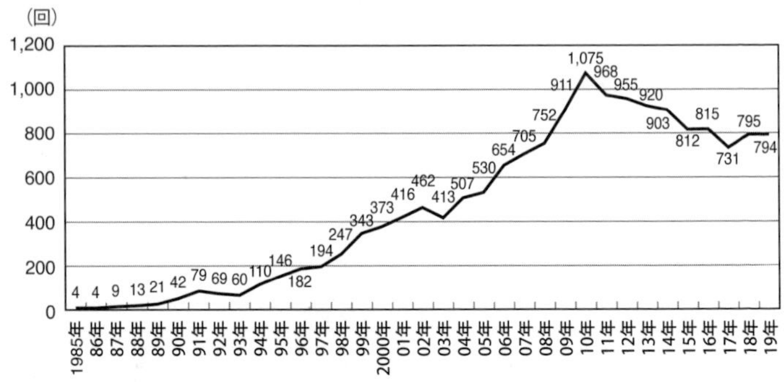

資料）全国 47 都道府県議会議事録横断検索

子どもに関する質問は多岐にわたりますが、おおよその傾向は掴めます。2000 年代半ばまでは、一貫して「子ども犯罪被害」の質問が増えています。また、2000 年前後からは「子どもの権利」に関したものが増加し、近年でも一定数見られます。2010 年代からは「いじめ防止」の質問が増加し、さらに「子どもの虐待」や「子どもの貧困」が増えています。

全体の傾向としては、社会的関心の高さ（マスコミ報道など）や国の対応（法律制定など）に影響を受けて、議会（議員）で取り上げられるという特徴があります。以下では、最近の子どもに関する議会質問を紹介します。

＜議会質問の例＞

- 全国の児童相談所が対応した虐待相談は昨年が 16 万件と、過去最高を更新したとされています。一方では、子ども保護や、親への指導などを担う児童福祉司は 4,000 人を下回っているということで、都会では一人で何十人もの子どもを受け持っているとお聞きしております。（中略）そんな中で、本県においては児童相談所の人員の確保の目標はクリアされているのかどうかお聞きします（長野県議会（2019年12月））。

- いじめなどの問題行動・不登校等に関する調査結果について伺います。（中略）いじめの認知件数は、全ての校種の合計で7,616件と、前年度より2,238件増加しており、年間30日以上欠席した不登校の児童生徒数は2,679人で、前年度に比べ298人増加し、児童生徒全体に占める割合は1.64％でありました。（中略）そこで伺います。第1点は、県内公立学校におけるいじめ、不登校、暴力行為のそれぞれの現状と課題の分析についてお示しください。第2点は、県内公立学校におけるいじめ、不登校、暴力行為に関する学校及び教育委員会の取り組み状況と、今後の対策についてお示しください（鹿児島県議会（2019年12月））。

◆「子ども」を対象とする条例

「子ども」を対象とした条例は、大きく2つに分けられます。それは、**①総合的な条例（基本的な条例）**と、**②個別対応の条例（個別課題に対応した条例）**で、表1-1に記しています。なお、「政策条例」に限定し、基金条例や付属機関設置条例、施設や事務所等の設置条例、法律の委任条例は除いています。

総合的な条例は、「子どもの権利」と「施策推進」に分けられます。まず、「子どもの権利」に関する条例を紹介します。条例名に初めて「子どもの権利」が明記されたのは、川崎市の「川崎市子どもの権利に関する条例」（2000年12月）であり、子どもの権利を総合的に保障しています。この条例は、さまざまな立場の市民や子どもの意見を代弁する親が参加して制定されたのが特徴

表 1-1　子どもに関する条例の類型

類型	趣旨	条例名
総合的な条例	子どもの権利	川崎市子どもの権利に関する条例
		箕面市子ども条例
		奈良市子どもにやさしいまちづくり条例
	施策推進	世田谷区子ども条例
		子どもを共に育む京都市民憲章の実践の推進に関する条例
個別対応の条例	権利救済	川西市子どもの人権オンブズパーソン条例
		埼玉県子どもの権利擁護委員会条例
	住民参加・協働	中野区教育行政における区民参加に関する条例
		岡山市市民協働による自立する子どもの育成を推進する条例
	安全・安心	子どもを犯罪の被害から守る条例（奈良県）
		子どもを虐待から守る条例（三重県）
		長野県子どもを性被害から守るための条例
		荒川区児童見守り条例
		小野市いじめ等防止条例
		みやき町子どものいじめ・体罰等の防止条例
		東京都子どもを受動喫煙から守る条例
	非行防止	和歌山県未成年者喫煙防止条例
		奈良県少年補導に関する条例
	健全育成	子どもが健やかに育つための環境の確保に関する条例（千代田区）
		二宮町子どもも大人も輝く心身きらり健康づくり条例
		朝倉市子ども表彰に関する条例
	食育	鶴田町朝ごはん条例
		日高町生きる力を育む早寝早起き朝ごはん運動の推進に関する条例
	読書	北九州市子ども読書活動推進条例
		高千穂町家族読書条例
	学力	釧路市の子どもたちに基礎学力の習得を保障するための教育の推進に関する条例
		豊かな心、確かな学力及び健やかな身体を育み、世界に羽ばたく子どもを育てる教育日本一のまち池田条例
	遊び場・体力	千代田区子どもの遊び場に関する基本条例
		大和市子どもの外遊びに関する基本条例
	少子化	北海道子どもの未来づくりのための少子化対策推進条例
		金山町少子化対策推進条例
	教育等環境整備	中央区の教育環境に関する基本条例（東京都中央区）
		鳥栖市障害のあるなしにかかわらず、全ての子どもが安心して共に学び、共に成長するための保育及び教育の環境整備を推進する条例
	家庭教育	志木市子どもの健やかな成長に向け家庭教育を支援する条例
		ぐんまの家庭教育応援条例
	放課後	長野市放課後子ども総合プラン事業の実施に関する条例
	インターネット	青少年と電子メディアとの健全な関係づくりに関する条例（広島市）
		香川県ネット・ゲーム依存症対策条例
	学校運営	大阪市立学校活性化条例
	財源確保	千代田区子育て施策の財源の確保に関する条例

注）廃止条例も記載。
資料）著者作成

的です。

川崎市条例を契機に、地方自治体では、子どもの権利に関する条例の制定が進みました。2002年３月には奈井江町（北海道）が「子どもの権利に関する条例」を制定し、2003年３月には小杉町（現：富山県射水市）が「小杉町子どもの権利に関する条例」（合併に伴い廃止）を制定しました。その後、多くの地方自治体が子どもの権利条例を制定しています。

わたしが確認したところ、近年、条例名に「子どもの権利」が明記されているのは47条例です。

次に、「施策推進」を取り上げます。ここで言う施策推進の意味は「条例を法的根拠として、当該分野に関する多様な施策（事業を含む）を推進する」になります。「世田谷区子ども条例」など総合的な見地から子どもに関する施策を推進するための条例は多々あります。

個別対応の条例は、多岐にわたっています。特に、わたしが注目する条例を３点に限定して紹介します。

第１に、「学力向上」です。わたしは「学力がすべて」とは思いません。しかし、最低限の学力がないと「貧困の連鎖」を招いてしまうと言われています。条例名に「学力」が入るのは、釧路市条例と池田市条例です。

釧路市条例は、教育委員会に対し、基礎学力習得の具体策や進行状況を毎年公表することなどを求めています。この条例は、「『学力』は客観的な数値指標で把握できるもの」と捉えています。さらに、「基礎学力」を「義務教育の過程で習得する読み、書き、計算の知識と技能」と定義しています。通称「釧路市基礎学力保障条例」と言われています。また、市や小中学校、保護者、地域の責務も明記し、市全体で学力アップの体制づくりを目指しています。

同条例の立法主旨は、2010年度の全国学力・学習状況調査（全国学力テスト）の平均正答率が、都道府県別で下位に低迷する北海道の平均正答率を下回ったことです。このため、超党派の市議でつくる「基礎学力問題研究議員連盟」が、議員提案により制定した条例です。

第２に、「遊び場確保・体力増進」です。近年、子どもの体力低下がトピックスとなっています。一般的に、体力低下が心身に病気をもたらすという指摘がされています。

子どもの体力低下の一因は、「遊び場がない」ことです。千代田区条例（2013年制定）や大和市条例（2017年制定）は、子どもの遊び場を確保することで体力増進を目指しています。

千代田区条例の前文の書き出しは、「お父さんやお母さんが子どもの頃は、もっと外で遊んでいたって聞くけれど、今はあんまり外で遊ばないね」から始まっています。前文は、千代田区内の小学生による作文です。子どもが対象ですから、子ども目線の条例と言えます。

第３に、「財源確保」です。子育て環境づくりには、一定の財源を必要とします。そこで、かつて千代田区には子育て関連の財源確保の条例がありました。この条例は2010年４月から施行し、2015年３月に失効した時限条例で、区民税１％を子育て環境づくりのための事業に充てるという内容でした。子育て関連の財源を増やした結果、子育て予算の一人あたりの予算額は全国でもトップクラスとなりました。千代田区のような思い切ったことをしないと、子育て環境づくりは大きな成果が出ないと考えます。

◆「若者」や「学生」を対象とする条例

子どもに関連して、若者と学生に限定した特徴的な条例を紹介します。

新城市（愛知県）には「新城市若者条例」があります。新城市条例は「若者が活躍するまちの形成の推進について、基本理念を定め、並びに若者、市民、事業者及び市の責務を明らかにするとともに、若者が活躍するまちの形成の推進の基本となる事項を定めること等により、総合的に若者が活躍するまちの形成の推進を図り、もって市民が主役のまちづくり及び世代のリレーができるまちの実現に寄与する」ことを目的としています。

この条例における若者とは「おおむね13歳からおおむね29歳までの者」と定義しています。なお、条例名に「若者」の用語が入るのは、多くが定住促進を意図した条例や基金条例です。若者の活動に焦点を当てたこの条例は特徴的です。

また、同市は「新城市若者議会条例」も制定しています。これらの条例を根拠として、若者を対象とした多くの施策を展開しています。

学生に特化した条例は、金沢市にあります。それは「金沢市における学生のまちの推進に関する条例」です。この条例は「学生のまちとしての本市の個性と魅力を磨き高めるまちづくりの推進について、基本理念を定め、並びに学生、市、市民、町会その他の地域コミュニティに関する活動に係る団体、高等教育機関及び事業者の役割を明らかにするとともに、施策の基本となる事項等を定めることにより、総合的に学生のまちの推進を図り、もって健全で活力に満ちた地域社会の実現と本市の持続的な発展に寄与する」ことを目的としています。この条例における学生とは「高等教育機関に在学する者」です。

条例名に「学生」が入るのは、多くが学生寮や修学資金貸付であるため、金沢市条例は特徴的な条例と言えます。

子どもを幅広く捉え、若者や学生に特化した条例がもう少し増えてきても良いような気がします。

◆子どもは「対策」ではなく「政策」へ

社会的弱者である子どもは、学力格差や一層の貧富の拡大など多くの要因に翻弄されます。

自治体の子どもに対する取り組みは、どうしても「対策」の域を出ないように感じます。**対策とは、何かが起きた後に対応を検**

討するという行動です。国の法律には「対策」の文字が多くあります。例えば、「子どもの貧困対策の推進に関する法律」や「いじめ防止対策推進法」などです。

対策は「現実対応」になります。それは「いま目の前にある問題を何とかしたい」と、一心で取り組むことを意味します。どうしても近視眼的な見地からの行動になってしまいます。

子どもに関しては「政策」の志向が、問題に取り組むあらゆる関係者に求められます。**政策は未来志向です。**市民とって未来志向は希望が湧いてきます。自治体をはじめ、まちづくりに関わる人はさまざまな観点から可能性を探ることになり、その結果、心にも余裕がうまれ、大局的な観点であるために成功の軌道に乗りやすくなります。すなわち**政策とは、問題が生じる前に先手を打って対応を考えておく行動です。**未来を予測して、先手を打って取り組むことが政策です。

現場にいると、さまざまな要因から具体的な政策に取り組むことは難しいとは思いますが、是非取り組んで頂きたいと考えます。

「子ども」施策について

（株）船井総合研究所地方創生支援部コンサルタント
関根 祐貴氏　　　　　　　　　　にお聞きしました。

Q　地方自治体が「子ども」施策に取り組む意義や重要性を教えてください。

A　自治体内外の住民に対するターゲティングの視点から、子ども施策に取り組むことはインナーとアウターの両面で重要であると考えられます。子ども施策の充実は､域内の住民が幸せな子育てを実現し、自治体の長期的な活性化を目指すこと、当該自治体の豊富な子ども施策を目的に域外からの移住・定住を促進することに繋がります。

人口の維持が至上命題となっている昨今の自治体経営において、子育て施策の取り組みは地方自治体が持続的に発展するために必要不可欠な事柄であると考えられます。

Q　地方創生（地域創生）に関係して、自治体が取り組む子ども施策の好事例を教えてください。

A　茨城県行方市では子育て支援を充実させるため、これまで行ってきた出産ほう賞金事業を拡充するなど、安心して出産・育児する環境を整備しています。出産後も、交通環境に難のある乳幼児の保護者等に対し、医療機関での健診等の際の交通費を助成する乳幼児等交通費助成事業の新設や、不妊治療等補助金交付事業の拡充などを実施しています。また、行方市は情報発信日本一のまちを目標に掲げており、これらの取り組みを住民に積極的に活用していただくため、制度の周知にも力を入れています。

Q　子どもを取り巻く負の事象をいくつかあげていただき、自治体の対応を教えてください。

A　昨今では子どもを取り巻く環境が複雑化しており、そのマイナスの結果の一つに子どもの孤独・孤立が挙げられます。例えば学校に

おけるいじめを含む社会的な孤独・孤立や、家庭内でのネグレクト・ヤングケアラーに代表される家庭内での孤独・孤立など、子どもの孤独・孤立に関する課題はさまざまな要因から発生しています。

こういった状況に対応するため、子どもの複雑な孤独・孤立問題に対し、部局横断での対策会議等を設けて総合的な対応を行っている自治体もあります。

Q　公民連携（共創）の観点から、子ども施策の方向性を教えてください。

A　前項の問で述べた子どもの抱える複雑化する課題を含め、子どもに対する施策は自治体のノウハウやリソースでは単独で解決することが難しくなっています。そのため、自治体で不足するこれらの要素を、地域内外の民間企業等と連携し、現代版の子ども施策を実現することが必要です。そのため課題の洗い出し・現状の把握から民間企業等と協力体制を確立し、施策の立案にあたっていくことが求められると考えられます。

Q　自治体の子ども施策の展望を教えてください。

A　現代日本の人口減少社会において、子ども施策の充実は地方自治体の今後の展開を占うものとなります。多くの自治体では域内に子育て世帯を呼び込むための施策が実施されていますが、子どもの安全・安心に関わる施策については教育関係課その他との横断的連携が不足していると考えます。

今後は子ども施策に関する横断的な庁内連携・公民連携を活性化し、子どもを安心して育てられる「攻め」の子ども施策と「守り」の子ども施策の両方がより充実されることが必要であると考えます。

2章 高齢者
～「高齢者」を活用してこそ地方創生

2022年4月に総務省は「人口推計（2021年10月1日現在）」を公表しています。これによると、日本の総人口は約1億2,550万人となり、11年連続の減少である一方、高齢者人口は増加し続け、約3,621万人となりました。総人口に占める65歳以上の人口割合（高齢化率）は28.9％に達しています。なお、高齢者人口のうち75歳以上人口は、約1,867万人です。

今後の高齢者の人口をみると、「団塊の世代」（1947年～1949年に生まれ）が75歳以上となる2025年には、約3,657万人に達すると推計されています。その後も高齢者は増加を続け、2042年に約3,878万人でピークを迎え、その後は減少に転じると見込まれています。

地方創生を進める過程で、高齢者の存在は重要です。そこで「高齢者」というキーワードをもとに、地方自治体が取り組む高齢者に関する施策の現状を紹介します。

◆「高齢者」の定義

表2-1は、高齢者に関する法律の目的と国と地方自治体の責務をまとめています。表のいくつかの法律は、高齢者の定義を「65歳以上」としています。「高年齢者等の雇用の安定等に関する法律」は「高年齢者」とあることから高齢者ではありません。同法における高年齢者の定義は55歳以上となっています。

また、「高齢者の医療の確保に関する法律」は、2008年3月までの法律名が「老人保健法」でしたが、後期高齢者医療制度の発足にあわせ、2008年4月に現在の法律名に変更されました。

辞書では、老人とは「年をとった人。年寄り」という意味があり、「老」という文字から、後向きの印象を持たれてしまいます。そこで、法律においても「老人」から「高齢者」へと表記を変えています。

表から推測されることは、平成に入ってから高齢者に関する法律の整備が段階的に進められていることです。その大きな理由は、日本が急速に高齢社会に進んでいるからです。

内閣府の『令和4年版高齢社会白書』によると、「高齢者の用語は文脈や制度ごとに対象が異なり、一律の定義がない」と言及しています。ただし、表から理解できるように、現時点では「65歳以上」が高齢者と捉えられる傾向があります。

高齢者の定義は、日本老年学会・日本老年医学会「高齢者に関する定義検討ワーキンググループ報告書」(2017年3月)において、75歳以上を高齢者の新たな定義とすることが提案されています。

また、「高齢社会対策大綱」(2018年2月)には、「65歳以上を一律に「高齢者」と見る一般的な傾向は、現状に照らせばもはや現実的なものではなくなりつつある」と言及しています。近いうちに高齢者の定義が変更になるかもしれません。

◆「高齢者」の新聞記事動向

図2-1は、全国紙（朝日・産経・毎日・読売）で「老人」と「高齢者」の記事が登場した回数です。1992年には老人保健法が改正され、老人訪問看護制度が創設されました。1994年には厚生労働省に高齢者介護対策本部が設置され、介護保険制度の検討が始まっています。

1990年代半ばから2000年に記事が増加しています。多くは

表 2-1　高齢者に関する法律の目的と国および地方自治体の責務

法律	目的	制定年
老人福祉法	老人の福祉に関する原理を明らかにするとともに、老人に対し、その心身の健康の保持及び生活の安定のために必要な措置を講じ、もつて老人の福祉を図ることを目的とする。	1963 年 7 月 11 日
高年齢者等の雇用の安定等に関する法律	定年の引上げ、継続雇用制度の導入等による高年齢者の安定した雇用の確保の促進、高年齢者等の再就職の促進、定年退職者その他の高年齢退職者に対する就業の機会の確保等の措置を総合的に講じ、もつて高年齢者等の職業の安定その他福祉の増進を図るとともに、経済及び社会の発展に寄与することを目的とする。	1971 年 5 月 25 日
高齢者の医療の確保に関する法律	国民の高齢期における適切な医療の確保を図るため、医療費の適正化を推進するための計画の作成及び保険者による健康診査等の実施に関する措置を講ずるとともに、高齢者の医療について、国民の共同連帯の理念等に基づき、前期高齢者に係る保険者間の費用負担の調整、後期高齢者に対する適切な医療の給付等を行うために必要な制度を設け、もつて国民保健の向上及び高齢者の福祉の増進を図ることを目的とする。	1982 年 8 月 17 日
高齢社会対策基本法	我が国における急速な高齢化の進展が経済社会の変化と相まって、国民生活に広範な影響を及ぼしている状況にかんがみ、高齢化の進展に適切に対処するための施策に関し、基本理念を定め、並びに国及び地方公共団体の責務等を明らかにするとともに、高齢社会対策の基本となる事項を定めること等により、高齢社会対策を総合的に推進し、もって経済社会の健全な発展及び国民生活の安定向上を図ることを目的とする。	1995 年 11 月 15 日
高齢者の居住の安定確保に関する法律	高齢者が日常生活を営むために必要な福祉サービスの提供を受けることができる良好な居住環境を備えた高齢者向けの賃貸住宅等の登録制度を設けるとともに、良好な居住環境を備えた高齢者向けの賃貸住宅の供給を促進するための措置を講じ、併せて高齢者に適した良好な居住環境が確保され高齢者が安定的に居住することができる賃貸住宅について終身建物賃貸借制度を設ける等の措置を講ずることにより、高齢者の居住の安定の確保を図り、もってその福祉の増進に寄与することを目的とする。	2001 年 4 月 6 日
高齢者虐待の防止、高齢者の養護者に対する支援等に関する法律	高齢者に対する虐待が深刻な状況にあり、高齢者の尊厳の保持にとって高齢者に対する虐待を防止することが極めて重要であること等にかんがみ、高齢者虐待の防止等に関する国等の責務、高齢者虐待を受けた高齢者に対する保護のための措置、養護者の負担の軽減を図ること等の養護者に対する養護者による高齢者虐待の防止に資する支援のための措置等を定めることにより、高齢者虐待の防止、養護者に対する支援等に関する施策を促進し、もって高齢者の権利利益の擁護に資することを目的とする。	2005 年 11 月 9 日
高齢者、障害者等の移動等の円滑化の促進に関する法律	高齢者、障害者等の自立した日常生活及び社会生活を確保することの重要性に鑑み、公共交通機関の旅客施設及び車両等、道路、路外駐車場、公園施設並びに建築物の構造及び設備を改善するための措置、一定の地区における旅客施設、建築物等及びこれらの間の経路を構成する道路、駅前広場、通路その他の施設の一体的な整備を推進するための措置、移動等円滑化に関する国民の理解の増進及び協力の確保を図るための措置その他の措置を講ずることにより、高齢者、障害者等の移動上及び施設の利用上の利便性及び安全性の向上の促進を図り、もって公共の福祉の増進に資することを目的とする。	2006 年 6 月 21 日

資料）著者作成

国の責務	地方自治体の責務
（老人福祉増進の責務） 第4条　国及び地方公共団体は、老人の福祉を増進する責務を有する。 2　国及び地方公共団体は、老人の福祉に関係のある施策を講ずるに当たつては、その施策を通じて、前二条に規定する基本的理念が具現されるように配慮しなければならない。 3　老人の生活に直接影響を及ぼす事業を営む者は、その事業の運営に当たつては、老人の福祉が増進されるように努めなければならない。	
（国及び地方公共団体の責務） 第5条　国及び地方公共団体は、事業主、労働者その他の関係者の自主的な努力を尊重しつつその実情に応じてこれらの者に対し必要な援助等を行うとともに、高年齢者等の再就職の促進のために必要な職業紹介、職業訓練等の体制の整備を行う等、高年齢者等の意欲及び能力に応じた雇用の機会その他の多様な就業の機会の確保等を図るために必要な施策を総合的かつ効果的に推進するように努めるものとする。	
（国の責務） 第3条　国は、国民の高齢期における医療に要する費用の適正化を図るための取組が円滑に実施され、高齢者医療制度（第三章に規定する前期高齢者に係る保険者間の費用負担の調整及び第四章に規定する後期高齢者医療制度をいう。以下同じ。）の運営が健全に行われるよう必要な各般の措置を講ずるとともに、第一条に規定する目的の達成に資するため、医療、公衆衛生、社会福祉その他の関連施策を積極的に推進しなければならない。	（地方公共団体の責務） 第4条　地方公共団体は、この法律の趣旨を尊重し、住民の高齢期における医療に要する費用の適正化を図るための取組及び高齢者医療制度の運営が適切かつ円滑に行われるよう所要の施策を実施しなければならない。
（国の責務） 第3条　国は、前条の基本理念（次条において「基本理念」という。）にのっとり、高齢社会対策を総合的に策定し、及び実施する責務を有する。	（地方公共団体の責務） 第4条　地方公共団体は、基本理念にのっとり、高齢社会対策に関し、国と協力しつつ、当該地域の社会的、経済的状況に応じた施策を策定し、及び実施する責務を有する。
（国及び地方公共団体の責務） 第2条　国及び地方公共団体は、高齢者の居住の安定の確保を図るため、必要な施策を講ずるよう努めなければならない。	
（国及び地方公共団体の責務等） 第3条　国及び地方公共団体は、高齢者虐待の防止、高齢者虐待を受けた高齢者の迅速かつ適切な保護及び適切な養護者に対する支援を行うため、関係省庁相互間その他関係機関及び民間団体の間の連携の強化、民間団体の支援その他必要な体制の整備に努めなければならない。 2　国及び地方公共団体は、高齢者虐待の防止及び高齢者虐待を受けた高齢者の保護並びに養護者に対する支援が専門的知識に基づき適切に行われるよう、これらの職務に携わる専門的な人材の確保及び資質の向上を図るため、関係機関の職員の研修等必要な措置を講ずるよう努めなければならない。 3　国及び地方公共団体は、高齢者虐待の防止及び高齢者虐待を受けた高齢者の保護に資するため、高齢者虐待に係る通報義務、人権侵犯事件に係る救済制度等について必要な広報その他の啓発活動を行うものとする。	
（国の責務） 第4条　国は、高齢者、障害者等、地方公共団体、施設設置管理者その他の関係者と協力して、基本方針及びこれに基づく施設設置管理者の講ずべき措置の内容その他の移動等円滑化の促進のための施策の内容について、移動等円滑化の進展の状況等を勘案しつつ、関係行政機関及びこれらの者で構成する会議における定期的な評価その他これらの者の意見を反映させるために必要な措置を講じた上で、適時に、かつ、適切な方法により検討を加え、その結果に基づいて必要な措置を講ずるよう努めなければならない。 2　国は、教育活動、広報活動等を通じて、移動等円滑化の促進に関する国民の理解を深めるとともに、高齢者、障害者等が公共交通機関を利用して移動するために必要となる支援、これらの者の高齢者障害者等用施設等の円滑な利用を確保する上で必要となる適正な配慮その他の移動等円滑化の実施に関する国民の協力を求めるよう努めなければならない。	（地方公共団体の責務） 第5条　地方公共団体は、国の施策に準じて、移動等円滑化を促進するために必要な措置を講ずるよう努めなければならない。

図 2-1 「老人」と「高齢者」の記事が登場した回数

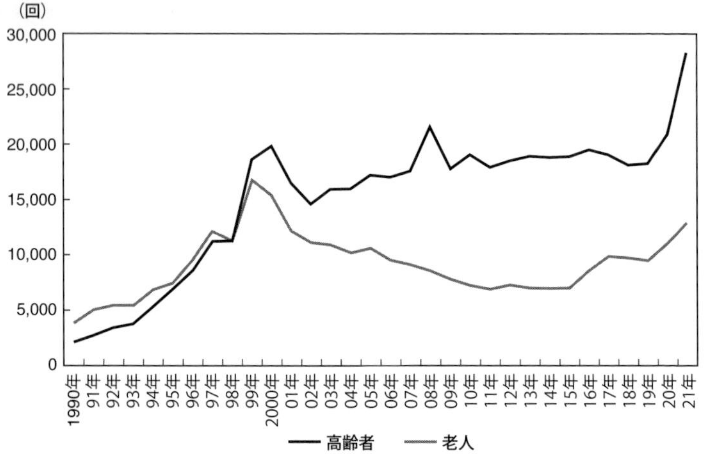

注）全国紙（朝日新聞、産経新聞、毎日新聞、読売新聞）より。
資料）@nifty の新聞・雑誌記事横断検索から著者作成

1997 年 12 月に成立した介護保険法に関する内容です。2000 年 4 月に介護保険制度が施行されました。介護保険法に基づき、市区町村は市町村介護保険事業計画を策定し、都道府県は都道府県介護保険事業支援計画を策定しています。ほかには、老人福祉法で作成することが義務付けられた高齢者保健福祉計画もあります。

「老人」と「高齢者」に関する記事は、国が高齢者に関する政策を相次ぎ進めたことから、1990 年代から 2000 年にかけて増加した後、一時期減少傾向となっていました。

しかし、「高齢者」に関する記事は、2002 年から再び増加傾向に転じています。この内容は、高齢者の貧困、高齢者の虐待、孤独死や孤立死、成年後見制度、介護難民、8050 問題、要介護者の増加、老々介護など多岐にわたっています。

なお、8050 問題とは「80 代の親が 50 代のひきこもっている子どもを支える状況」を指し、老々介護とは「65 歳以上の高齢者が 65 歳以上の高齢者を介護している状況」を意味します。

一方、「老人」に関する記事は減少傾向にありましたが、近年増加しています。ワードとしては「暴走老人」「キレる老人」などがあり、高齢者が問題を起こしたときに「老人」が使用されるようです。

◆議会質問等における「高齢者」の動向

図 2-2 は、各都道府県議会における「高齢者」に関する質問等の回数です。議会からの質問と執行機関の答弁が含まれています。「高齢者」に関する質問等は 2010 年頃まで拡大してきました。

シルバー民主主義という考えがあります。シルバー民主主義とは「少子高齢化の進行により有権者に占める高齢者（シルバー）の割合が増加することによって、高齢者層の政治への影響力が増大する現象」と定義されます。これが要因となって、高齢者に関

図 2-2　「高齢者」に関する質問等の回数

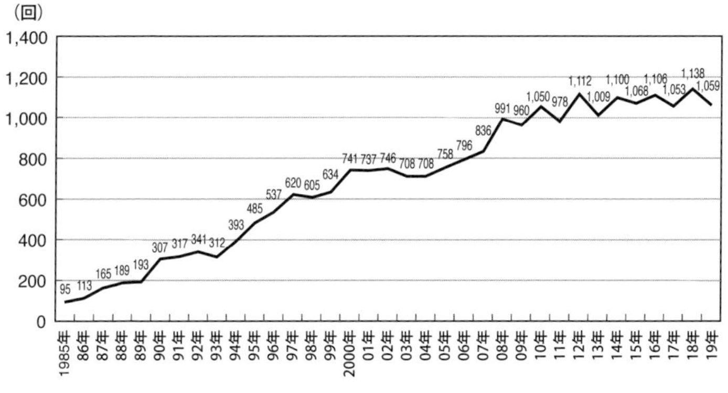

資料）全国 47 都道府県議会議事録横断検索

連した議会質問等が高止まりで続いているとも言えます。

「高齢者」に関する質問内容はさまざまで、独居高齢者のひきこもりからの孤立死、孤独死に関する質問や高齢者虐待、特殊詐欺の被害を危惧する質問もあります。また、常に出される質問は、まちのバリアフリーや定年延長に関連することです。

さらに、高齢者の免許返納があります。約10年前までは、高齢者が被害者となる交通事故の質問が多くありましたが、近年は、高齢者を交通事故の加害者として捉えた質問が多くなっています。地方創生と直接的に関係する質問は、健康寿命に関することです。高齢者に関係した質問の例を紹介します。

<議会質問の例>

- 人生100年時代に向け、多くの高齢者が働き続けることを希望していますが、現状では65歳以上の方のうち就業している方は全体の4分の1にとどまっています。(中略)国において、令和3年度から、企業に70歳までの就業確保の努力義務を課すことが見込まれている中、都としても、高齢者が活躍し続けられる社会の実現に向け、高齢者の雇用が一層進むよう就業支援を強化すべきと考えますが、都の見解を伺います。(東京都議会(2020年2月))。
- 現在、過疎化した地域の人たちが買い物をする場所がない、ましてやバス路線も廃止されていて、お足が悪い方、また、高齢者が日々の暮らしの物を買えないというような実態があるんですけれども、これに対する認識と今後の方向性についてどう考えているのか教えていただきたい(愛媛県議会(2019年12月))。

前者は高齢者の就労支援に関する質問です。また、近年は健康寿命に関する質問が多くあります。高齢者の健康寿命が延びることは良いことですが、健康寿命が長い自治体ほど財政が改善されない相関がみられます。そこで就労支援を進め、多少なりとも高齢者に税金を納めてもらわなくては財政が逼迫していきます。健康寿命と就労支援をまとめて考える必要があります。

後者は「公共交通空白地にどう対応するか」という質問です。さまざまな対応策があります。例えば、福岡市は「公共交通空白地等及び移動制約者に係る生活交通の確保に関する条例」を制定し、対応しています。次の章で説明します。

◆「高齢者」を対象とする条例

ここでは条例という観点から、高齢者施策のトピックスの紹介と条例名に「高齢者」が入る事例について取り上げます。

(1) 交通安全

高齢者を対象とした交通安全の条例があります。「岸和田市高齢者交通安全条例」や「豊中市高齢者交通安全条例」などです。岸和田市条例は「本格的な高齢社会への移行に向けて、高齢者の交通安全対策が重点的に取り組むべき課題であることにかんがみ、高齢者の交通安全に関し、基本理念を定め、市及び市民の役割を明らかにするとともに、高齢者に優しい交通環境の整備及び充実について必要な事項を定めることにより、高齢者の交通事故の防止を図り、もってすべての市民が安全で快適な生活ができる交通社会の実現に資する」ことを目的としています。

高齢者に特化した交通安全条例は、豊中市（大阪府）、川本町（島根県）、室戸市（高知県）など約10自治体にあります。

(2) 特殊詐欺

特殊詐欺とは、被害者に電話をかけるなどして、対面することなく信頼させ、指定した預貯金口座への振込みなどの方法により、不特定多数の者から現金等をだまし取る犯罪の一種です。

近年、特殊詐欺に対応した条例を制定しているのは、埼玉県、岡山県、徳島県、熊本県、三郷市（埼玉県）、柏市（千葉県）、半田市（愛知県）などです。既存の生活安全条例の一規定に特殊詐欺に対応する規定があるのは、東京都、滋賀県、長島町（鹿児島県）です。

特殊詐欺は多く発生しており、高齢者など社会的弱者をねらい撃ちにしています。自治体はかつて生活安全条例を制定することで、地域の犯罪件数を大きく減少させてきました。しかし、近年は特殊詐欺が社会問題となっています。そのため、都道府県や市区町村が特殊詐欺に対応する法的根拠として、条例化しても良いと考えます。

(3) 認知症対応

認知症高齢者が増加しています。『平成29年版高齢社会白書』には、65歳以上の認知症高齢者数と有病率の将来推計についての言及があります。2012年には認知症高齢者数が462万人、65歳以上の高齢者の約7人に1人でしたが、2025年には約5人に1人になるという推計も記されています。

認知症対応の条例は、大府市（愛知県）の「大府市認知症に対する不安のないまちづくり推進条例」、神戸市の「神戸市認知症の人にやさしいまちづくり条例」などがあります。

大府市条例の前文は、「平成19年12月に市内で発生した認知症の人の鉄道事故から、10年が経過しました。この事故は、認知症の人を介護する家族の監督義務の有無をめぐり最高裁判所まで争われたこともあり、多くの国民の関心を集め、様々な課題を私たちに投げかけました」です。

この前文を読み、読者の中には思い起こす事件があると思います。2007年12月に、A氏（当時横浜市在住）は認知症だった父親を鉄道事故で亡くしました。その半年後に鉄道会社から損害賠償を請求された事案です。一審は介護者としての母とA氏に、二審は母のみに賠償責任を認めました。しかし、2016年3月に最高裁で家族は免責になり、遺族が逆転勝訴した一連の内容です。認知症高齢者が原因により発生した損害賠償が全国的に注目を集めました。

大和市（神奈川県）は、認知症を患っている者が徘徊中に起きた事故の損害賠償責任を補償する制度を、全国で初めて導入しています。

認知症は、他人事ではなく「自分事」であり、高齢社会では自分が当事者となる可能性が大きいです。そこで、大府市、神戸市のように条例化し、認知症に対応した取り組みがもっと登場しても良いと考えます。

(4) 安否確認・見守り

池田市（大阪府）は「池田市高齢者安否確認に関する条例」があります。近年、個人情報保護の観点から高齢者の安否確認に制約が出ています。そこで、高齢者の安否確認を条例により法的根拠を持たせています。この条例の意義は大きいと考えます。

砂川市（北海道）には、「砂川市高齢者いきいき支え合い条例」があります。この条例は、高齢者が「生涯を通じて安心して心豊かにいきいき暮らすことのできる地域社会の実現に寄与する」ことを目指しています。

近年、増加しているのが地域による高齢者の見守りです。例えば、「黒石市高齢者の見守り活動の推進に関する条例」や「高梁市高齢者見守り支援施設条例」があります。黒石市条例は「65歳以上の単身で生活する高齢者が地域から孤立することを防止するため、地域における見守り活動を推進し、もって単身高齢者が住み慣れた地域で安心して暮らすことのできる地域社会の実現に寄与する」ことが目的です。このように、地域における孤独死や孤立死を防ぐ目的の高齢者見守り条例が増えてきています。

(5) ケアラー（介護者等）

埼玉県には「埼玉県ケアラー支援条例」があります。一般的に、ケアラーとは「介護や看病、療育が必要な家族や近親者を無償でサポートする人」を指します。

この条例は「ケアラーの支援に関し、基本理念を定め、県の責務並びに県民、事業者及び関係機関の役割を明らかにするとともに、ケアラーの支援に関する施策の基本となる事項を定めることにより、ケアラーの支援に関する施策を総合的かつ計画的に推進し、もって全てのケアラーが健康で文化的な生活を営むことができる社会を実現する」ことが目的となっています。

高齢化に伴い、介護や看病、療育が必要な家族等が増え、ケアラーの社会的ニーズが増えています。しかし、ケアラーが置かれている現状は厳しいと言われ、この状況を少しでも改善するために、この条例が存在する意義があります。

◆高齢者を活用した地方創生へ

日本の高齢化は進んで行きます。2035年に高齢化は33.7%で3

人に１人が高齢者となり、2055年には40.5％に達して国民の2.5人に１人が65歳以上の高齢者になると推計されています。人口割合が大きくなる高齢者の存在は地方創生では無視できません。

現在、進めている高齢者の対応は「課題を改善する」という視点が強くなっています。確かに、この取り組みも重要です。しかし、**これからは高齢者を地方創生や地域の発展に「活用する」という観点も重要**でしょう。例えば、高齢者施設と保育所の複合施設があります。高齢者が一時的にでも子どもたちをみるニーズも増えています。高齢者の生きがい創出、現役世代が働きやすい環境の創出につながります。

地方創生に高齢者を活用することは、高齢者自身の生き甲斐創出になりますし、地域のコミュニティ形成に寄与するかもしれません。現在は、「高齢者は何かしらの課題を発生する主体」であり、「その課題に対応するために施策化する」という傾向が強くあります。この点は前向きとは言えないため、改善する必要があります。

「高齢者」施策について

社会構想大学院大学客員准教授
高橋 恒夫先生　にお聞きしました。

Q　地方自治体が「高齢者」施策に取り組む意義や重要性を教えてください。

A　高齢者施策に取り組む目的は、地域を支えるためです。元気な高齢者は健康寿命が延び、地域の活性化にも寄与します。健康長寿は、老人の抱える孤独感を低減することで期待することができます。地域の活性化については、生きがいの創出や異世代間の交流により高齢者の存在意義を高め、地域にも活力を与えます。いずれにしても、高齢者施策は心身の健康のための「生きがい施策」への取り組みが重要です。

Q　地方創生（地域創生）に関係して、自治体が取り組む高齢者施策の好事例と課題を教えてください。

A　高齢者移住が人口減少を抑える役割や新しいコミュニティの形成に寄与している地域があります（山梨県北杜市）。都心からのアクセス性と豊かな自然が長期滞在から移住に繋がった事例です。長期滞在においては観光面への相応の経済効果が見られました。しかし、今後、不便な公共交通、加齢による自立生活への不安などから高齢者は都心へ逆流する懸念もあります。また、自治体にとっては医療費負担の増加にも直面することになります。

Q　高齢者を取り巻く負の事象をいくつかあげていただき、自治体の対応を教えてください。

A　加齢による認知度低下、独居老人の増加、デジタル化へ対応の遅れなどがあります。認知度低下については、特に、車の運転が困難になったことに関係し、地域交通体系の再整備が必要になります。独居老人には、振り込め詐欺や孤独死などの事件が起きやすく、そ

れゆえ地域のコミュニケーションを活発にする施策が求められます。デジタル化への対応の遅れは、民間と組んで高齢者にデバイスの使用を体験させるなどの対応が必要です。

Q　公民連携（共創）の観点から、高齢者施策の方向性を教えてください。

A　高齢者は他世代よりも「健康」への関心が高く、高齢者施策で、民間と組む場合、地域のリソース×民間のアイデア＝健康となる施策が考えられます。ただし、単なる「歩く」「運動する」という施策では、高齢者にとって魅力的なものになりません。施策の中に面白さ、ゲーム性、お得感、ポイント獲得のような持続性があって本来の目的に対して付加価値がある施策が必要です。

Q　自治体の高齢者施策の展望を教えてください。

A　人口に対して高齢者の比率が３割を突破する時代を展望すると、いかに一人当たりの医療費負担を軽減するかに尽きます。それには、健康長寿の考え方を柱にした高齢者の活用法に知恵を絞ることが必要です。具体的には、まちづくりに高齢者の視点を取り入れ、若者には新しく、高齢者には懐かしい「ネオクラシック」のアイデアを生むような空間づくりが重要です。

3章 公共交通空白地域
～光明が見える「公共交通空白地域」

「交通権」（移動権）という考えがあります。交通権とは「人が自由に移動する権利」を意味します。現在、国の法体系に交通権はないとされています。そして、この交通権がさまざまな事情から注目されています。

鉄道に関して言うと、人口減少に伴って多くの路線が廃線となっており、また、一部の赤字路線では廃線も視野に入れた検討が始まりました。バス路線も同様で、地域が限界集落化していくことにより、利用者が大きく減少した結果、営利追及を志向する民間事業者はバス路線を廃止しています。そのため、地域住民の交通権が侵害されようとしています。

地方創生を進める上で、公共交通の必要性が指摘されることもあります。最低限の公共交通が確保されなくては、人口の維持や地域の活性化も担保されません。

ここでは公共交通の中でも「公共交通空白地域」というキーワードをもとに、その定義に加え、経緯、議会の動向など基本的な情報を紹介します。

◆公共交通空白地域の定義

最初に、「公共交通」の意味を考えます。公共交通とは、鉄道・バス・タクシー・飛行機・船舶などで、誰もが一定の料金を支払うことで利用できる交通のことを指します。

この利用実態は、自家用車の普及と少子高齢化による通勤・通学の減少等の影響を受けて年々縮小しています。その結果、「公共交通空白地域」が登場してきました。

次に、「公共交通空白地域」について取り上げます。公共交通空白地域は「駅やバス停が一定の距離の範囲内にない地域」を意味します。「一定の距離」は自治体によって異なります。例えば、交通機関が充実している都市圏では、駅から半径 500 m以上、バス停から半径 300 m以上を空白地域として捉えることが多くあります。一方、地方圏では、駅から半径 1,000 m以上、バス停から半径 500 m以上を空白地域と捉えることもあります。公共交通空白地域は、交通空白地や交通不便地域とも言われます。

◆公共交通空白地域の経緯

図 3-1 は、全国紙（朝日・産経・毎日・読売）で「交通空白」の記事が登場した回数です。

公共交通空白地域に関する初めての記事は 1995 年 3 月の産経新聞で、見出しは「交通空白地帯にコミュニティバス　武蔵野市

図 3-1 「交通空白」の記事が登場した回数

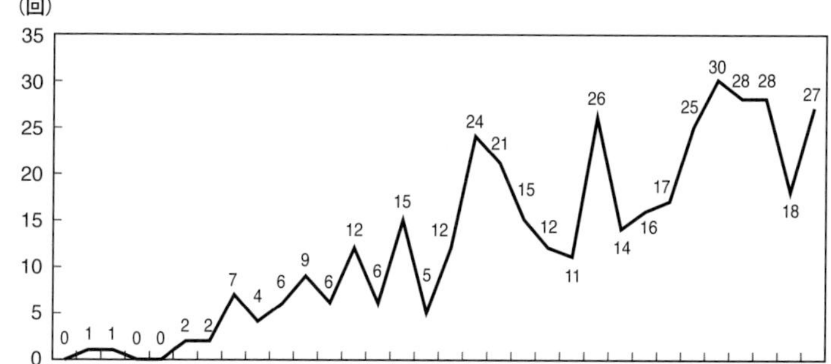

注）全国紙（朝日新聞、産経新聞、毎日新聞、読売新聞）より。
資料）@nifty の新聞・雑誌記事横断検索から著者作成

が運行へ」です。

公共交通空白地域に関する議論の多くは、限界集落等を抱える地方圏においてみられますが、初めての登場は都市圏に位置する武蔵野市でした。同市の取り組みは、地域のコミュニティバス「ムーバス」として有名で1995年11月から運行を開始しています。

同市はムーバスの運行前に、市民を対象としたアンケート調査や需要調査、さらには高齢者への実態調査など綿密に政策研究を行いました。それを反映して、近年のムーバスの運行に至っています。

このムーバスを利用する人にとっては便利になったという意見がある一方、採算は厳しいと聞いています。都市圏の需要が見込まれる地域においても、補助金は必要という実態があります。

◆公共交通空白地域における議会質問等

議会において「公共交通空白地域」に関する質問等が取り上げられた動向についてふれます。図3-2は、各都道府県議会におけ

図3-2 「空白地域」に関する質問等の回数

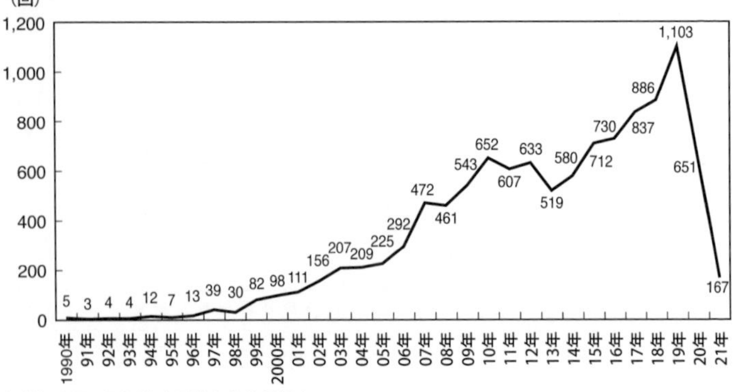

資料）全国47都道府県議会議事録検索

る「空白地域」に関する質問等の回数です。年によって質問等の回数に違いがありますが、総じて取り上げられています。

<議会質問の例>

- 地域の公共交通の計画を立てるのは市町村、しかし、人の生活と市町村の境は必ずしも一致していません。「生活圏は隣町」が当たり前です。公共交通利用者は市町村間を越えて移動しています。市町村単位で公共交通を計画している限り、市町村を越えての交通ネットワークの最適化はかないません。地域公共交通計画の策定には広域的な視点が必要であり、県も策定主体となるべきではないでしょうか。事実、本県においては、公共交通空白地帯は市町村境あるいは地区境界周辺で多く発生しており、改善のためには市町村を越えた広域的な地域公共交通政策が必要と考えます（埼玉県議会（2021年2月））。
- 鉄道と並び、地域公共交通の中核を担う路線バスは、近年人口減少や少子高齢化などにより、地方部を中心に利用者数の減少に歯止めがきかず、大変厳しい状況が続いています。このため、県内の多くの市町村では民間バス路線の運行を維持するため、運行経費に対する財政的支援に取り組んでいるものと思われます。そこで、まずは令和元年度の県内市町村による民間バス路線への支援状況はどうか、お伺いいたします。（千葉県議会（2021年2月））。

◆公共交通空白地域を対象とする条例等

公共交通空白地域を対象とする条例等を紹介します。福岡市の「公共交通空白地等及び移動制約者に係る生活交通の確保に関する条例」(2010年3月) は有名で、議員提案の条例です。第1条は、「すべての市民に健康で文化的な最低限度の生活を営むために必要な移動を保障し、もって活力ある地域社会の再生を目指す」ことが目的と記しています。

同条文の「すべての市民に健康で文化的な最低限度の生活を営むために必要な移動を保障」が、交通権を志向していると考えられます。

この条例以外では、奈良県公共交通条例と半田市地域公共交通条例の議員提案政策条例があります。ただし、奈良県と半田市は、福岡市のように公共交通空白地域を解決するということは明確には記されていません。

公共交通に関する条例は「金沢市における公共交通の利用の促進に関する条例」(2007年)がさきがけと言われています。その後、福岡市 (2010年)、加賀市 (2011年)、新潟市 (2012年) と制定されています。

コミュニティバスやデマンドバスに特化した条例も登場しています。「宇和島市コミュニティバスの設置及び管理運営等に関する条例」(2005年)、「美作市デマンドバス運行事業に関する条例」(2008年) などがあります。なお、コミュニティバスとは、高齢者や障害者などの交通弱者の移動手段を確保するために自治体等が運行するバスと定義できます。デマンドバスとは、利用者の事前予約に応じ、運行経路や運行スケジュールを利用者に合わせて運行する地域公共バスのことです。

公共交通に関する国の動向として、2007年には「地域公共交通の活性化及び再生に関する法律」が制定されています。同法は「地域旅客運送サービスの持続可能な提供の確保に資するよう地域公共交通の活性化及び再生のための地域における主体的な取組及び創意工夫を推進し、もって個性豊かで活力に満ちた地域社会の実現に寄与する」ことが目的となっています。

同法第5条の見出しは「地域公共交通計画」となっています。地方自治体に対し「地域旅客運送サービスの持続可能な提供の確保に資する地域公共交通の活性化及び再生を推進するための計画」を作成することを求めています（努力義務）。同法を受けて、多くの自治体が地域公共交通計画を策定するようになりました。

2013年には「交通政策基本法」が制定され、「交通に関する施策を総合的かつ計画的に推進し、もって国民生活の安定向上及び国民経済の健全な発展を図る」ことを目的としています。

◆公共交通空白地域の方向性

最低限の公共交通が確保されなければ、地域創生や地域の活性化、人口の維持などが進まなくなります。自治体では既に、公共交通空白地域の解消に向けて多様な事業を実施しています。その中でも、公共交通空白地域に住む交通弱者がタクシーを利用する際の料金助成や、西条市のように予約制乗合タクシーを運行する取り組みが比較的多くみられます。なお、予約制乗合タクシーは、住民自身が車を運転できない、免許を返納した、自宅からバス停まで遠いなどの場合に利用できます。

また、公共交通空白地域の解消に向けて、多くの自治体が既にデマンド交通（デマンドバスやデマンドタクシーなど）を導入しています。デマンド交通とは、あらかじめ利用登録をした住民が電話などで予約し、目的地まで乗り合いで移動する運行形態のことです。この方法は、公共交通空白地域において、住民の足を確保するために一定の成果を上げています。しかし、自治体は多額の費用を投じているため、財政逼迫（ひっぱく）の原因となっている場合もあります。その一方で、北本市（埼玉県）のように車内広告を活用し、財源の確保をする取り組みを進めている自治体もあります。

ここまで取り上げた内容は、事業レベルであり、持続性が確保されたわけではありません。持続性を確保するためには、公共交通空白地域の解決を目指した政策条例を制定することが考えられます。条例化することにより予算が確保され、事業が継続的に実施されることが期待できます。一般的に、条例化は政策の持続性を確保するための重要な手段です。

そして、公共交通空白地域の解消には自動運転化が期待されます。2022年4月には、自動運転レベル4の許可制度を含めた改正道路交通法が可決されました。改正法の一部が年度内に施行され、2023年4月1日よりレベル4の自動運転が解禁となり、遠隔監視などを条件に自動運転車を活用した公道での巡回サービスが可能となりました。レベル4は、人が遠隔監視しながら決まったルートを走るバスや、過疎地域での自動運転による移動サービスも想

定されています。2025年の実用化を目標に進められ、公共交通空白地域の課題解決に向けた大きな一歩となります。永平寺町（福井県）はレベル4の車両が走る全国初の自治体となっています。国土交通省は2023年を「自動運転実装化元年」と位置づけ、レベル4の実現を目指す自治体への支援を強化しています。

懸念されるのは、完全自動運転のレベル5が実現する時期です。高度情報通信ネットワーク社会推進戦略本部の『官民ITS構想・ロードマップ』（2021年6月）によると、レベル4までは「計画どおり進められている」とのことです。同ロードマップにはレベル5についての言及はありませんが、わたしは2030年頃には実現すると考えています。レベル5が実現すれば、わたしたちはスマートフォンを操作して自動運転車を自宅前まで呼び、その車に乗って目的地に向かうことができるようになります。

このように考えると、「自動運転の実現まで公共交通空白地域をどうするか」という議論になります。公共交通空白地域の問題は永続的ではありません。現場に行くと「いつまで補助金を出せばいいのか」という悲観的な考えがありますが、実は技術革新が改善してくれる可能性が十分あります。自動運転の実現に備え、逆算して考えていけば、自治体の取り組むべきことが明確になり、一つの光明が見えてくると考えます。

Q&A

「公共交通空白地域」に対する施策について

早稲田大学　理工学術院大学院環境・エネルギー研究科教授
小野田 弘士先生　にお聞きしました。

Q　まちづくりのアプローチとしてモビリティーに取り組んでいる自治体では、そもそもどのような課題を抱えていますか。

A　・秩父市では、山間地を多く抱え、物流・交通が課題となっています。また、山間地の住民の多くが高齢者のため人の移動に課題があります。

・石狩市では、広大な土地に対し公共交通機関の空白地帯であることから自動車に依存しています。工業団地を抱えていることから物流面での課題もあります。

・久喜市（南栗橋）では、鉄道の南栗橋駅の周辺街区で、商業施設、大規模住宅街区の整備を中心とした新たなまちづくりに取り組んでいます。周辺街区との連携が課題になってくると考えられます。

Q　プロジェクト推進に当たって、どのような問題点がありますか。

A　・プロジェクトにおいて，「市民不在」感は否めず，地域・住民ニーズが十分に反映されない状況で進展しているケースが散見されること。

・行政や地域ニーズと民間ニーズの大きなギャップが存在すること。

・議論の対象が「供給側」に偏っていること。例えば，エネルギー問題ひとつ取っても「再生可能エネルギーを大量導入したコミュニティがスマートコミュニティ」という短絡的な発想に終始している例など。

・新しい技術・システムを導入しようとすると、既存の法規制などの影響を受ける。

などがあります。

Q　それらの計画（または実験）の期間はどの程度でしょうか。

A　国のプロジェクトでは3～5年程度、石狩市では3年程度で新規プロジェクトを推進しています。また、秩父市では5年程度で社会実装を目標とし、南栗橋では期限付きではなく、出来るところから着手して期間を定めず推進しています。この期間で得られた結果をもとに社会実装できるモデルなどの検証を行うことが多くあります。

Q　予算面など実際に取り組むためのハードルがありますが、自治体（組織・職員）はそれらの課題に対して具体的にどのようにアプローチしているのでしょうか。

A　先導的なモデルであれば、国の支援が期待できます。また、行政単独ではなく、民間や大学等の活力・知見を活用した産学官民の連携が必要と考えます。自治体といえどもオープンイノベーションの視点が必要になってくると考えます。

Q　「次世代型まちづくりプロジェクト」の今後の期待や可能性についてご教授下さい。

A　新規の開発や大規模な再開発事業では、新たな取り組みがしやすいと考えます。まちづくりのみならず、インフラの再構築を検討するタイミングで、新しい技術・システムの導入を検討することを念頭におくことが重要と考えています。また、自動運転等の新しい技術を導入する場合には、必ず規制面の課題がでてくるので、特区等のアプローチも必要になってくる場面もでてくると思います。

4章　自然災害
～「自然災害」対策には自助・共助・公助

地方創生を実現するために、国や自治体は住民を自然災害から守る必要があります。

◆自然災害の定義

自然災害は、国の法律に規定されています。被災者生活再建支援法では「暴風、豪雨、豪雪、洪水、高潮、地震、津波、噴火その他の異常な自然現象により生ずる被害」とあります。

自然災害義援金に係る差押禁止等に関する法律では「暴風、竜巻、豪雨、豪雪、洪水、崖崩れ、土石流、高潮、地震、津波、噴火、地滑りその他の異常な自然現象により生じた被害」と規定しています。

◆国の動向

自然災害は、一つの自治体だけに起きることはほぼありません。地震や台風などのような自然災害による被害は広範囲にわたります。そのため、市区町村あるいは都道府県をまたいで大きな被害が発生します。自治体が単独で対処するには限界があることから、国が法律によって自然災害に対応しています。

表4-1は、主な災害対策関係の法律です。特別措置法とは、特定の物事に関して、現行の法律では適切に対処できない場合に特別に制定される法律を意味しており、個別分野に制定される傾向があります。例えば、新型インフルエンザ等対策特別措置法や空き家対策特別措置法などがあります。これらの法律に基づき、自

表 4-1　災害対策関係の法律

法律名	目的規程
災害対策基本法	国土並びに国民の生命、身体及び財産を災害から保護するため、防災に関し、基本理念を定め、国、地方公共団体及びその他の公共機関を通じて必要な体制を確立し、責任の所在を明確にするとともに、防災計画の作成、災害予防、災害応急対策、災害復旧及び防災に関する財政金融措置その他必要な災害対策の基本を定めることにより、総合的かつ計画的な防災行政の整備及び推進を図り、もつて社会の秩序の維持と公共の福祉の確保に資することを目的とする。
地震防災対策特別措置法	地震による災害から国民の生命、身体及び財産を保護するため、地震防災対策の実施に関する目標の設定並びに地震防災緊急事業五箇年計画の作成及びこれに基づく事業に係る国の財政上の特別措置について定めるとともに、地震に関する調査研究の推進のための体制の整備等について定めることにより、地震防災対策の強化を図り、もって社会の秩序の維持と公共の福祉の確保に資することを目的とする。
活動火山対策特別措置法	火山の爆発その他の火山現象により著しい被害を受け、又は受けるおそれがあると認められる地域等について、活動火山対策の総合的な推進に関する基本的な指針を策定するとともに、警戒避難体制の整備を図るほか、避難施設、防災営農施設等の整備及び降灰除去事業の実施を促進する等特別の措置を講じ、もつて当該地域における住民、登山者その他の者の生命及び身体の安全並びに住民の生活及び農林漁業、中小企業等の経営の安定を図ることを目的とする。
台風常襲地帯における災害の防除に関する特別措置法	台風常襲地帯における台風による災害を防除するために行われる公共土木施設等に関する事業について特別の措置を定め、もつて国土の保全と民生の安定を図ることを目的とする。
原子力災害対策特別措置法	原子力災害の特殊性にかんがみ、原子力災害の予防に関する原子力事業者の義務等、原子力緊急事態宣言の発出及び原子力災害対策本部の設置等並びに緊急事態応急対策の実施その他原子力災害に関する事項について特別の措置を定めることにより、核原料物質、核燃料物質及び原子炉の規制に関する法律 、災害対策基本法その他原子力災害の防止に関する法律と相まって、原子力災害に対する対策の強化を図り、もって原子力災害から国民の生命、身体及び財産を保護することを目的とする。

資料）著者作成

治体は個別に自然災害に対応しています。

自治体の自然災害に対応する条例について取り上げます。

◆議会質問等における自然災害の動向

議会において「自然災害」の質問等が取り上げられた動向についてふれます。図 4-1 は、各都道府県議会における「自然災害」に関する質問等の回数です。1995 年の増加は阪神・淡路大震災に関する質問等です。2000 年代前半の急拡大は、2000 年の有珠山噴火、三宅島噴火、東海豪雨、鳥取県西部地震などの相次ぐ自然災害に加え、2003 年の宮城県北部地震、十勝沖地震に関する質問等が要

図 4-1 「自然災害」に関する質問等の回数

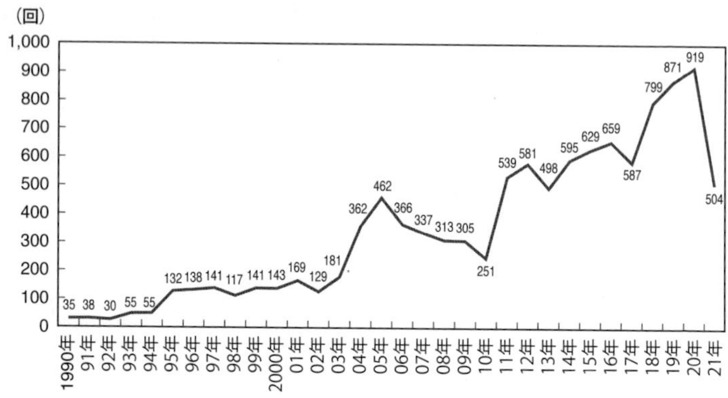

資料）全国 47 都道府県議会議事録横断検索

因です。2011 年以降の増加は東日本大震災によるものです。近年、台風による大きな被害が毎年のように起きているため、その関連の質問等が増えています。特に、2021 年 7 月に起きた伊豆山土砂災害に関する質問等が増えています。

自然災害がいつでも自分に降りかかってくるものと感じられるようになってきました。今後も関連する質問等は増えていくと予測されます。

＜議会質問の例＞

- 近年大規模自然災害が相次いでおり、災害復旧や除雪作業に従事する地域の建設産業の担い手確保は喫緊の課題となっています。（中略）そこで、大型公共事業終了後の安定的な公共事業量確保について、所見を伺います（福井県議会（2022 年 6 月））。
- 近年頻発する集中豪雨などの自然災害を背景に、市街地でもより一層の防災機能の向上が求められていると考えます。このため公園等の防災空間の確保や、市街地の浸水を防止するための雨水調整池の整備、建築物や下水道施設の耐震化など、今後は防災という視点をより重要な柱として捉え、県民が安心して生活が送れるよう、災害に強い都市づくりを進める必要があると考えます。まず初めに知事にお伺いいたします。災害に強い都市づくりの推進に対しての知事の御所見をお聞かせください（福岡県議会（2022年6月））。

◆自然災害対策条例

自治体が制定する自然災害に対応する条例（自然災害対策条例）を紹介します。都道府県では23団体で条例の制定が確認できます。古いもので1971年に東京都が「東京都震災予防条例」を制定しています（現在「東京都震災対策条例」）。

以前から自然災害対策条例はありましたが、同条例の制定に拍車がかかったのは阪神・淡路大震災を経てからです。

静岡県は、「静岡県地震対策推進条例」（1996年）を制定しています。東京都は、「東京都震災予防条例」を全て改正し、「東京都震災対策条例」（2000年）を制定しました。そして、「埼玉県震災予防のまちづくり条例」（2002年）、「愛知県地震防災推進条例」（2004年）、「岐阜県地震防災対策推進条例」（2005年）と制定されています。

都道府県における自然災害対策条例の制定率が低いように感じられるのは、国の災害対策基本法が全国的に網羅しているので条例化する必要がないからと考えます。なお、同法における災害とは「暴風、豪雨、豪雪、洪水、高潮、地震、津波、噴火その他の異常な自然現象又は大規模な火事若しくは爆発その他その及ぼす被害の程度においてこれらに類する政令で定める原因により生ずる被害」と定義されています。

一般的に法律は、北海道から沖縄県までを想定しています。自治体という個別の地域の実情は必ずしも想定していません。そのため法律の範囲は幅広く、抽象的な規定となっています。

当然ですが、自然災害の内容や被害は、自治体により大きく異なります。そこで、近年では国の災害対策基本法[1)]を踏襲しつつ、自治体が独自の観点や地域性を考慮した自然災害対策条例を制定する傾向が強まっています。

以下では、自然災害に対応した個別条例、あるいは自然災害に間接的に対応する条例を紹介します。

◆個別災害に対応した条例

神戸市は、1995年1月に発生した阪神淡路大震災により「神戸市震災復興緊急整備条例」を制定しました。同条例の附則には「条例の施行の日から起算して3年を経過した日に、その効力を失う」とあり、1998年2月に失効しています。

高知県には「高知県南海地震による災害に強い地域社会づくり条例」があります。和歌山市は、議員提案により「和歌山市みんなでとりくむ災害対策基本条例」を制定しています。高知県条例や和歌山市条例は、南海トラフ巨大地震を想定しています。

柏崎市（新潟県）は「柏崎市雪に強いまちづくり条例」があります。同市は、豪雪地域であり積雪による自然災害が発生します。この条例は「市民ぐるみで雪への課題に対応するため、市、市民及び事業者の果たすべき役割を明らかにし、もって互いの協力により雪を克服し、降雪期における住みよいまちを築く」ことが目的です。

自然災害はさまざまあるので、地域の実情に合わせて対処していくことが求められます。

◆自然災害に間接的に対応した条例

箕面市（大阪府）の「箕面市ふれあい安心名簿条例」を制定した背景を紹介します。

災害が起きた時に問題となるのが、住民の安否の確認です。しかし、自治体が住民名簿を作成していない場合が多々あります。なぜなら、「個人情報の収集自体が禁止」と自治体が勘違いしているからです。しかし、個人情報保護法は、一定のルールのもとで個人情報の収集と保管の義務を課しています。そのため、個人情報を収集すること自体を禁止しているわけではありません。ただし、個人情報を収集する際には、目的や範囲を明確にし、ルールに則って行う必要があります。名簿作成についても同様で、個人情報を収集し保管することになりますが、この場合も個人情報保護法のルールに則って行う必要があります。よって、自治体はこのことを理解して名簿を作成し、災害時に備える必要があります。その一つの法的根拠として箕面市条例の意義があります。

次に、港区（東京都）の「港区防災対策基本条例」について取り上げます。東日本大震災を受けて、今までに考えられなかった二次的な災害被害が登場しました。その一つが「帰宅困難者」です。

---

1)　災害対策基本法は1961年に制定。同法は、「国土並びに国民の生命、身体及び財産を災害から保護するため、防災に関し、国、地方公共団体及びその他の公共機関を通じて必要な体制を確立し、責任の所在を明確にするとともに、防災計画の作成、災害予防、災害応急対策、災害復旧及び防災に関する財政金融措置その他必要な災害対策の基本を定めることにより、総合的かつ計画的な防災行政の整備及び推進を図り、もつて社会の秩序の維持と公共の福祉の確保に資すること」（第1条）が目的となっている。

港区条例は、東日本大震災の教訓を踏まえたうえの帰宅困難者対策として、一斉帰宅の抑制や飲料水・食料の備蓄を事業者の努力義務として定めています。

そして、石垣市（沖縄県）では、1771年に石垣島で多数の犠牲者が出た地震災害「明和の大津波」が発生した日に合わせて、「石垣市民防災の日を定める条例」を制定しました。この条例は、「市民一人ひとりが地震をはじめとする災害についての防災意識を高めるとともに、災害に対する備えを充実強化し、安全で安心なまちづくりを推進する」ことを目的としています。

◆「自助・共助・公助」の意味

自然災害対策条例には、しばしば「**自助・共助・公助**」が登場します。近年、菅義偉総理大臣（当時）が「自助・共助・公助、そして絆」を掲げました。

自然災害対策で例えると、自助とは「自分の命と財産等を守るために、自分で防災に取り組むこと」です。共助とは「災害に関連して、近所や地域の方々と助け合うということ」です。公助とは「市町村をはじめ警察・消防等による公的な支援」となります。

わたしが調べた範囲では、「自助・共助・公助」を明記しているのは約170条例あります。そのひとつに、北海道防災対策基本条例があります。条文は「防災対策は、自助、共助及び公助のそれぞれが効果的に推進されるよう、防災対策の主体の適切な役割分担による協働により着実に実施されなければならない」です。

行政の中で、「**補完性の原則**」という考えがあります。この考えは、住民ができることは住民が優先的に執行することを原則とし、次いで住民ができないことは、住民にもっとも身近な市町村が担い、市町村が執行できないときは都道府県が担うとする考え方です。補完性の原則は「自助・共助・公助」に類似した考えになります。

◆自然災害等への議会の対応

自然災害に対する議会の対応を考えます。優先的に進めるべきは、議会のオンライン化です。自然災害が起きた時に、議会が開かれないと、何も対応できないかもしれません。既に委員会のオンライン化に取り組んでいる議会もあることから、今後はより積極的に取り組むほうが良いと考えます。

議会のオンライン化には、多くの可能性があります。自然災害や感染症など、参集が困難な時の議会の実施、地方議員のなり手不足の一助、また、産休、育休中の女性議員の参加しやすさなどがあります。ただし、現時点では、本会議のオンライン化は認められていません。地方自治法第113条の条文である「議会は、議員の定数の半数以上の議員が出席しなければ、会議を開くことができない」という条文中にある「会議」は本会議を指し、「出席」は議員が議場に実際にいることと解釈しているためです。

地方自治法に明記されていると言っても、同法は感染症拡大や甚大な自然災害の発生時を想定していない時に制定されたものであり、制定時と今では状況が異なります。そこで「会議」の定義を「オンラインも含める」などと解釈し、オンライン本会議の「選択肢」があっても良いと考えます。

「自然災害」に対する施策について

関東学院大学法学部客員教授
江﨑 澄孝先生　にお聞きしました。

Q　地方創生（地域創生）に関係して、自治体が取り組む自然災害施策の注意点を教えてください。

A　自治体や議員が好事例自治体を視察し、その施策そのものを導入したところ地域実態とそぐわないということが多々あります。それぞれの地域で何が起きていて、どんな仕組みがあるのか、どんな災害の危険があるのか、そして住民の意識等は違います。好事例をそのままコピペではうまくいきません。

災害対策では特に、自らが生きよう、助かろうとする行動につながるモチベーション維持が大切だと思います。構造物をつくる、何かを配る、イベントを行うことだけではなく、実施した結果が、地域住民の Attention（注目）、Interest（興味・関心）、Desire（欲求）、Memory（記憶）、Action（行動）に結び付くようなことが必要です。

Q　自然災害を、減災、防災の観点から、自治体の対応を教えてください。

A　自然災害は発災事態を予測することが難しく、想定を超える被害が出ます。

その想定は、法の立て付けのように国から始まり市町村、住民にと段階的に規定化して計画することが求められているので、計画倒れにならないよう努力することです。最優先課題は、責務である「住民の生命、身体及び財産」を保護するという実質的な対処です。そのためには、結果をイメージして、何を、どこまで、防ぎたいかということから始めることが必要です。

Q　自然災害に対する公共機関の取り組みについて教えてください。特に、警察との関係も教えてください。

A　公共機関との関係では、消防、警察、自衛隊があります。

警察の責務は「個人の生命、身体、財産の保護」、「公共の安全と秩序維持」であり他の機関と連携して役割を果たします。

組織性や機能の発揮の仕方、手段や方法が多少違います。具体例として、避難のための立退き又は緊急安全確保措置の指示、救命・救助の措置、死亡者の検視や身元確認、被災地における防犯や交通対策、安全相談、困りごと相談等です。日頃から「顔の見える関係」を構築して、相互理解しておくことです。また、相手機関の「得意」なことと「不得意」なこと、組織性を必要とした活動や個々の職員の裁量権といったことまで話し合っておくことが重要だと考えます。

Q　自治体の自然災害施策の展望を教えてください。

A　予測、想定が難しい自然災害被害では、自助、共助、公助の順に対応せざるを得ません。

自助では、72 時間生き残るため個々人が準備、訓練しておくことです。

共助では、自らの安全を確保しつつ、周囲の弱者をサポートすることが期待されます。日頃の良好な近隣関係が必要です。

公助では、住民を守るための自治体庁舎が被災し、職員が対応できなくなることもあります。とはいえ、公助による準備は必要です。自治体には、地域住民の命や財産を守るという使命があり、住民からの期待は大きなものがあります。災害対策基本法に定める体制整備や備蓄品の確保などを行うとともに想定内、想定外の両方から発災前の準備（リスクマネジメント）と発災後の対応（クライシスマネジメント）を考えておく必要があります。

5章 協働 ～地方創生に必要な「協働」を見直そう

地方創生を進める上で「協働」の概念は、極めて重要です。自治体は、子ども施策や高齢者施策、公共交通の確保、自然災害への対応と、政策の範囲が多くなっています。これらの政策を自治体単独で実施することは難しくなっています。そこで重要なキーワードが「協働」です。自治体外の主体と協働して政策を実施する時代に入っています。ここでは協働の定義に加え、経緯、議会の動向など基本的な情報を紹介します。

◆協働の定義

表5-1は、条例における協働の定義になります。一読すると「何となく共通する部分があるけど、異なっているニュアンスもある」という感想を抱くと思います。協働の定義はさまざまと言えます。多様だからこそ、ダイナミズムがあるのでしょう。

地方自治に関して初めて協働を活用した人は、荒木昭次郎氏と言われています。1980年代後半に、荒木氏は協働の概念を日本に紹介しました。荒木氏は、「地域住民と地方自治体職員とが、心を合わせ、力を合わせて、助け合って、地域住民の福祉の向上に有用であると地方自治体政府が住民の意思に基づいて判断した公共的性質をもつ財やサービスを生産し、供給してゆく活動体系である」[1)] と定義しています。しかし、荒木氏は「協働という言葉の持つ意味は、あまりにも多義的である」ということも認めています。

なお、荒木氏は1977年にアメリカのインディアナ大学のヴィ

表 5-1　条例における「協働」の定義

条例名	制定年	定義
箕面市 市民参加条例	1997年	この条例において「協働」とは、市と市民がそれぞれに果たすべき責任と役割を自覚し、相互に補完し、協力することをいう。
横須賀市 市民協働推進条例	2001年	この条例において「市民協働」とは、市民、市民公益活動団体、事業者及び市がその自主的な行動のもとに、お互いに良きパートナーとして連携し、それぞれが自己の知恵及び責任においてまちづくりに取り組むことをいう。
北上市 まちづくり協働 推進条例	2012年	協働　市民等及び市長等がまちづくりに取り組むうえで、共通の目的意識を持って、自主性を持つ対等な立場のもとで、それぞれの持つ能力を持ち寄り、相乗効果を上げながら協力し合うことをいう。
相模原市 市民協働推進条例	2012年	協働　市民と市及び市民と市民が、目的を共有してそれぞれの役割及び責任の下で、相互の立場を尊重し、協力して、公共の利益を実現するために活動することをいいます。
厚木市 市民協働推進条例	2012年	市民協働　自治基本条例第３条第４号に規定する協働を担うもののうち、市民及び市長等が、不特定かつ多数のものの利益の増進を図るため、相互に補完し、及び協力することをいう。

資料）著者作成

ンセント・オストロムが「地域住民と地方自治体職員が対等の立場に立ち、共通の課題に互いが協力しあって取り組むこと」という意味を表現するために、「協働」（coproduction）という造語をつくったことが始まりと指摘しています[2)]。

◆協働の登場経緯

図 5-1 は、全国紙（朝日・産経・毎日・読売）で「協働」の記事が登場した回数です。

---

1)　荒木昭次郎（1990）『参加と協働』ぎょうせい。

2)　Vincent Ostrom（ed.）, Comparing Urban Service Delivery Systems: Structure and Performance, Sage Publications,1977.
〝co〟は「共に」という意味があり、〝production〟は「つくる」という意味がある。この「共につくる」が語源であると言われている。

日本に協働の概念が登場してきたのは1980年代後半になりますが、当時は大きな潮流になることはありませんでした。しかし、1995年に増加しており、その一つの背景に阪神・淡路大震災があります。震災の復旧・復興に多くのボランティアが貢献したため、1995年は「ボランティア元年」と称されています。この流れに関連して、協働についての記事が登場しています。

1998年に再び記事が増加しており、この背景は特定非営利活動促進法（NPO法）が制定されたことによります。NPO法を制定する機運は阪神・淡路大震災以前からあり、同震災を契機に特定非営利活動促進法が制定されました。

1990年代後半以降、協働の記事は増加していくことになります。その理由は、地方自治体が「協働」という用語を多用し始めたからです。そして、2007年の1,732回をピークに、近年では1,000回程度まで減少しています。その理由は、「協働が当たり前になっ

図5-1 「協働」の記事が登場した回数

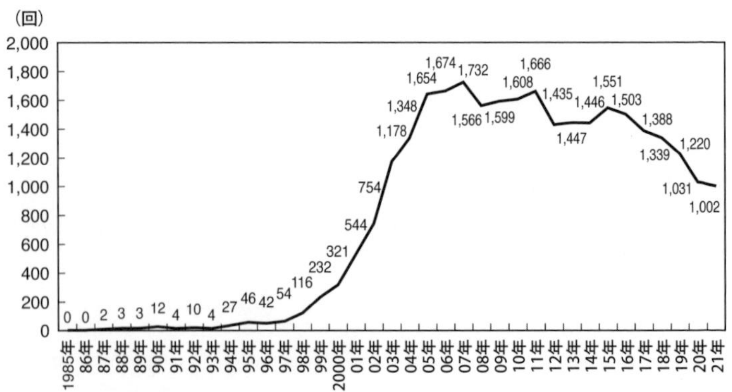

注）全国紙（朝日新聞、産経新聞、毎日新聞、読売新聞）より。
資料）@niftyの新聞・雑誌記事横断検索から著者作成

たから」あるいは「協働疲れという現象」とも指摘できます。

また、協働に類似した概念も登場しています。例えば、シビックプライド（Civic Pride）があります（第Ⅲ部4章参照）。

「共創」や「協創」という概念も使われるようになっています（第Ⅱ部1章参照）。

協働の実際の活動としては、関係人口が登場しています（第Ⅰ部1章参照）。さらに、公民連携なども類似概念と言えるでしょう（第Ⅱ部1章参照）。これらの類似概念に協働が取って代わられたため、新聞記事の登場回数が減少したと言えるかもしれません。

◆議会質問等における協働の動向

議会において「協働」が取り上げられた動向についてふれます。図5-2は、各都道府県議会における「協働」に関する質問等の回数です。1987年に初めて協働という用語が議会に登場し、右肩上がりで増加してきました。2012年の1,007回をピークに、近年、

図5-2 「協働」に関する質問等の回数

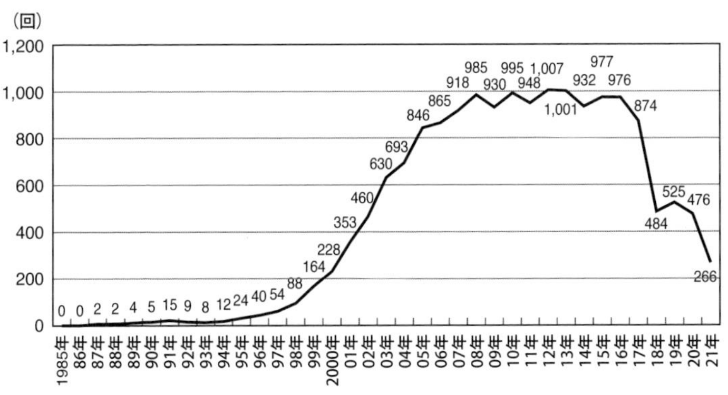

資料）全国47都道府県議会議事録横断検索

急激に減少しています。

協働に関する議会質問等を紹介します。この用語は議会では執行機関からの発言の中に多くあります。実のところ議会からの発言は少ないのが現状です。議会が協働に関して質問する時は「協働の定義の確認」が大半です。また「既存の施策や事業に、どのように協働を関係させていくのか」という趣旨の質問が多くなっています。

<議会質問の例>

- 協働という言葉が言われて歳月は経つとは思うが、一般生活の中で協働は、馴染みが薄い。NPO や市民活動を行っている方々にとっては、ごく普通に使われているが、共に働くという「共働」と、どのように違うのだろうか。あまりぴんとこないところがある。協働の定義は何か。(群馬県議会（2018 年 12 月))。
- 全国的に定住人口が減少していく中で、今後は交流人口に地域居住人口、ICT を活用いたしました情報交流人口、地域づくりをサポートしていただける協働人口といったさまざまな人口を獲得していく視点も必要でありまして、これらの方向性は「長期ビジョン編」素案の中でもお示しをさせていただいているところであります。(徳島県議会（2007 年 2 月))。

後者は知事発言です。この発言の中に「協働人口」があります。協働人口は、その地域に居住か否かは関係ありません。これは「その自治体のファン」と捉えても良いでしょう。なお、以前から現場では「応援人口」という表現もありました。

◆協働に関する条例（協働推進条例）

ここでは、協働に関する条例を「協働推進条例」として紹介します。Webサイトの「全国条例データベース powered by eLen」で確認すると、協働推進条例は146条例あります（会議条例や設置条例等を除く）。

協働という概念が、地方自治に長いこと浸透してきており、今では多くの自治体が協働という用語を使用しています。そのような状況において、「146条例しかない」という事実には、「地方自治体は協働に前向きなのか」と疑問を持ちます。条例は、政策の内容を明確にし、議会議決を経た地方自治体の意思と言う意味があり、とても重いものです。それが146団体にしかないことに「少ない」と感じます。

なお、「協働」という用語の入った法律名はありませんが、法律の条文に「協働」が明記されているケースはあります。例えば、地域再生法が該当します。同法第３条の３の見出しは「多様な主体の連携及び協働」であり、条文は「国は、地域再生に関する施策を総合的かつ効果的に推進するため、関係行政機関の連携の強化を図るとともに、地方公共団体、独立行政法人中小企業基盤整備機構、株式会社地域経済活性化支援機構、地域再生を図るために行う事業を実施し、又は実施すると見込まれる者その他の関係者と相互に連携し、及び協働するよう努めなければならない」とあります。

表5-2は協働推進条例に規定されている目的です。この目的を定義付けると、「市民、市民公益活動団体、事業者などの多様な主体者が、地方自治体と目標を共有し、対等・協力の関係で役割分担を明確にし、共に活動することで地域の発展に寄与する」と言えます。

表 5-2　協働推進条例の規定

条例名	制定年	規定
箕面市 非営利公益 市民活動促進条例	1999年	市民の社会貢献活動のより一層の発展を促進するための基本理念を定め、市の責務並びに市民、事業者及び非営利公益市民活動団体の役割を明らかにするとともに、非営利公益市民活動の促進に関する基本的な事項を定めることにより、地域社会の発展に寄与することを目的とする。
横須賀市 市民協働推進条例	2001年	市民協働の推進に関する基本理念を定め、市民、市民公益活動団体、事業者及び市が対等な立場で、お互いに良きパートナーとして役割を分担し、公益の増進を図り、もって魅力と活力ある地域社会の発展に寄与することを目的とする。
吹田市 市民公益活動の 促進に関する条例	2002年	市民公益活動の促進についての基本理念を定め、市並びに市民、事業者及び市民公益活動団体の役割を明らかにするとともに、市民公益活動の促進に関する施策の基本となる事項を定め、施策を総合的かつ計画的に推進することにより、地域社会の発展に寄与することを目的とする。
杉並区 NPO･ボランティア 活動及び協働の 推進に関する条例	2002年	区民が自発的かつ継続的に行う自主的な社会貢献性のある活動を保障するとともに、区民、NPO・ボランティア、事業者及び杉並区の協働の基本理念を定め、並びにそれぞれの役割及び責務を明らかにし、区の支援策を定めることにより、NPO 等の活動並びに区民、NPO 等、事業者及び区の協働の推進を図ることを目的とする。

資料）著者作成

横須賀市市民協働推進条例は、2001 年 3 月に制定しました。条例名に「協働」の用語が入った全国初の条例と言われています。同条例は、市民協働の推進などを審議する附属機関として「市民協働審議会」を設けることで、条例の実効性を担保しようとしています。さらに同条例には、「公募市民」を審議会の構成員とすることや、審議会に建議機能（意見を申し立てること）も持たせることなどが明記され、同条例の実効性確保に努めています。

横須賀市条例第 9 条の見出しは、「行政サービスにおける参入機会の提供」です。条文は「市は、市民公益活動団体に対しその活動を促進するため、専門性、地域性等の特性を活かせる分野において業務を委託する等の行政サービスへの参入機会の提供をするよう努める」とあります。自治体として積極的に行政サービスを市民と協働して進めています。

◆協働の限界

近年、協働の限界に関する議論があります。その一つの見解を紹介します。一般的に協働とは、地方自治体と住民等が責任原則に基づいた対等の関係が基調となっています。多くの協働推進条例には、「対等」という用語が登場します。しかし、この関係が現在の制度では実現されていないことがあります。

大阪大学教授の大久保規子氏は、「一般的にいわれているNPOと行政との『対等性』という理念は理解できるものの、法的にみれば『協働』の意味は必ずしも明らかではない」と言及しています。その理由として「NPOとの合意にもとづく行政といっても、ある公的任務が行政事務としておこなわれる限り、法律により権限を付与された行政庁が最終的な決定権や責任を有するからである」と指摘しています。続いて大久保氏は、委託事業実施に係わる事故などによって生じた損害に対する保障の責任（損害賠償責任）についても言及し、「現状では最終的権限と同時に、国家賠償法1条1項あるいは民法715条に基づく損害賠償責任の所在も行政側にあると考えられる」と記しています。

この事例の「NPO」を「住民等」と置きかえれば、地方自治体と住民等の協働は「対等」とは言いつつも、何かしら問題が生じたら、「協働」の名において行った事業の責任は自治体（行政）にあるということになります[3)]。

---

3)　大久保規子（2002）「NPOと行政の法関係」山本啓・雨宮孝子・新川達郎編著『NPOと法・行政』ミネルヴァ書房。

◆協働の失敗

近年、「協働」がトピックスに上がらなくなっています。その一つに、自治体には「**協働疲れ**」という現象が生じているようです。1980年代後半に協働という概念が提起され、自治体は金科玉条のごとく協働を使用してきましたが、協働を具体的にどのように活用すべきか、何に（どういう現象）に協働を活かしていくのか、が曖昧な状況でした。そのため、協働を政策に採用しても明確な成果が出てきませんでした。

このような状況が続いているため、後ろ向きになってしまい「協働疲れ」が生じていると感じられます。

同時に、「**協働の失敗**」も現場では見られます。協働の失敗とは「**地方自治体と住民等の協力関係の中で、それぞれが当初期待したとおりの協力関係とはならず、かえって不信感が増大し、その結果、デメリットが生じること**」と考えます。協働を進めるこ

とで、お互いに軋轢が生じてしまい、デメリットにつながります。一度、協働の失敗が起こると、関係修復に時間がかかります。

現在、協働に関してさまざまな問題が浮上していますが、その持つ意義は無視できません。最近では自治体が、協働という用語を避け、類似した概念や取り組みに乗っかる傾向がみられます。近年は「シビックプライド」というワードをよく耳にしますが、この底流には従来の協働があると考えます。安易に新しい概念に乗っかるのではなく、従来の概念と真摯に向き合い、地道に活動していく必要があると考えます。地方創生を確実に進めていく意思があるのであれば、今こそ「協働」を再考する時期に来ていると考えます。

「協働」施策について

公益財団法人川崎市文化財団事業課
前田 明子氏
にお聞きしました。

Q　地方自治体が「協働」施策に取り組む意義や重要性を教えてください。

A　複雑化する社会課題を行政の限られたリソースで解決することはもはや難しいものです。市民活動団体や町内会・自治会といった地縁組織にも、できることは限られています。また、複数の視点が入らなければ見えてこない課題もあります。多様な主体と手を組み、課題解決を図ることが重要だと考えます。

Q　地方創生（地域創生）に関係して、自治体が取り組む協働施策の好事例を教えてください。

A　川崎市では、ホームタウンとする川崎フロンターレと協働したまちづくり・魅力発信を行っています。その活動はスポーツイベントにとどまらず教育、防災、清掃活動、就労支援など多岐にわたります。地域課題解決をサッカーチームと地域が連携し「楽しく」取り組む姿が、市民自治の機運醸成に大いに役立っていると考えます。こうした社会貢献は、勝敗に左右されずにチームを支えるサポーターづくりにもつながっており、協働のメリットを示している点でも好事例です。

Q　協働を取り巻く負の事象をいくつかあげていただき、自治体の対応を教えてください。

A　自治体と協働先の対等性が問題となることが多いように思います。「共催」のように表向き共同主催になっている事業であっても、自治体は補助金拠出のみで人は動かず、協働先が下請けのようになっているという場合があります。さらに、協働先が補助金目当てで受託する場合もあります。連携協定の締結や入札の段階で、目的の共有と責任範囲の明確化が必要です。

Q　協働を進める際、一つのキーワードに「音楽」があります。音楽を活用した協働のメリットを教えてください。

A　異なる主体が協働するためには、他者理解が欠かせません。音楽には、共通の記憶や感情を呼び起こしたり、人と共に楽しむことで一体感や仲間意識を高める効果があります。音楽サークルやライブイベントなどを通じ、仕事だけではない趣味や楽しみによる人と人とのつながりを作っていくことも、コミュニティの活性化や社会活動への参画のしやすさにつながっていきます。

さらに、地域の音楽資源と地域課題を結びつけることで、これまでにないユニークな施策につなげることもできると考えます。

Q　自治体の協働に取り組む展望を教えてください。

A　持続可能な取り組みとして地域の中に好循環を生み出し、コミュニティの活性化につながる協働を生み出していくことが理想です。音楽や文化芸術はそのアイデアや人をつなげる役割を担える可能性があり、豊かな地域づくりの一助となればと考えています。

文化芸術活動を活かした協働の利点は、地域のまちづくりに「アート」の視点を入れることで、既存の文化資源に光が当たり、既存の土地・建物をアートや音楽上演のために用途変更し新価値を創出するなど、地域の魅力を引き出すアイデアがたくさん生まれてくるのではないでしょうか。文化芸術活動のいいところは、まずもってポジティブな感情をコミュニティに喚起できることです。短期的な経済効果にはつながりませんが、住んでいてよかったという地域づくりのために、長い目で、地域資源となる文化を育てていくことが必要であると考えます。

ちょっとブレイク

「自助・共助・公助」に関して

「自助・共助・公助」は、自助の次は共助、共助の次は公助という流れで使われることが多くあります。しかし、わたしは自助の次には、家族の援助である「家助」があるべきと考えています。現在、当たり前と考えられてきた「家助」が消失しつつあるように思います。わたしは地域づくりに関わり、地域の家族と接することがあります。そして「家族の関係は、こんなに薄いものなのか」とか「家族が助けてくれなくてはどうするのか」と実感することが多くあります。明らかに「家助」(家族の援助) がなくなりつつあると実感しています。今は「自助の次が共助」というパターンになっており、行政は、自助や共助の強化を説いています。それらも重要ですが、本来は自助の次は「家助」であり、この復権が必要と考えています。「家助」に価値を見出し、後方支援する取り組みも必要と考えます。

中長期的に取り組む

わたしは「地域づくりを『小さなやかん』か『大きなやかん』のどちらでやっているのか」という話をよくします。小さなやかんは、すぐに沸騰します。しかし、すぐに冷めてしまいます。一方、大きなやかんは、なかなか沸騰しません。ところが、一度沸騰すると長いこと熱いままです。まちづくりは大きなやかんで取り組む意識が必要です。そのため、ある程度の期間を必要とします。ところが、自治体は「人事異動」があります。その結果、同一職員が長期的に取り組めない仕組みとなっています。まちづくりに関しては数年で移動するのではなく、5年から10年程度の期間で取り組む人事も必要ではないでしょうか。

第VI部

まちづくりを支える議会の役割

キーワード解説

☑ 議会改革	「何を達成したら終わり」ということが明確ではない。
☑ 広報と広聴	自治体に都合の良い情報提供のみの広報だけでは、市民は議会に見向きもしないため、広聴も実現してこそ、議会と市民の間に信頼が生じる。 広報：行政機関（地方自治体）の事業内容や活動状況を一般の人に広く知らせ、理解を求めること。 広聴：行政機関が広く意見を聞くこと。
☑ クオータ制	政治分野における男女間格差を是正するために、選挙の候補者における一定の人数や比率を女性に割り当てる取り組み。
☑ ポジティブ・アクション	一般的に、社会的、あるいは構造的な差別によって不利益を被っている者に対して、一定の範囲で特別の機会を提供することにより、実質的な機会均等を実現しようとする暫定的な措置のこと。
☑ 議員定数の削減	削減を検討する前に、まず議員一人ひとりの能力開発が必要。
☑ 議会における公民連携	議会との協力・連携には「民間団体」もあり、執行機関と同様に多様な団体と協力・連携することが必要。
☑ 議会図書室の改革	未開拓分野であり創意工夫を凝らせば、活性化の可能性は無限と言える。
☑ 福祉(welfare)が増進するチャンスを見極める	チャンスをしっかり捉まえないと、機会が逃げて（farewell）しまう。

1章 議会改革
～議会運営の重要な視点とは

1 明確な定義のない「議会改革」

数多くある議会基本条例の中で「議会改革」の持つ意味を明確に定義している事例は見当たりません。

Web サイトの「全国条例データベース powered by eLen」（以下「eLen」）では 1,718 団体の条例が格納されており、「議会基本条例」で検索すると 960 条例が抽出されます。この中でも「議会改革」という用語を定義している条例は見当たりません。

◆実は曖昧な議会改革

「eLen」を活用して、議会基本条例に「議会改革」という用語の使用状況を調べると、470 条例あることが分かります。

例えば、札幌市条例第 22 条は「議会の機能強化及び議会改革」の見出しで、「議会は、市長等の事務の執行に対する監視及び評価並びに政策の立案及び提言などの議会機能を強化するとともに、自らの改革に継続的に取り組むものとする」とあります。戸田市条例第 24 条は「議会改革の推進」の見出しで、「議会は、議会の信頼性を高めるため、不断の改革に努めるものとする」と明記されています。春日部市条例は「議会改革」と見出しを設定し、「議会は、地方分権の進展及び市民からの多様な要請に対応するため、自らの改革に不断に取り組むものとする」とあります。これらの条文だけでは、議会改革の定義は明確に理解できません。

各議会の紹介にも「議会改革」という用語が多くみられます。

南相馬市議会では「地方分権時代に相応しい、透明性が高く、市民の皆さまに身近に感じていただける『開かれた市議会』、『議会運営の効率化』等を目指すとともに議会の機能を充実・発展させていくため、議会改革に取り組んでおります」と記しています。一方、知立市議会では「市民に開かれた議会・議員が議論する議会・議員が行動する議会を目指し、議会改革に取り組んでいます」とあります。そのほかの議会もさまざまな書き方をしていますが、漠然としているため**「何を達成したら議会改革は終わり」ということが明確ではありません。**

議会によっては、議会改革の実行性を担保するために行政計画を定めた事例もあります。米原市議会は「議会改革実施計画」、笠岡市議会は「議会改革・議会活性化計画」、桐生市議会は「議会改革実施計画」など、そのほか多くの議会で同様な行政計画がありますが、議会改革を明確に定義しているわけではありません。

なお、わたしは議会改革の行政計画化を否定していません。むしろ、重要と考えています。行政計画には、議会改革を進めていくための多数の事業が明記され、それらが議会改革の PDCA[1)] を進めることになると考えます。議会改革の PDCA にしっかりと取り組むことで成功の軌道に乗ると考えています。

◆いつから議会改革は始まったのか

図 1-1 は、全国紙（朝日・産経・毎日・読売）で「議会改革」の記事が登場した回数です。

1985 年 6 月の朝日新聞に「議会改革」という用語が登場し、元参議院議員の紀平悌子氏の発言の中にありました。その後 1980 年代後半には、議会改革という用語が何回か登場していますが、すべて国および海外の話題です。図を確認すると、1990 年代から

図 1-1 「議会改革」の記事が登場した回数

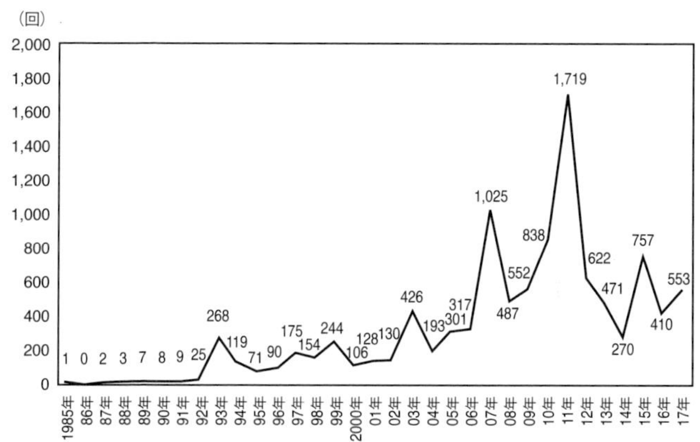

注）全国紙（朝日新聞、産経新聞、毎日新聞、読売新聞）より。
資料）@nifty の新聞・雑誌記事横断検索から著者作成

「議会改革」の記事が増え、1993年に268回へと飛躍的に増加しています。この多くが議会の不正を糾弾する内容です。この発端は、1992年9月のある市議会議員の不正受給についてでした。ほかにも多くの議会で不正が発覚したことから「議会改革すべき」という機運が生まれました。その意味で、1992年は「議会改革元年」と言うことができます。

つまり、議会は「実に30年近くも議会改革を続けている」と言えます。約30年間も続けてきたことに敬意がある一方、「多くの議会改革が惰性に流されている」と思われます。さらに、30年も続けていることが目に見える成果が出ていないことの証左とも

1）Plan（計画）、Do（実行）、Check（測定・評価）、Action（対策・改善）の仮説・検証型プロセスを循環させ、マネジメントの品質を高めようという概念。

言え、「議会改革」の定義が不明確であることが一つの原因と考えます。

2 議会報告会

議員の多くは、議会基本条例を制定する場合、「議会報告会」を必ず規定することと考える傾向が強く、条例に「議会報告会」を書き込み、実施することが「目的」化している現状があります。議会報告会は目的を達成するための「手段」ですが、目的を見ずに実務ばかりに目が行き過ぎていると感じます。

ここでは、わたしが関わっている藤沢市議会の取り組みを紹介し、「議会報告会」の現状と目的を考えます。

◆議会基本条例における議会報告会の現状

「eLen」で検索すると、議会基本条例の中に「議会報告会」を一規定として明確に書き込んでいるのは552条例です。規定していない条例も多くみられます。

「議会報告会」を規定していない議会も議会としての機能をしており、これを実施しなくても機能していくことができます。また、近年「議会報告会を開催すること」を規定するだけで満足してしまう自治体が増えており、この点については注意が必要です。

◆議会報告会開催の目的

表1-1は、議会基本条例における議会報告会の条文規定の例です。それぞれの条文規定から、議会報告会開催の目的を把握してみます。

北上市議会は「市政の課題に対処するため」、日光市議会は「市

表 1-1　「議会報告会」の条文規定

議会基本条例	条文規定
北上市	議会は、市政の課題に対処するため、議員と市民が自由に情報及び意見を交換する意見交換会並びに市民に議会の活動状況を報告する議会報告会を開催するものとする。
日光市	議会は、市政の課題全般に柔軟に対処するとともに、市民に対する説明責任を果たすため、議員及び市民が自由に情報や意見を交換する議会報告会を行うものとする。
春日部市	議会は、市民の多様な意見を把握し、今後の意思決定に反映させるために、市民への報告の場として、議会報告会を開催するものとする。
西条市	議会は、市政の諸課題に柔軟に対処するため、市政全般について、議員及び市民が自由に情報及び意見を交換する議会報告会を行うものとする。

資料）著者作成

政の課題全般に柔軟に対処するとともに、市民に対する説明責任を果たすため」、春日部市議会は「市民の多様な意見を把握し、今後の意思決定に反映させるため」、西条市議会は「市政の諸課題に柔軟に対処するため」が目的です。議会報告会から達成しようとする内容がそれぞれの議会によって少し異なっていることがわかります。

注意すべきはこれらの目的を実現する手段は、「議会報告会」だけではなく多々あります。

市民の多様な意見を把握することは、アンケート調査を実施することで可能になり、例えば、八王子市議会基本条例の「市民参加及び意見の把握」の条文があります。すなわち、議会報告会だけが市民の多様な意見を把握する手段ではありません。

ほかには、議会報告会の目的である「市民に対する説明責任を果たすため」も議会広報などで実現可能です。わたしは「議会報告会だけ」に執着するのではなく、「議会報告会をしない」というのも選択の一つと考えます。「議会報告会をする」のであれば、次に紹介する藤沢市議会の事例が参考になります。

◆藤沢市議会の「カフェトークふじさわ」

議会報告会の開催方法は多様です。藤沢市議会基本条例第９条の見出しは「広報広聴機能の充実」で、条文は「議会は、市民に対し議会活動に関する情報を積極的に公表し、議会に対する市民の意思の把握及び意見を交換する場として議会報告会等を開催するものとする」です。

この目的は「議会に対する市民の意思の把握及び意見を交換する場」であるため市民との積極的な意見交換に重きが置かれていますが、課題を抱えていました。

この課題は、おおよそ共通しています。それは、

①参加者が固定化している。

②固定化した参加者の中でも、発言する市民がさらに決まっている。

③一人当たりの質問が長く、限られた時間の中で多くの市民が発言できない。

④質問の内容は、苦情や不満、陳情等が多くあり、中には高圧的な発言も登場する。

その結果、議会に対する建設的な報告会とはならず、市政全般の相談となっています。

さらに、これには議員と市民が対立してしまい、市民の不信感を増長してしまうこともあります。この背景には、図1-2のような対面形式に原因があり「対決姿勢」を生むことになると考えています。対面形式は「対立構造」から「対決姿勢」へ変わるというリスクがあり、過去にはこれで議員と市民が対立してしまうことがありました。

藤沢市議会は、そのような反省からワーク・ショップ形式を採用し、名称も「カフェトークふじさわ」と柔らかくしています。ワーク・ショップ形式は、議員と市民の参加者がテーブルを囲んで設定したテーマで意見交換することです（図 1-3)。参加者各々が同じところに視線を置くため、意識の共有化が図られ、対立化する傾向が少なくなります。

さらに、図 1-2 の対面形式では、苦情を言うのは市民で、それに対応するのは議員という構図になる一方、図 1-3 のワークショップ形式の場合は、市民と議員がともに同じテーブルを囲むことに

図 1-2　議会報告会の「対立構造」

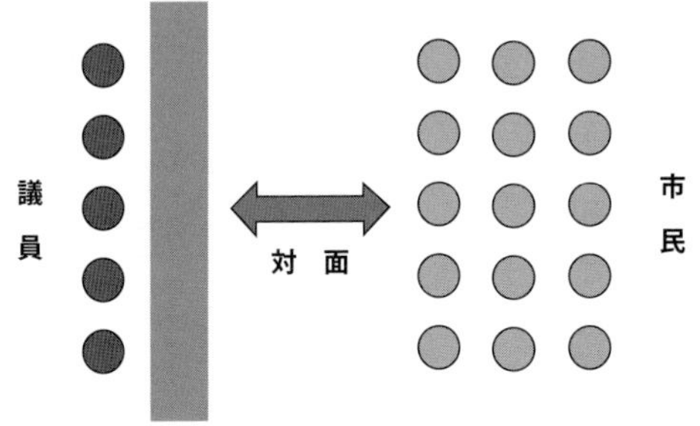

対面形式は、対立構造を招いてしまう。テーブルがあると、偉そうな感じを与え、より激化する傾向がある。

図 1-3　議会報告会の「共有構造」

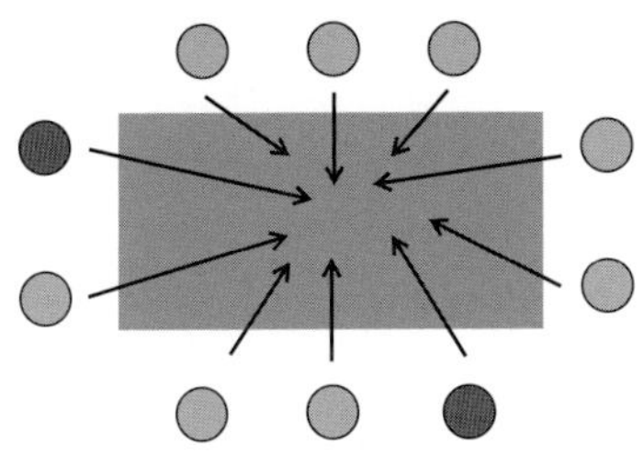

視線がテーブル（の中心）に向くことで、参加者の意識が「共有」されやすい。

より、参加者の意識が共有され市民の苦情が少なくなる傾向がみられます。

「カフェトークふじさわ」は市民からも好評を得ており、「議会に対する市民の意思の把握及び意見を交換する場」としての目的は達成できています。さらに、**この場で得られた市民の意見をまとめ、執行機関に議会として提言しています。**すなわち議会報告会の PDCA が進んでいます。

このような例を参考として、議会基本条例に規定している目的を達成するため、独自の議会報告会の構築に取り組んでも良いと考えます。

3 議会の広報と広聴

自治基本条例の中には「市民参加」という規定がされていることがあります。春日部市は「広く市民の意見を反映させるため、市民が様々な形で市政へ自主的に参加することをいいます」と定義しています。また、市民参加を条例化している事例も少なくありません。茅ヶ崎市は「市政への市民の意見の反映を推進し、もって市民による自治の確立を図る」ことを目的としています。

市民参加を充実させていく手段に「広報」と「広聴」があります。辞書には、広報とは「行政機関（地方自治体）の事業内容や活動状況を一般の人に広く知らせ、理解を求めること」と定義され、広聴とは「行政機関が広く意見を聞くこと」と記されています。市民参加を成功させるためには、自治体は、広報により積極的に情報発信して市民と共有する機会を設け、広聴により市民から多様な意見や要望等を得ることが重要です。

ここでは、議会の広報と広聴を考えます。

◆議会における広報・広聴

自治体によっては、議会基本条例に「市民参加」の規定があります。

この条例に市民参加は必要ないという見解もあります。その理由は、議員は選挙により選ばれており、既に市民の代表であるため「市民参加」は担保されているという意見によるものです。確かにそうかもしれませんが、民意は常に変わり、「選挙時の民意」と「現時点の民意」は異なるかもしれません。そのため「市民参加」を法的に制定しておき、その都度市民の意見を反映させるべきとわたしは考えています。

議会基本条例に「市民参加」の用語が登場するものは460条例ほどあります。多くの議会が市民参加を意識していることが分かります。

鎌倉市条例は「議会活動に市民参加の機会の拡充を図るとともに、請願及び陳情など、市民の多様な意見をもとに政策立案及び政策提言の強化に努めること」と記しています。厚木市条例は「市民参加及び市民との連携」という見出しがあります。条文は「議会は、会議を原則公開するものとする」と記し、続いて第２項で「議会は、参考人制度及び公聴会制度を十分に活用して、専門的又は政策的な見識等を議会の議論に反映させるよう努めるものとする」と具体的手段を明記しています。

市民参加を促進するためには広報と広聴はあったほうが良いと考えます。広報と広聴の具体的な活動は次のとおりで、広報には、議会報（議会だより）、議会中継・録画配信、FM放送、議会ホームページ、シンポジウム・フォーラム、市民傍聴などがあります。広聴には、地方自治法で規定された参考人制度と公聴会制度に加え、パブリックコメント制度、モニター制度、アンケート調査、子ども議会などがあります。また、広報と広聴双方に関係する取り組みは、SNSの活用、議会報告会、議会出前講座などがあります。

議会は多様な手段を用いて広報と広聴を進めていますが、限界があります。執行機関には規模の大小に関わらず「広報広聴課」という専門部署があるため戦略性を持って進められる傾向があります。また、規模の大きな都市部の議会には議会広報の専門部署があります。一方、規模の小さな議会では広報と広聴を進めていくことは、行政資源が乏しいことから実行性を考えると現実的には難しいものがあります。

町村議会が議会広報広聴課を設置した事例はなく、設置できなければ、予算を確保して民間事業者に委託することが考えられます（民間事業者との連携）。また、地方自治法で規定されている「行政機関等の共同設置」を活用することも一つの案で、具体的には、議会事務局の広報広聴担当を複数の自治体で共同設置します。さらに「議会として広報と広聴は実施しない。議員個人に委ねる」という判断もあります。ただし、議員個人に委ねた場合は、広報広聴のための費用として、政務活動費を充足し、議員の説明責任が求められます。

◆議会基本条例における広報と広聴

議会における広報と広聴が注目を集めてきたのは、2006年頃から制定された議会基本条例の存在が大きく、特に議会報告会が広報と広聴の役割に大きな意味があります。

「eLen」で確認すると、議会基本条例の中に「広報」の用語があるのは811条例です、実に多くの議会基本条例が広報を重要視しています。一方、「広聴」に関しては265条例と減ってしまいます。このことから考えられることは、議会基本条例は広報に関して積極的で、広聴はやや消極的ということです。しかし、**自治体に都合の良い情報提供のみの広報だけでは、市民は議会に見向きもしないため、広聴も実現してこそ、議会と市民の間に信頼が生じる**と考えます。

表1-2は、議会基本条例における「広報」と「広聴」に関する

表1-2　議会基本条例における「広報」「広聴」の規定

規定	議会基本条例	条文規定
①「広報」	栗山町	（議会広報の充実） 議会は、町政に係る重要な情報を、議会独自の視点から、常に町民に対して周知するよう努めるものとする。
	戸田市	（議会広報活動の充実） 多様な広報手段の活用により議会広報活動の充実に努めることで、市民に対する説明責任を果たし、その信託に応えるものとする。
②「広報」「広聴」	守谷市	（市民参加及び広聴機会の充実） 議会は、法第115条の2第1項に規定する公聴会及び同条第2項による参考人の意見聴取を活用し、市民の専門的又は政策的識見を議会の審議に反映させるよう努めるものとする。 （広報機能の充実） 議会は，その透明性を高めるとともに，市民に対する説明責任を果たすため，議会の活動に関し多様な媒体を活用して積極的な広報活動に努めるものとする。
	さいたま市	（広聴） 議会は、市政に関する課題に対する市民の意見を把握し、これを政策の適否の判断に当たっての基礎とするため、広聴の充実に努めなければならない。 （広報） 議会は、市民が議会における決定の過程及び結果に関する情報を入手することができるよう、広報紙の発行、インターネットの利用その他の方法により広報の充実に努めなければならない。
③「広報・広聴」	藤沢市	（広報広聴機能の充実） 議会は，市民に対し議会活動に関する情報を積極的に公表し、議会に対する市民の意思の把握及び意見を交換する場として議会報告会等を開催するものとする。
	小矢部市	（議会広報広聴機能の充実） 議会は、市政に係る重要な情報を、議会独自の視点から、常に市民に対して周知するよう努めるものとする。

資料）著者作成

規定例です。次のパターンにわけられます。①「広報」のみ、②「広報」と「広聴」、③「広報・広聴」の一括、です。

わたしは、**議会が広報と広聴を積極的に進める意思があるならば、両方の規定を議会基本条例に明記しておくべきだと考えます。**しかし、議会は「広聴」が手薄であり改善したほうが良いと考えます。

行政計画における広報と広聴では、近年、「戸田市広報戦略」や「磐田市広報戦略プラン」などがあります。議会も同様な広報と広聴の戦略計画があっても良いかもしれません。三重県議会広聴広報会議規程の第２条第１号に「議会の広聴広報計画に関する事項」が明記されているため、同県においては議会広聴広報計画があるようです。

4 地方議会への女性参加

2019年統一地方選挙のトピックスの一つが、地方議会の総定数に占める女性議員の割合です。これに関して、さまざまな議論があり、ここでは地方議会（政治分野）における女性議員の割合を考えます。

◆地方議会における女性議員の推移

毎年、公表される内閣府の『男女共同参画白書』に政治分野における女性の割合等の記述があり、地方議会における女性議員の割合に関する項目もあります。令和元年版の同白書によると、女性議員の割合は、特別区議会27.0％、政令指定都市の市議会17.2％、市議会14.7％、都道府県議会10.0％、町村議会10.1％という数字です。この数字が高いか低いかは見る人によって違いますが、女性議員の割合は近年高くなる傾向にあります（図1-4）。

また、同白書は全ての都道府県議会に女性議員が在席する一方、市区議会の4.5％、町村議会の32.7％では、いまだに女性議員が不在と指摘しています（2018年12月末）。同白書では、「女性議員の割合は都市圏では高く地方圏では低い」傾向にあると述べています。

2019年の統一地方選挙の結果を受けて、（公財）市川房枝記念会女性と政治センターが地方議会における女性の割合等に関する調査結果を発表しました。これによると、前回調査（2015年）と比較して、女性議員の割合は1.9ポイント増加し14.0％になったと指摘しています。ただし、女性議員が一人もいない「ゼロ議会」は全国で302議会（16.9％）とも記しています。

図のとおり、地方議会における女性の割合は増加してきていますが、全体（合計）では2割に達していません。国は、指導的地位における女性の割合を2020年までに30％程度とすることを目標に進めてきました（2003年6月 男女共同参画推進本部決定）。

図1-4　地方議会における女性議員の割合の推移

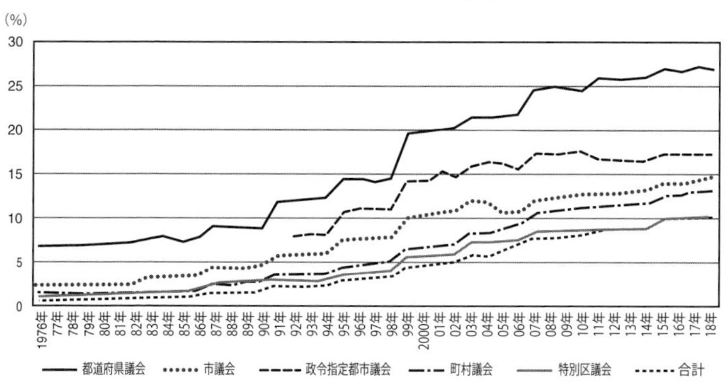

資料）内閣府『令和元年度男女共同参画白書』

この目標値と比較すると、地方議会における女性の割合は低いと言えます。なお、「2020年30％」は全体的には達成できていません。

◆法律と条例に見る政治分野の女性参画

国は、「政治分野における男女共同参画の推進に関する法律」(2018年）を制定しています。同法律は、「(中略）政治分野における男女共同参画を効果的かつ積極的に推進し、もって男女が共同して参画する民主政治の発展に寄与すること」が目的です。

同法の制定後に実施された2019年の統一地方選挙では、41道府県議会選挙に立候補した女性候補者は389人で過去最多となり、全体に占める割合も12.7％と過去最高となりました。ただし、この結果から同法の効果が「あった」か「なかった」かは評価が分かれています。

地方自治体においては、国のような政治分野に限定した女性の参画を高める法的根拠はありませんが、多くは「男女共同参画条例」(男女共同の参画に関する条例）を制定して、政治分野をはじめ、あらゆる分野の女性参画率を高めるよう努力してきました。同条例は、内閣府の調査によると657市区町村で制定され（2019年4月)、ほとんどの条例は「男女が均等に政治的、経済的、社会的及び文化的利益を享受することができる」という条文を制定しています。

この条文をもとに、政治分野に関する女性の割合を高めようと、何かしら取り組んできたと推察しますが、データを確認しても政治分野においては「結果の平等[2)]」が見られません。「結果の平等」が見られないということは「機会の平等[3)]」も担保されていない可能性があります。このため、「機会の平等」をどのように改善していくかが問われています。

◆女性議員の割合を高めるために

地方議会（政治分野）で女性の割合を高めるために、多くの議論があります。例えば、「**クオータ制**」の導入があります。クオータ制とは、政治分野における男女間格差を是正するために、選挙の候補者における一定の人数や比率を女性に割り当てる取り組みです。現在では、憲法や法律で定め、あるいは政党による自主的な運用も含めて、130以上の国がクオータ制を導入しています。

また、「**ポジティブ・アクション**」の概念を浸透させるべきという意見もあります。ポジティブ・アクションとは、一般的に、社会的、あるいは構造的な差別によって不利益を被っている者に対して、一定の範囲で特別の機会を提供することにより、実質的な機会均等を実現しようとする暫定的な措置のことを指します。

平成27年版の『男女共同参画白書』では、ヒントになる記述があります。2011年の統一地方選挙の結果を分析したところ、25歳以上45歳未満の立候補者の割合が高い都道府県で、女性の割合が高い傾向が見られました。そこで同白書は「女性の立候補者割合が高い都道府県で女性の当選人割合が高い傾向があることを合わせて考えると、男女にかかわりなく若年層の立候補者を増やし、（中略）結果的に女性議員割合が高まっていく可能性も示唆される」と述べています。

女性議員の割合を高めていくためには、立候補する女性を増やしていくことが必要です。これには、地方議会を女性にとって魅力ある「職場」にしなくてはなりません。

具体的には、近年、急速に進んでいますが、産前・産後休暇、育児休暇などの会議規則での規定や女性議員にやさしい授乳室の

2）人々が同じ結果を得ることができるように、社会や経済的な条件が平等に整備されていること。
3）人々が同じチャンスを得るために、社会や経済的な条件が平等に整備されていること。

設置などハード施設の充実があります。

また、暫定的な措置として女性限定の手当を設けることも検討できます。さらに、女性議員の報酬を引き上げることも一定の効果があるかもしれません。

2章　議会力アップ ～リスキリングが重要

1　議員定数削減の前に

◆望ましい議員定数とは

過去、多くの議会が望ましい議員定数について模索し、調査・検討してきました。また、学識者たちにも議員定数に関して多様な意見がありました。しかし、誰もが納得する議員定数の回答はなく、一時期は「議員定数は少ないほうが費用はかからないため良いことだ」という論調が蔓延しました。そのため、多くの議会が議員定数を削減する行動に出ました。特に、議員定数が争点となったのは、2010年頃に注目を集めた市長と議会の対立です。また、2011年には市民による議員定数の条例改正の直接請求も起き、2013年には議員定数削減の住民投票も行われました。

2010年代前半は議員定数削減の風潮があり、依然として「議員定数ありき」で動いている議会もあります。図2-1は、地方議会の議員数の推移で、市町村合併の影響もありますが、約20年のスパンで捉えると議員数は半減しており、これ以上の議員数の減少は限界を超えていると考えています。

議会は合議体です。合議体とは「複数の構成員の合議によって、その意思を決定する組織体」のことです。この観点で考えると、議会の成立要件として、少なくとも3人以上の議員が必要と考えられます。議員定数が少ないことを良しとするならば、3人がベストになりますが、これでは民意が反映できない可能性があります。規模の小さい議会は、地方自治法が規定している住民参加の

図 2-1　議員数の推移

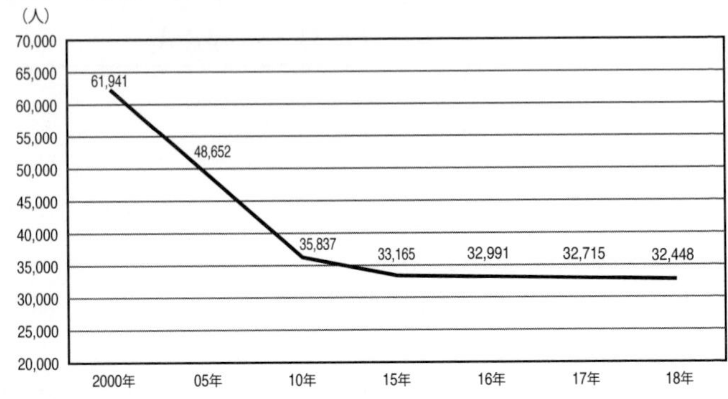

資料）総務省「地方公共団体の議会の議員及び長の所属党派別人員調」

「町村総会」を検討しても良いかもしれません。

◆定数削減の前に

わたしは「議員定数を削減する前に」すべきことがあると考えています。次の問題を解いて下さい。

【問１】１議員で１仕事を担当している場合、10 仕事は何人の議員が必要でしょうか。

【問２】能力の高い議員が多く、１議員で２仕事を処理できる場合は、10 仕事は何人の議員が必要でしょうか。

【問３】ちょっと問題のある議員が多く、１議員で 0.5 仕事しかできない場合は、10 仕事は何人の議員が必要でしょうか。

解答は、

問１　「10 議員」

問２　「５議員」

問３　「20 議員」

議員の能力により、適正な議員定数も変わります。**議員定数の削減を検討する前に、まず議員一人ひとりの能力開発が求められ**

ます。はじめに議員の能力を開発した上で議員定数の削減を考えていくことになります。しかし、議員の能力開発についての議論よりも、まず議員定数の削減に入ってしまう議会が少なくありません。これは、議員が能力開発の努力もせず、議員削減だけにはしるのは「自分は能力不足だ」と露呈しているようなものです。

議員の能力を高めるために、議会基本条例に議員研修の規定を設けるべきです。議会は意識的にかつ積極的に研修を進めることで、議員一人ひとりの政策立案能力や行政監視能力を高めていく必要があります。

福島町（北海道）は「福島町議会議員研修条例」と議員研修のための条例を制定しています。この条例は「議員の研修に関し必要な事項を定めることにより、議員の資質の向上と議会活動の活性化を図り、もって町政の健全な発展と住民福祉の増進に寄与する」ことが目的です。そして「研修実施計画」を定め「研修の義務」が明記されています。議会として研修により議員の能力開発を進めていく意思が垣間見られます。

繰り返しますが、議員の能力により適正な議員定数も変わります。そのため、①議員の能力開発は重要です。議員研修や視察等を充実させることが考えられます。わたしが議員の能力向上を促す手段として一番良いと考えるのは、議員提案政策条例に取り組むことです。

また、②能力の高い議員を採用すべき（当選させるべき）です。しかし、これは住民の投票行動にかかっているため、議員としてできることは限られます。

さらに、③専門的人材の育成も大切です。例えば、ある議員は福祉関係では0.5人分しか能力を発揮できないが、環境関係では３人以上能力を発揮するという、議員同士の役割分担（適材適所）

をすることが重要になります。

議員定数の削減を考える前に、議員の能力開発の議論をするべきです。

◆最少の経費で最大の効果を基本とする

どうしても議員定数の削減をするのならば、「最少の経費で最大の効果」を基本と考えるべきです。地方自治法第2条第14項には「地方公共団体は、その事務を処理するに当っては、住民の福祉の増進に努めるとともに、最少の経費で最大の効果を挙げるようにしなければならない」とあります。

この観点に立つと、議員報酬や議員の政務活動費など個別の費用を対象とするのではなく、議会費という全体の費用を捉えることが重要です。

現在、多くの議会が議会基本条例の中で、議員定数の規定をしています。湯河原町（神奈川県）の議会基本条例第17条は「議員の定数及び議員報酬」となっています。同条第2項には「議員定数の改正に当たっては、経費削減の視点だけでなく、町政の課題及び将来展望、町民の多様な意見の反映等の視点を十分に考慮するとともに、町民等を含む第三者機関による議員活動の客観的な評価等を参考にしなければならない」とあります。まさに、議員定数は「経費削減の視点」だけではありませんが、多くの議会基本条例はそれが入っていると考えられます。議員定数は総合的に検討していく必要があり、場合によっては議員定数を増やすこともありえます。

2 議員研修

議会（議員）の行政監視能力や政策立案能力を向上させるための手段に「研修」があります。ここでは議会（議員）の研修を取り上げます。

◆議員研修に特化した条例

議員研修に特化した条例は少なく、わたしの確認では、福島町議会議員研修条例、守谷市議会議員の研修に関する条例、湯河原町議会議員の研修に関する条例、軽井沢町議会議員の研修に関する条例、白馬村議会議員の研修に関する条例、北名古屋市議会議員の研修に関する条例、芦屋町議会議員の研修に関する条例、苅田町議会議員の研修に関する条例程度です。

苅田町条例は、2001年3月に制定されています。同条例は「議員の資質の向上と議会活動の活性化を図り、もって町政の健全な発展と住民福祉の増進に寄与する」ことを目的としています。第2条が「研修の種類等」です。別表を用意し（表2-1）、研修を初級研修、専門研修、全員研修、視察研修と分けて体系的に実施しています。第3条が「研修の実施計画」となっています。第4条の見出しは「研修の義務」です。条文は「議員は、務めて前条の研修を受講し、又は研修会に参加しなければならない」と義務規定になっています（条文の「前条」は研修の実施計画）。

第4条は義務規定となっていますが、義務違反した場合の罰則規定は用意していません。しかし、「しなければならない」という義務規定は、「するよう努めなければならない」や「努めるものとする」という書き方の努力義務規定よりも重いものです。その意味では、苅田町議会における議員研修への「やる気」を垣間

表 2-1　苅田町議会議員の研修に関する条例　別表（第２条関係）

研修の種類		対象者	研修の内容
初級研修	新役職者研修	新任役職議員	新任の議長、副議長及び委員長（但し、すでにこれらの役職を経験している者は任意）としての役職に関する知識を習得する研修
	新議員研修	新議員	議員として必要な基礎知識を習得する研修
専門研修	委員会所管研修	委員会各委員	委員会所管事項に関する専門的な研修（視察研修を含む）
	課題研修	全議員	当面の課題についての専門的な研修
	実務研修	全議員	議員として必要な実務に関する専門的な研修
全員研修		全議員	県郡議会議長会が主催する研修会に参加
視察研修		全議員	行政、議会運営などの先進地を視察する研修（国内外）

資料）苅田町議会議員の研修に関する条例

見た思いです。わたしは、議員研修にも法的根拠を持たせる必要があると考えています。

◆議会基本条例における研修

確かに、議員研修に特化した条例は少なく、多くの場合は議会基本条例の一規定として用意されています。「eLen」で検索すると数多く抽出されます。

釧路市議会基本条例第 12 条の見出しが「議員研修の充実強化」となっています。条文は「議会は、議員の資質向上等を図るため、議員研修の充実強化に努めるものとする」とあります。三芳町議会基本条例第15条は「議員研修の充実強化」です。そして条文は「議会は、議員の政策形成及び立案能力の向上等を図るため、議員研修の充実強化を図る」と明記されています。

八王子市議会基本条例には「議員研修」の見出しはありません。しかし、第２条の「議会の活動原則」の第４号が「市政の課題について、研修及び調査研究活動を行うこと」と規定されており、ここに議会（議員）の研修が明記されています。

わたしは、議会として議員の行政監視機能と政策立案機能を高めていく意思があるならば、苅田町（福岡県）や守谷市（茨城県）のように議員研修そのものを条例化したほうが良いと考えます。それは、**議会基本条例の一規定よりも、研修そのものを条例化したほうが重みがある**からです。

◆議員研修の限界

近年、議員研修に特化した条例や議会基本条例の一規定に研修が定められていることから、多くの議会で議員研修が実施されていると推測されます。しかし、議会の行政監視機能や政策立案機能が大いに向上したとは聞かれません。議員研修により政策立案機能が強化されたのなら、議員提案政策条例が増えても良いのですが、近年の動向は停滞しています。

わたしは、議員研修の講師として招かれることがあります。その時に伝えているのは「１日だけの研修では行政監視機能も政策立案機能もなかなか身につかない」ということです。１日だけの研修では「気づき」を与えるのがいいところです。年間に１回、あるいは数回の議員研修では、議員の能力向上に限界があります。

政策づくりの研修は半年程度を薦めており、実際、いくつかの自治体で職員を対象に同様な研修を担当しています。政策提案を前提として、月に１、２回集まって研修を実施し、最終的には政策案として取りまとめ、首長に提案しています。これは政策づくりのOJTと言うこともできます。同研修に参加する職員は、本来の業務に加えて政策づくりを進めるための負担が生じますが、この経験は強力な職員の形成に役立っています。このような研修からは、幹部職員が多数誕生したり、注目を集める革新的な施策が登場することがあります。

議員研修も、政策づくりを基本とした中長期間にわたる研修があっても良いと考えます。政策条例の提案を前提として、半年間じっくりと条例案を検討していきます。そして、実際に条例案を議員提案として議会に上程するのです。このような研修を進めていけば、議員の能力は向上し、議会力を強化していくと考えます。

◆議会事務局職員の研修

議会力を高めるために、事務局職員の研修も大切です。しかし、議会基本条例に事務局職員を対象にした研修を明記している事例は少ないのです。

小値賀町議会基本条例第24条は「議会事務局の体制整備と強化」となっており、第3項が「議長は、議会事務局の調査及び政策法務の機能強化を図るため、積極的に議会事務局職員の研修に努める」とあり、ここに「議会事務局職員の研修」について明記されています。**わたしは、**この条例のように、**事務局職員を対象とした研修の規定がもっとあっても良いと考えています。**なお、議会基本条例には明記していませんが、別の条例や規則等で議会事務局職員の研修を担保しているのかもしれません。また、事務局職員には地方公務員法が適用されるため、敢えて議会基本条例に書き込まないという判断をしているのかもしれません。

しかし、わたしは議会事務局職員の研修も議会基本条例に明記したほうが良いと考えています。議会は議員と事務局職員を含めてONE TEAM（ワンチーム）です。そうであるならば、議員の能力向上に加え、議員を補佐する事務局職員も対象にして研修を実施し、議会全体を強くしていくことが求められるでしょう。

3 多様な団体との連携

現在、まちづくりにおける一つのキーワードが「公民連携」ですが、議会においても公民連携は必要です。議会単独での政策づくりは独り善がりになる可能性があります。そこで、議会は議会外にある多様な主体と協力・連携して政策づくりを進めていく思考が求められます。ここでは、議会と他主体との協力・連携の事例を紹介します。

◆議会の協力・連携事例

議会が大学と協力・連携する事例があります。例えば、わたしが勤務している関東学院大学は、横須賀市議会と地域社会における課題の解決や地域の持続的発展などを目的に包括的パートナーシップ協定を締結しています。

この協定に基づき、同大学の学生を議会でインターンシップ[1)]をさせてもらいます。これは学生への教育効果があります。一方、議員は同大学の講義を聴講でき、これは政策立案能力の向上に結び付くと考えます。さらに、同市議会の議会報告会に学生が参画しており、これは学生への教育効果に加え、議会報告会での調整効果も期待でき、双方にメリットがあります。

議会と大学の協力・連携は、ともにメリットが生じるように進めることと同時に、できるだけ事務負担を縮小することも重要です。そうすることで、協力・連携の持続性が高くなります。表2-2は、議会と多様な団体の関係性の事例です。

1）就職を考えている学生が企業に訪問したり業務に携わったりすることで、実際に職業体験すること。

表 2-2　議会と多様な団体との協力・連携の事例

議会・外部主体	協力・連携の概要
茨木市議会・立命館大学	茨木市議会と立命館大学は「茨木市議会と立命館大学との連携協力に関する協定」を締結している。同協定に基づき、同大学教授や大学院生等と市議会の役割や教育問題などの課題についてワークショップを実施した。
相模原市議会・町田市議会	相模原市議会と町田市議会は「相模原市議会と町田市議会との連携に関する協定書」を締結している。両市は隣接している。同協定に基づき、政策形成の調査研究や事務局職員も含めた人材育成の教育研修を行っている。
白岡市議会・君津市議会	白岡市議会と君津市議会は「君津市議会と白岡市議会友好交流協定」を締結している。白岡市（埼玉県）と君津市（千葉県）は、江戸時代中期の儒学者である新井白石公が双方にゆかりのある人物であることから交流が行われてきた。
鳥羽市議会・三重県立図書館・鳥羽市立図書館	鳥羽市議会は三重県立図書館と鳥羽市立図書館と連携することにより、議会の活性化を試みている。鳥羽市議会で必要な資料について、両図書館の司書によるレファレンスサービス（調査相談）を受けることが可能となる。
大津市議会・龍谷大学図書館	大津市議会と龍谷大学図書館は、議会のさらなる政策立案機能向上を目的として連携している。同市議会の議員や議会局職員が龍谷大学図書館の図書資料やレファレンス機能を利用することができる。

資料）著者作成

◆議会基本条例における協力・連携

「eLen」を活用して、議会基本条例から多様な団体との協力・連携の規定を抽出すると、大きく４点に分類できます。

第１に、「住民」との協力・連携です。福島町議会基本条例第７条の見出しが「町民参画・町民との協働」となっています。同条の第８項は「議会は、町民の参画と連携を高める方策として、全議員出席のもと、町民と議員との懇談会（議会報告会）を年１回以上開催し、広く町民の意見を聴取して議会活動に反映させる」とあります。ここに住民との関係性を謳っています。

第２に、「他議会」との協力・連携もあります。山梨県議会基本条例第９条は「他の地方議会との連携」であり、条文は「議会は、他の地方議会との交流及び連携に努め、議会改革の推進及び議会活動の充実を図るものとする」とあります。

湯河原町議会基本条例第10条に「広域政策への取組」とあります。条文は「議会は、隣接市町と共通する課題の解決を図るため、互いに連携し、広域政策への取組の強化に努めなければならない」と明記しています。山梨県条例の規定は表の「白岡市議会・君津市議会」に当てはまり、湯河原町条例の事例は「相模原市議会・町田市議会」の取り組みに該当すると考えます。

わたしは、議会同士の協力・連携は必要だと考えており、特に近隣地域の議会は積極的に進めるべきという立場です。一般的に、住民は区域（県域や市域等）を意識して行動しているわけではなく、近隣地域で同一生活圏となっています。しかし、議会基本条例に限定すると、議会同士の協力・連携を規定している事例は意外と少ないのです。

第3に、「図書館」との協力・連携があります。紫波町議会基本条例第28条は「議会図書室」という見出しです。条文は「議会は、議員の調査研究活動に資するため、議会図書室の充実に努めるとともに、町が設置する図書館との連携を図り、議員のみならず、町民の利用に供するものとする」とあります。議会は、自治体が設置する図書館と関係性を謳っています。議会基本条例において、議会図書室の強化を謳っている規定は多いのですが、自前の図書室ではなく、他の図書館を活用するという規定は意外と少ないのです。

第4に、「事象」での協力・連携として「災害」があります。市川三郷町議会基本条例第12条の見出しは「災害発生時の対応」であり、条文は「議会は、大規模災害が発生し、町長執行機関が災害対策本部を設置した場合においては、市川三郷町災害対策本部と連携し、市川三郷町議会災害対策本部を設置し、町民の生命及び財産の保全に努めなければならない」とあります。ここでは、「大規模災害」が発生した時に「災害対策本部」と協力・連携することが明記されています。同様な規定は小値賀町議会基本条例などにもあります。

また、市川三郷町議会基本条例には、ほかに見られない協力・連携の規定があります。見出しは「議員研修及び交流連携の充実強化」であり、第３項に「議会は、教育委員会、市川三郷町農業委員会等の機関及び他の団体との交流及び連携を推進し、分権時代にふさわしい議会の在り方について調査研究を行うものとする」とあります。同条文は、教育委員会や農業委員会などを対象としています。

◆民間団体との協力・連携を

議会は、大学や住民、他議会や図書館など多様な団体と協力・連携する事例が多いように感じると思います。しかし、実際には議会基本条例で明確に規定している議会は、依然として少ないのです。

さらに、**議会との協力・連携には「民間団体」もあります。**執行機関は、積極的に民間団体とも協力・連携を進めています。例えば、戸田市（埼玉県）は（株）ベネッセコーポレーションと教育の基礎的分野も含めて総合的に共同研究を進めるとの内容で協定を締結し、さらに（株）読売広告社とも協定を締結してシビックプライドに関する調査を共同で進めています。

加賀市（石川県）は、（特非）みんなのコードと「プログラミング教育に関する連携協定」を締結しています。戸田市や加賀市に限らず、多くの自治体が民間団体と協力・連携することで、自らの政策にイノベーションをもたらしています。

時代は公民連携に向けて動いています。議会も執行機関と同様に、もっと多様な団体と協力・連携しても良いと考えます。

4 議会図書室の改革

議会（議員）の調査研究を後方支援するために、「議会図書室」が設置されています。ここでは議会図書室の現実と展望を考えます。

◆議会に附置される議会図書室

議会図書室とは、地方議員の調査研究を支援するため、地方自治法に基づいて設置されています。法的根拠は、地方自治法第100条第19項で、条文は「議会は、議員の調査研究に資するため、図書室を附置し前2項の規定により送付を受けた官報、公報及び刊行物を保管して置かなければならない」と規定されています。この「附置」とは、「あるものに付属させて設置すること」という意味があり、同条文により議会に図書室を設置することが義務付けられています。

ちなみに同条文にある「前2項」とは、「17　政府は、都道府県の議会に官報及び政府の刊行物を、市町村の議会に官報及び市町村に特に関係があると認める政府の刊行物を送付しなければならない」と「18　都道府県は、当該都道府県の区域内の市町村の議会及び他の都道府県の議会に、公報及び適当と認める刊行物を送付しなければならない」です。

また、同条第20項には「一般にこれを利用させることができる」と明記していることから、議会図書室は市民等の一般にも開放し、各種図書を閲覧することができます。ただし、記載は「できる規定」

（任意規定）とされており、議会の判断によって一般市民に開放しないこともあります。

議会図書室は、議会に設置され、地方自治に関する図書を中心に雑誌や新聞などの刊行物が収集されています。

◆議会基本条例における議会図書室の現状

議会図書室の充実は、議員の調査研究に資します。また、議会の政策立案能力の拡充や行政監視機能を強化することにつながることから、多くの議会基本条例には、議会図書室の拡充を謳う条文が制定されています。

「eLen」で議会基本条例の「議会図書室」及び「議会図書館」という用語を確認すると、624条例が検索されます。多くの議会基本条例が議会図書室（議会図書館）に関して、何かしら規定していることが分かります。

地方自治法では図書室の設置が求められていますが、町村議会の議会基本条例には「議会図書室」等の見出しがないことがあります。ただし、附置である議会図書室は地方自治法に基づいて設置されるため、実際には設置されているはずです。議会基本条例に「議会図書室」等の見出しがない場合、多くは「議会事務局」の中に記されています。条文には「議会事務局は、議会図書等を保管し、町民・議員・職員に供するものとする」とあり、議会事務局が議会図書室を兼ねていると解されます。あるいは「議員研修の充実強化」という見出しの中に記されている場合もあり、条文は「議会は、議員の政策立案能力の向上を図るため、図書等の充実に努めるものとする」などと記されています。

表2-3が議会基本条例における議会図書室に関する条文で、どの条文も似通っています。米原市条例は「議員の政策提言能力お

表 2-3　議会基本条例における議会図書室に関する規定

議会基本条例	条　文
春日部市	（議会図書室） 議会は、議員の調査研究及び政策立案に資するために設置する議会図書室を適正に管理し、運営するとともに、その図書及び資料等の充実に努めなければならない。
八王子市	（議会図書室の充実） 議会は、議員の調査研究及び政策立案能力の向上を図るため、議会図書室の充実に努めるものとする。
藤沢市	（議会図書室） 議会は、議員の調査研究に資するため、議会図書室の充実に努めるとともに、これを適正に管理し、その有効活用を図るものとする。
米原市	（議会図書室） 議会は、議員の政策提言能力および政策評価能力の向上を図るため議会図書室における図書の充実に努めるものとする。

資料）著者作成

よび政策評価能力の向上を図るため」と具体的な能力を掲げている点は特徴的とも言えます。しかし、既存の議会基本条例を確認すると、現時点では議会図書室は差別化されておらず、議会図書室は未開拓分野と言えます。議会図書室の改革に取り組んでみるのも一つの案です。

◆議会図書室の改革状況

全国市議会議長会が「市議会の活動に関する実態調査結果」を公表しており、その中に「議会図書室の活性化の取組」の一覧があります。例えば、「議員が利用できるパソコン（インターネット接続可）を設置している」、「新着図書のコーナーの作成」、「グループウェアによる新着図書案内」、「議会図書だよりの発行」などがあります。特に多いのが「議員が利用できるパソコンの設置」です。

一見すると内容が貧弱な感じがしますが、**議会図書室の改革は未開拓分野です。そのため創意工夫を凝らせば、議会図書室の改**

革はさまざまな観点から考えることができ、活性化の可能性は無限とも言えます。

例えば、大津市議会は2016年に、議会図書室の拡充を図る意味で、龍谷大学図書館と連携して学術情報資料及びレファレンス機能を、議会議員と議会局が利用することができるようにしたことが話題となりました。これは全国で初めての取り組みでした。

また、呉市議会は市の市政情報室と議会図書室を兼用し、図書館司書を配置するなど、同様な取り組みも少しずつ広がっています。市政情報室と議会図書室を兼用すれば、市民も活用できる開かれた議会図書室となります。

◆議会図書室の改革の提案

国会図書館を参考に、議会図書室を改革しても良いと考えます。国会図書館には、立法調査業務があります。立法調査業務は、国会議員等からの依頼に基づいて行う調査（依頼調査）と、依頼を予測してあらかじめ行う調査（予測調査）があります。このような機能を議会図書室に設けることができるのではないかと考えます。

多くの地域に公立図書館があります。ここに調査業務担当の職員を配置し、議会（議員）からの依頼に基づいて調査を行い、その結果を議会（議員）にフィードバックすることで、議員の調査研究を充実させることができます。また、図書館に配置される調査業務担当は、議会（議員）だけの調査に従事するのではなく、執行機関側（首長や各部門）からの依頼も受けることができるようにすることが望ましいと考えます。このような取り組みは、議会のシンクタンク化にもつながります。

各自治体には、図書館条例があり、同条例に基づいて公立図書館が設置運営されています。この条例には、職員数が明記されていることがあります。見出しは「職員」で、条文は「市立図書館に次の職員を置くことができる」と記され、各号として「館長　１人」「司書　若干名」等と明記されています。新たに「調査業務担当　１名」という項目を追加することも一つの案です。また、場合によっては、「司書」に調査業務担当を兼任させることも考えられます。

5 議会視察の法的根拠

議会の行政監視機能の確立や政策立案機能を高めるためには、視察はとても有意義だと考えます。

「百聞は一見にしかず」のことわざがあるように、わたし自身が、現場で当事者の話を聞き、実情を自分の目で見ることで多くの知見を得ることができています。

◆視察の法的根拠

地方自治法から視察の位置づけを確認します。地方自治法の中に視察という用語が記されているのは、第157条第２項です。条文は、「前項の場合において必要があるときは、普通地方公共団体の長は、当該普通地方公共団体の区域内の公共的団体等をして事務の報告をさせ、書類及び帳簿を提出させ及び実地について事務を視察することができる」とあり、これによれば「長」が「視察することができる」のです。なお、「前項」とは「普通地方公共団体の長は、当該普通地方公共団体の区域内の公共的団体等の活動の綜合調整を図るため、これを指揮監督することができる」という条文です。

議会（議員）の視察についての法的根拠は、地方自治法第100条第13項です。条文は「議会は、議案等の審査又は当該普通地方公共団体の事務に関する調査のためその他議会において必要があると認めるときは、会議規則の定めるところにより、議員を派遣することができる」です。

条文にある「会議規則」について、全国市議会議長会の標準市議会会議規則をみると、見出しが「議員の派遣」であり、条文は「第167条 法第100条第13項の規定により議員を派遣しようとするときは、議会の議決でこれを決定する。ただし、緊急を要する場合は、議長において議員の派遣を決定することができる」とあります。また、第2項に「前項の規定により、議員の派遣を決定するに当たっては、派遣の目的、場所、期間、その他必要な事項を明らかにしなければならない」とあります。

確かに、議会（議員）の視察を地方自治法に見出すことができますが、わたしは、さらに議会基本条例でも視察の法的根拠を明確にしたほうが良いと考えています。

しかし、「eLen」を活用して議会基本条例を検索したところ、「視察」を規定しているのは69条例しかありません。議会基本条例では、意外にも視察が規定されていないのです。

◆議会基本条例における「視察」

既存の議会基本条例から「視察」の規定を確認すると、三浦市条例第5条の見出しが「議員の活動原則」となっており、第2項に「議員は、調査、研究及び視察を不断に行い、自己の能力を高めるよう努めるとともに、積極的に政策の提案を行うものとする」と明記されています。

井原市条例第18条の見出しが「広聴広報活動の充実」となって

おり、第３項に「委員会の行政視察並びに政務活動費を使用して行う研修及び個人視察の報告書は、議会広報誌及びホームページで公開するとともに、自由に閲覧できるようにしなければならない」とあります。そのほか視察に関する条例は表2-4のとおりです。

この条例を確認すると、「視察」に関する条文の主語が議員、委員会や議会と違いがあります。ほかの規定（「研修」など）は類似する傾向がありますが、「視察」は異なっています。各議会の特徴（意思）を垣間見ることができると考えます。

また、奈良県平群町では、「平群町議会議員の行政視察等に関する規則」で視察を規則で定めています。同規則には、視察の目的として「先進自治体等における行政事例の調査、研究、情報交

表2-4 「視察」に関する条文

議会基本条例	条　文
春日部市	（議会の機能強化） １　議会は、法第100条の２の規定により、専門的知見を活用することができるものとする。 ２　議会は、政策立案に資するため、必要な研修及び視察を行うことができるものとする。 ３　議会は、前項の研修及び視察を行ったときは、その結果を市民に公表しなければならない。
丹波市	(行政視察) １　委員会は、行政の基本的施策等について提言し、市民の利益の実現を図っていくために、他自治体の先進事例を研修することにより市政に反映するものとする。 ２　行政視察終了後速やかに報告書を作成し、議長に提出するとともに本会議で報告し、議会広報等により市民に情報の公開をするものとする。
多摩市	（調査・政策立案） １　議会は、地方自治法第100条の２の規定に基づく学識経験を有する者等による調査を必要に応じて活用しなければなりません。 ３　議会は、政策立案に資するため、必要な調査、研修及び視察を行い、その結果を市民に公表、報告しなければなりません。 （２項、４項略）

資料）著者作成
注）条文のみ抜粋

換その他必要な調査を行い住民の奉仕者としての自覚と見識を高めるとともに、町政の発展に寄与する」ことと記しています。さらに、視察を「先進地視察」と「現地調査」に分けています。

◆視察の注意点

視察は、議会活動に多くの好影響をもたらすと考えますが、誤って実施していることがあります。視察を進める上での注意点について取り上げます。

第１に、「**先進事例は必ずしも成功事例ではない**」ということです。議員が視察先を選定する理由に「先進事例」があげられます。ここで注意すべきことは、先進事例は必ずしも成功事例ではなく、あくまでも「他に先駆けて実施した事例」であり、失敗事例ということもあります。視察先を選定する際は「先進事例が本当に参考とすべき事例なのか」を客観的に見極めることが重要です。

第２に、「**視察は結果に加え過程を確認する**」ことも指摘しておきます。視察に行くと成功事例の「結果」だけに注目してしまう傾向がありますが、「結果」だけではなく「過程」にも注目する必要があります。例えば、葉っぱビジネスで有名な「上勝町（徳島県）」やICT企業の集積で知名度を高めている「神山町（徳島県）」は、視察先として人気があり、多くの視察者が訪れています。しかし、第二の上勝町や神山町が誕生したという話は聞きません。すなわち、自分たちの自治体に既存の成功事例と同じ手法を取り入れても、同じ成功を収めるのは難しいことを意味しているのです。両町が成功したのは、その地域ならではの特性や時代的背景などが合致したからと考えられます。

視察は、成功事例の結果だけでなく、成功までの「過程」も把握することが重要です。上勝町を訪れ、葉っぱビジネスの歴史を学び、その「過程」を理解することが大切です。全く同じ葉っぱビジネスという事象が再現されることはないかもしれませんが、新たな形態である石ころビジネスが生まれる可能性があるかもしれません。

議会活動を充実させるために積極的に視察に行き、当事者にヒアリング調査をして「耳学問」の機会を増やすと良いと考えます。「耳学問」とは、自らが修得した知識ではなく、他人から得た知識のことを指します。わたしは、「耳学問」により多くの情報や知見を得て、それらを組み合わせることにより政策づくりを進めています。

3章 議会展望 ～これからの議会のあり方

1 議員のなり手不足

議会の未来を考える時、トピックスとして「議員のなり手不足」があります。ここでは議員のなり手不足を考えます。

◆議員のなり手不足の現状

議員のなり手不足を把握する指標として、無投票率が活用されることが多くあります。図3-1は、総務省「地方選挙結果調」の1975年以降の統一地方選挙における無投票率の推移です。

無投票率が高いのは、都道府県議会議員選挙と町村議会議員選挙です。一方、指定都市議会議員選挙と市議会議員選挙は、無投

図3-1　統一地方選挙における無投票率の推移

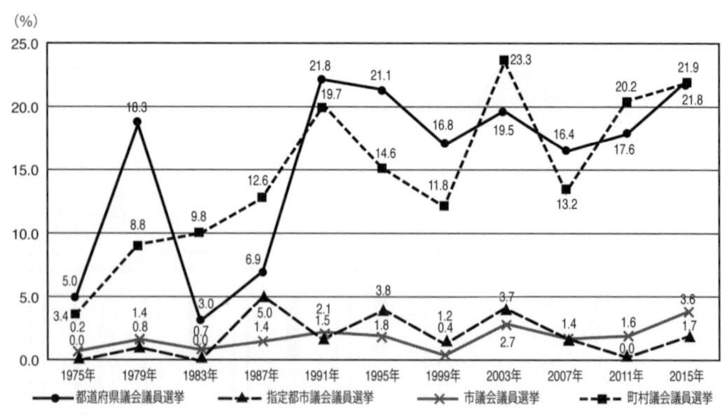

資料）総務省「地方選挙結果調」

票率が拡大しているものの低水準です。

都道府県議会議員選挙と町村議会議員選挙での無投票率の実態は大きく異なっています。都道府県議会議員選挙の場合は、「現職議員に勝てる見込みがない」ため、対立候補が選挙へ出馬することを控える傾向があり、「なりたいけどなれない」という現状があります。実際、現職議員に勝てる可能性がある場合は、積極的に立候補する傾向が見受けられます。

一方、町村議会議員選挙の無投票率こそが、議員のなり手不足を反映しています。多くの人にとって、町村議会議員を専業にすることは、生活していくうえで厳しいため、「なりたくないし、なろうとしない」と言えます。

なり手不足には「なれない」と「なろうとしない」の２つの側面があります。ここでは、なろうとしない「なり手不足」を考えます。

◆労働条件の悪い町村議会議員

全国町村議会議長会の調査によると、町村議員の平均報酬は月額約21万円であり、大学卒の初任給とほぼ同じ水準です。独身者であれば、この金額でも十分なのかもしれませんが、家族を養っていくことはできませんし、５年目の保証もありません。

町村議員の定例会出席など義務的拘束は、平均で年間60日に満たないと言われます。確かに、定例会などの「議会活動」は60日に満たないかもしれませんが、日常の苦情や陳情などの住民対応や冠婚葬祭に出席といった「議員活動」は、365日対応するというのが実情です。すなわち、町村議会議員になることへの労働条件が良くないのです。これが良くなれば、議員のなり手不足は解消されると考えます。

◆「議員のなり手不足」の解決に向けた取り組み例

図3-2は、全国紙（朝日・産経・毎日・読売）で「議員のなり手不足」の記事が登場した回数です。近年、急激に拡大していることが分かります。2017年には、大川村議会が議会をなくして有権者全員で構成する「町村総会」の導入を検討したため、議員のなり手不足が全国的に話題となりました。

ただし、実は議員のなり手不足は2000年初頭から話題として上がっていたことが分かります。さらにさかのぼると、1993年4月の朝日新聞には「関宮町議選は無投票に」という見出しがあり、議員のなり手不足について取り上げています。

全国町村議会議長会「町村議会議員の議員報酬等のあり方最終報告」の中に、議員のなり手不足を解決するヒントがあります。この中で「直近の一般選挙で無投票当選となった『無投票議会』と『非無投票議会』の間では議員報酬月額（一般議員）の平均値で21,951円の差があった」と記され、また「月額17.6万円未満

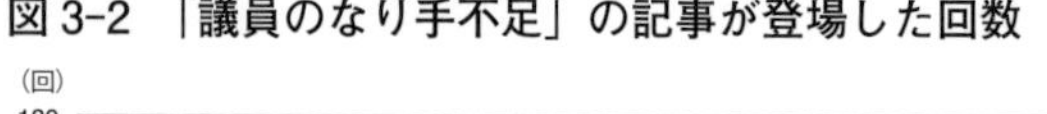
図3-2 「議員のなり手不足」の記事が登場した回数

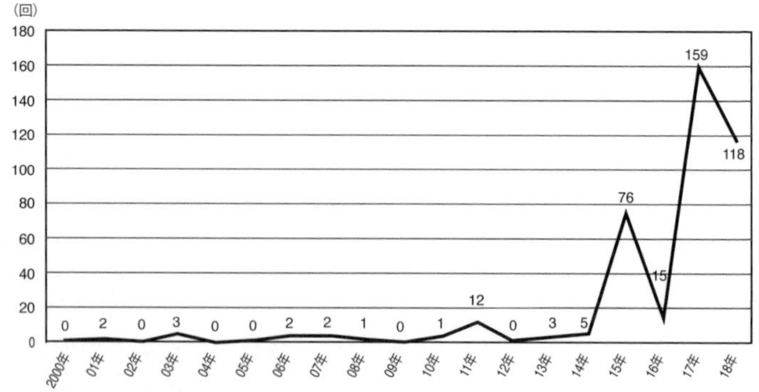

注）全国紙（朝日新聞、産経新聞、毎日新聞、読売新聞）より。
資料）@niftyの新聞・雑誌記事横断検索から著者作成

の場合では、『非無投票議会』の２倍以上の割合で無投票当選が発生している」と言及されています。つまり、議員報酬が低い町村議会では無投票になっていると述べていることから、議員報酬を上げるのも一つの案と考えられます。

読者から「議員報酬を上げるのは無理だ」と声があがりそうですが、それをしなくては解決には向かいません。近年、議員報酬を上げる事例が多くみられます。例えば、行方市議会は2018年９月に、報酬を月３万9,000円引き上げて月28万8,000円とする条例を可決しました。新富町議会は2019年１月に、報酬を月７万2,000円増やして28万3,000円にすることを決めました。真庭市議会は７月から、報酬月額を５万円引き上げ35万円にしています。

興味深いところでは、小値賀町議会は2015年３月に、50歳以下の議員の報酬月額を18万円から30万円に引き上げる条例を可決しました。しかし、翌月の町議選で該当する立候補者は出ていません。その後、議会は同条例を廃止し、住民が町政を議論する場を増やすことで議会への関心を高めてもらうことにより、なり手不足を解消しようとしています。

さらに、かつて五木村議会は成果主義による議員報酬制度を実施していました。成果主義は、外部委員が議員の活動ぶりを「優秀」から「普通」までの５段階で評価し、報酬の20％に反映させ、評価に応じた額を年度ごとに支給する仕組みでした（現在廃止）。

大川村議会は「大川村議会議員の兼業禁止を明確にする条例」を制定しました。同条例は、請負が業務の主要部分を占めず、議員活動の公正さを損なう恐れが高くない場合は「兼業が可能」と明記しています。この条例は、議員のトータルの収入増を認めたものとも言えます。

◆なり手不足解消の提言

2019年8月の報道によると、人事院が2019年度の国家公務員の月給とボーナスの引き上げを国会と内閣に勧告したことによって、月給とボーナス両方のプラス改定を求めるのが6年連続となる見通しとなりました。この勧告の影響を受けて、地方公務員も継続的に給与が増加しています。

しかし、地方議員には、そのような仕組みがありません。**地方議員も、人事院勧告等を基準にして報酬が上下する仕組みを条例で規定しても良いと考えています。**例えば、内閣府の「景気動向指数」を参考に、景気が拡大していれば報酬を上げ、悪化していれば下げるという仕組みを条例に明記し、さらに、地方議員は退職金がないことから条例で規定しても良いと考えます。

議員の仕事に魅力を持っている者は少なからずいますが、家族を養っていくには、労働条件が悪いのです。まず、報酬という観点から労働条件を改善していく必要があると考えます。

2 議会の行政監視機能

議会の役割について取り上げます。一般的に議会は、執行機関への監視機能（行政監視機能）と政策立案機能（特に政策条例の提案）が必要と言われます。そのほか住民代表機能、利害調整機能、調査機能などをあげる場合もあります。

議会は、これらの諸機能を強化することで、住民の福祉の増進を実現していくことが本分です。ここでは「行政監視機能」に特化して、その現状と展望を考えます。

◆行政監視機能と自治体職員による議会対応

2019年に朝日新聞社が発表したアンケート調査結果（調査対象1,788議会、回収率100％）によると、2015年から４年間に首長提案に一度も修正や否決をしなかった議会は56％でした。

日本放送協会も同様な趣旨のアンケート調査（2018年）を実施した結果、議案が否決されたことがあった議会は、都道府県議会で２議会（４％）、市区町村議会で201議会（11.5％）でした。

これらの結果から、マスコミを中心に「一部の議会は監視機能を発揮しているものの、全体としては執行機関への監視機能は低調な状況」という結論になり、表面上は「執行機関への監視機能は低調」と言えます。

わたしは、執行機関への監視機能は低調とは言えないと捉えています。自治体職員をしていた経験から、実は議案を議会に提出する前が勝負という側面があります。

議案を議会に提出して否決されると、住民生活にさまざまな支障が出てきます。これを避けるために、職員が議員に対して提出する議案の説明に回ることが多いのです。そして、議員からの意見や要望を反映し、議案を修正することがあります。また、過半数の議員の同意を得られないと判断した時は、議案の提出を見送ることもあります。この過程を経るからこそ、議会という公式の場では否決が少ないのです。

議員に対して水面下で調整することに関する是非はありますが、わたしは「是」の立場をとっています。議案が否決されると住民生活を営む上で重大な支障が出るリスクが高まり、それを最小限にするためには、水面下での調整は必要です。また、議員としても、何も事前説明がない状態で議会に提案されても、限られた会期日程では十分な議論はできないため、事前の調整は必要なことと考えます。

◆議会基本条例における監視機能

「eLen」を活用して「監視」をキーワードに検索すると、774の議会基本条例が抽出され、多くの議会基本条例に「監視」が明記されていることがわかります。

表 3-1 は、議会基本条例における監視機能の条文です。なお、この条例の先駆けとなった栗山町議会基本条例には「監視」という用語は見当たりませんが、監視機能に寄与する規定は存在しています。同条例第 7 条の「予算・決算における政策説明資料の作成」や第 15 条の「調査機関の設置」、第 18 条の「議会事務局の体制整備」などが該当すると考えられます。

多くの議会基本条例には「監視」という用語があり、「監視機能を強化する」という趣旨で書かれていますが、具体的にどうす

表 3-1　議会基本条例に「監視」の用語が入る条文

条例名	条　文
会津若松市	（監視及び評価） 議会は、市長等の事務の執行について、事前又は事後に監視する責務を有する
三重県	（監視及び評価） 議会は、知事等の事務の執行について、事前又は事後に監視する責務を有する。 （議会の機能の強化） 議会は、知事等の事務の執行の監視及び評価並びに政策立案及び政策提言に関する議会の機能を強化するものとする。
八王子市	（議会の活動原則） 市長その他の執行機関の事務の執行について監視すること。
藤沢市	（議会の活動原則） 議会は、市長等執行機関の事務執行について、公平性、透明性及び信頼性の観点から、適切に監視し、評価を行うものとする。

資料）著者作成

るか明記されていません。そこで、議会の監視機能を高めていく手段を考えます。

◆条文、条例を活用した監視機能の強化

議会基本条例に条文として明記することにより、監視機能を強化することができるアイデアをいくつか紹介します。

国会には質問主意書があります。国会法第74条の規定に基づき、国会議員が内閣に対して質問する文書です。内閣は回答義務と答弁に対して閣議決定する義務を負っています。同様な制度を議会基本条例で規定することにより、議会の監視機能の強化につながります。

例えば、鎌倉市議会基本条例は、第７条に質問主意書が規定されています。第３項は「議員は、緊急を要する事案等が発生した場合、市長等に文書による質問をしてその答弁を求めることができる」とあり、第４項は「前項の質問は、簡明な主意書を議長に提出し、これを議長が市長等へ送付することにより行うものとする」となっています。

さらに、執行機関への立入調査権を入れても良いかもしれません。執行機関が隠蔽しないように、議会基本条例に「立入調査権」を規定し、執行機関の活動に不審な点がある場合は、議会の権能として乗り込んでいく権限を持つことです。わたしの考える立入調査権とは、実際に執行機関に立ち入り、内部資料等を検査することで、特に法令が遵守されているかどうかを確認することです。

現在、執行機関への立入調査権を明記した議会基本条例はありませんが、沖縄県議会基本条例には米軍基地に対する立入調査権を明記しています。この条例の第24条の見出しが「米軍基地に起因する諸問題への対応」となっています。同条第２項は「議会

は、米軍基地に起因する事件又は事故若しくは環境問題が発生した場合その他必要があると認める場合は、実態把握及び原因究明のため、立入調査を求めるものとする」とあります。米軍基地への立入調査権を定めているのならば、執行機関へも可能であると、わたしは考えます。

議員提案政策条例を実現した場合は、次の条文を入れておくと良いでしょう。見出しは「年次報告」とし、条文は「市長は、毎年、議会に、基本計画に基づいて講じた施策について報告しなければならない」とします。この規定により、議会の監視機能は高まると考えられます。これは条文を活用することにより、議会の監視機能を高める契機をつくることが可能になると考えます。

また、「行政に係る基本的計画の議決等に関する条例」を制定しておくことにより、議会の監視機能を高めることもできます。なお、久喜市は別途「議会の議決に付すべき契約以外の契約の報告に関する条例」も定め、「地方自治法及び久喜市議会の議決に付すべき契約及び財産の取得又は処分に関する条例の規定に基づく議会の議決に付すべき契約以外の契約について議会への報告義務を課すことにより、議会の監視機能の充実強化を図る」ことを目的としています。

新たに議会の監視機能を高めるために、職員を増やす必要がある場合には、退職した職員を再任用することも一つの案です。また、議会図書館や議会事務局職員の充実などもあります。

ここで取り上げたことは、あくまでも制度が中心であり、それを活用するのは議員です。監視機能の前提として議会力が必要で、議員一人ひとりの能力にかかっています。その意味では、議員研修の充実なども議会の監視機能強化につながると考えます。

3 議会の「政策○○能力」

ここでは、議会の政策立案機能を考えます。既存の議会基本条例から「政策○○機能」を探ってみます。

◆議会における政策○○能力

「eLen」を活用し、議会基本条例に規定されている「政策○○能力」について、条例数と条文を例示したのが表3-2になります。

「政策立案能力」が最も多く、312条例で確認できます。春日部

表3-2　議会基本条例における「政策○○能力」の例示

政策○○能力	規定している議会基本条例数	条　文	議会基本条例
政策立案能力	312	(議会事務局) 議会は、政策立案能力及び政策提言能力を高めるため、議会事務局の機能強化及び組織体制の充実を図るものとする。	いなべ市
政策形成能力	99	前文 積極的な政策立案及び政策提言ができる政策形成能力を高めていかなければなりません。	境町議会
政策提言能力	53	(議員研修の充実) 議会は、議員の政策立案及び政策提言能力の向上のため、議員研修の充実強化に努めるものとする。	立川市
政策提案能力	6	(議員研修の充実強化) 議会は、議員の政策提案能力の向上を図るため、議員の研修の充実強化に努めるものとする。	荒川区
政策評価能力	1	(議会事務局の体制整備) 議会は、議員の政策提言能力および政策評価能力の向上を図るため、議会事務局の調査および法務機能の充実強化を図るよう市長と協議することができる。	米原市

注）一つの議会基本条例（一つの条文）に重複も含まれる。
資料）著者者作成

市条例第17条の見出しが「議会事務局」となっています。条文は「議会は、議員の政策形成及び政策立案能力を向上させ、議会活動の充実を図るため、議会事務局の機能の強化及び組織体制の整備に努めなければならない」とあります。ここでは政策立案能力に加え政策形成能力も明記されています。

次に多く規定されているのが、「政策形成能力」です。99の議会基本条例で確認できます。鎌倉市条例は前文の中で「積極的な政策立案及び政策提言を行える政策形成能力を高めていかなければならない」と明記されています。

そして、「政策提言能力」は53条例となっています。相模原市条例は「議会局の機能強化」（第16条）の中で、「市議会は、市議会の政策立案及び政策提言能力を向上させ、議会機能の充実を図るため、議会活動を補佐する議会局の機能の強化に努めるものとします」と記されています。

少数ですが、「政策提案能力」もあり、6条例確認できます。伊丹市条例第21条が「議会事務局」の見出しで、条文は「議会は、議会の政策提案能力を向上させ、議会活動を円滑かつ効率的に行うため、議会事務局の調査及び法務機能の強化を図るものとする」と明記されています。

そして、米原市条例だけに「政策評価能力」が見られます。米原市条例は、表の条文以外に、第19条の「議会図書室」と第22条の「議員研修の充実強化」にも「政策評価能力」の用語が使われています。

なお、「能力」の用語を外した「政策評価」に限定すると、243条例確認できます。例えば、横須賀市条例は「政策等の監視及び評価」（第18条）の第3項において「議会は、重要な政策等の提案を受けたときは、立案及び執行における論点及び争点を明らかにするとともに、執行後における政策評価の視点も踏まえた審議をするものとする」とあり、条文の中に「政策評価」が書かれています。

しかし、議会は執行権がないことから「政策実行能力」や「政策執行能力」は存在しません。また、明記がありそうな「政策決定能力」と「政策研究能力」もありません。なお、「能力」を外した「政策決定」や「政策研究」という用語は若干見受けられ、政策決定に近い「政策審議」という用語を使用している議会基本条例も、少数ながら確認できます。

◆政策提案と政策提言の違い

各議会基本条例は、多様な「政策○○能力」を規定していますが、意味が曖昧であり、逐条解説[1]を確認しても、定義が書かれていないことが多いのです。その中で、わたしの考えとして「政策提言」と「政策提案」の違いについて取り上げます。

わたしは、提言と提案は微妙に意味が異なると考えています。それぞれの意味を辞書で調べると、提案は「案を提出すること」、提言は「考え・意見を出すこと」とあります。一見すると提言と提案は同じ意味のようですが、ニュアンスが大きく異なります。

例えば、自治体に営業に来たコンサルタント会社が提出する資料は「企画提案」と明記されています。決して「企画提言」とは書いてありません。一方、シンクタンクが国等に意見を答申する場合は、「提言書」であり「提案書」はほとんど見られません。この使い方の違いから判断すると、第三者的な立場にあり直接的に関与しない場合は「提言」となる一方、自分が関与する場合（関

1）法律や条約などの文書を、その一条ごとに分けて解説する書物等。

与したい場合）は「提案」となると考えられます。

この観点では、議会（議員）が第三者的な立場から発言するときは「提言」になる一方、「関わりたい」との意思が少なからずあるときは「提案」になります。

なお、議員が政策条例を提案するときは、議員「提案」政策条例が一般的な使い方であり、議員「提言」政策条例とはなりません。つまり、議員提案政策条例である限りは、議会も提案された政策条例に関与していくという意向が入っていると解されます。確かに、議会は執行権がないため、直接的に関わることは難しいのですが、議会も地方自治体を構成する一機関であるため、「提案」の思考をもって活動に取り組んでいくことが重要だと考えます。

4 議会基本条例における「住民の福祉の○○」

◆地方自治体の目的

議会を含む地方自治体の目的を確認します。地方自治体の直接的な法的根拠は、地方自治法です。その上位には日本国憲法があり、第８章が地方自治となっています。憲法第 92 条は「地方公共団体の組織及び運営に関する事項は、地方自治の本旨に基いて、法律でこれを定める」とあります。同条文にある「法律」とは地方自治法と解されています。

法律（条例）の多くは、第１条が目的規定となっています。地方自治法第１条には「この法律は、地方自治の本旨に基いて、地方公共団体の区分並びに地方公共団体の組織及び運営に関する事項の大綱を定め、併せて国と地方公共団体との間の基本的関係を確立することにより、地方公共団体における民主的にして能率的な行政の確保を図るとともに、地方公共団体の健全な発達を保障することを目的とする」と記されています。

同条文には、重要なキーワードがいくつかあります。第１条は「この法律は」が主語になっているため、地方自治法の目的を明記した内容となっており、地方自治体の目的を明記しているわけではありません。

第１条の２には「地方公共団体は、住民の福祉の増進を図ることを基本として、地域における行政を自主的かつ総合的に実施する役割を広く担うものとする」と明記されています。この条文の主語は「地方公共団体は」とあり、「住民の福祉の増進を図ることを基本」と明記されています。これが地方自治体の目的と考えられます。すなわち、**議会も住民の福祉を増進させるために存在していると言えます。**

地方自治法の「第１条の２」は、1999年の地方分権一括法により新たに追加された条文です。正式には「地方分権の推進を図るための関係法律の整備等に関する法律」と言います。同法は1999年７月に成立し、2000年４月から施行されました。全部で475本の関連法案からなります。

地方分権一括法により、国と自治体の関係は上下・主従の関係から対等・協力の関係へ移行しました。第１条の２の後半にある「地域における行政を自主的かつ総合的に実施する役割を広く担うものとする」も大切な条文です。特に「自主的かつ総合的に」が重要と考えます。住民に身近な行政は、自治体ができる限り実施することを意味しています。地方分権一括法以前は国の指示のとおりに自治体が動く時代でした。しかし、**現在は独自（自主的）に地域運営を進めていくステージに入ったことを意味しています。**

◆議会基本条例における「福祉の○○」

地方自治法には「(住民の) 福祉の増進」と記されています。一方、議会基本条例に注目すると、多くは「(市民の) 福祉の向上」と記されています。「eLen」を活用して検索すると「福祉の向上」と明記している732条例と「福祉の増進」を明記している87条例が抽出されます。圧倒的に「福祉の向上」が多くなっています。

表3-3が、議会基本条例における福祉の増進／福祉の向上の例示です。増進は「勢いが強くなること」が基本にあり、向上は「よりよい方向に向かうこと」の意味です。表の絵は、わたしのイメージで、「増進」は水面に水滴を落とすと同心円状に波紋が広がる感じであり、「向上」は目標の達成に向けて進む印象を持っています。

地方自治法を確認すると、「福祉の増進」に統一されており、「福祉の向上」とは明記されていませんが、「福祉の向上」が不適切ということではありません。例えば、地方税法や地方拠点都市地

表3-3　増進と向上の意味

用語	意味(※1)	イメージ(※2)
増進	物事の勢いなどがいっそう激しくなること。また、激しくすること。「食欲が増進する」「学力を増進する」⇔減退。	起点
向上	よりよい方向、すぐれた状態に向かうこと。進歩。「学力が向上する」「生活レベルの向上」⇔低下。	目標 ↑ 起点

注）※1とWeblio辞書を活用した。
　　※2は著者が抱くイメージである。

域の整備及び産業業務施設の再配置の促進に関する法律等は、「福祉の増進」を用いる一方、住民基本台帳法や道州制特別区域における広域行政の推進に関する法律等は、「福祉の向上」を明記しています。法律において用語の使い方には統一性がありません。

近年、多くの議会基本条例には「福祉の向上」が用いられています。しかし、逐条解説を確認しても、「増進」と「向上」の違いについて明記されていません。そこで、議会基本条例の制定に携わった議員に確認したところ、明確な回答が得られない状況でした。議会基本条例に「福祉の向上」を採用した理由について質問すると、「既存の条例を参考にしたため」という回答でした。

わたしは、用語の使い方はどちらでも問題ないと考えますが、ただ先に制定された条例を参考にして、思慮なしにコピーだけするという行為には大きな問題があると考えます。議会基本条例は、地方議会の未来を創造するための法的根拠であり、非常に重要なものです。単に先進事例からコピーだけするという行為は、望ましくありません。

◆福祉の意味

地方自治法の「住民の福祉の増進」という表現に含まれる「福祉」の意味について考えます。『地方自治法逐条解説』や『要点解説地方自治法』、『地方自治法概説』などの文献でも「住民の福祉の増進」の意味を明確に記していません。そのため、一人ひとりが考えて結論を出す必要があります。

法務省「日本法令外国語訳データベースシステム」を活用すると、「住民の福祉の増進」の英訳は「the promotion of resident welfare」とされています。また、法律における福祉は「welfare」と訳されており、その語源は well（よい）と fare（旅・いきる）

から来ているとされています。つまり「福祉」は、「よりよくいきること」となります。

ちなみに、welfare を逆さまにすると farewell になり、「さようなら」や「別れ」「逃げる」という意味になります。そのような意味から、**「福祉（welfare）が増進するチャンスを見極める必要があります。そのチャンスをしっかり捉まえないと、機会が逃げて（farewell）しまう」**と考えます。

議会活動（議員活動）を進めることで、「福祉を増進」するのか、「福祉を向上」するのか、改めて考えることが必要です。

参考図書

第Ⅰ部：株式会社不動産経済研究所「不動産経済 Focus & Research」（旧不動産経済 FAX-LINE）連載記事

第Ⅱ部：時事通信社「地方行政」連載記事

第Ⅲ部：一般財団法人全国建設研修センター「国づくりと研修」連載記事

第Ⅳ部：事業構想大学院大学出版部「月刊事業構想」連載記事

第Ⅵ部：時事通信社「地方行政」連載記事、日本経済新聞社「日経グローカル」連載記事

索　引

DX　173, 182
GIGA スクール　137
PFI　72, 84, 96
PFI 法　80, 95
SDGs　117, 125, 152, 190

【あ行】
アウトカム　54, 168
アウトプット　54
あじさい都市　126
足による投票　18
新しい公共　115
安否確認　227
ウィンザー効果　136

【か行】
活動人口　8, 10
関係人口　6, 134, 170, 186, 255
関心人口　8
議員研修　285, 287, 312
議員定数　283
議員のなり手不足　249, 304
議会改革　267
議会視察　299
議会図書室　295
議会報告会　270, 291
起業促進　167, 194
企業誘致　37, 55, 125, 167, 192
共助　248
行政観光　31
行政監視機能　289, 296, 299, 308
行政評価　52
協働　68, 86, 98, 114, 127, 145, 248, 252, 292
協働人口　170, 256
協働の限界　259
協働の失敗　260
共有構造　273
ケアラー　228
公共交通空白地域　232
公助　248
工場観光　31
公設民営　74
広聴　274
広報　274
公民連携　67, 77, 85, 95, 103, 113, 291
交流人口　7, 16, 93, 112, 170, 186
コミュニティバス　236
コンパクトシティ　125

【さ行】
財源確保　212
サウンディング型市場調査　74, 100
サテライトオフィス　176
産業観光　31
自助　248
自治体間競争　16, 25, 44, 82, 113
自治体間連携　23

シティセールス 20, 133, 167
シティプロモーション 20, 44, 87, 133, 140, 167
指定管理者制度 73, 80, 95
シビックプライド 9, 42, 46, 92, 151, 170, 185, 255, 294
社会的弱者 95, 214, 226
住民の福祉の増進 101, 173, 179, 286, 308, 317
縮小均衡 67
縮小時代 67
消滅可能性都市 19, 23, 103
女性議員 249, 278
スーパーシティ 179
スマートシティ 103, 137, 179
政策○○能力 313
政策観光 32
政策公害 116
政策提案 315
政策提言 315

【た行】
対立構造 272
タックスイーター 55
タックスペイヤー 55
脱炭素 189
地域ブランド 28
地域魅力 30
地方移住 11
地方創生 3, 40, 101, 113, 125, 176, 190, 205, 218, 232, 242, 252
挑戦可能性都市 103
定住人口 7, 16, 93, 117, 169, 170, 186, 192
低炭素 189
デマンドバス 236
特殊詐欺 226

【な行】
認知症対応 226
ネーミングライツ 74

【は行】
廃校活用 36
貧困の連鎖 211
ブランドメッセージ 167, 169
ブルーオーシャン 168, 199
弊害人口 8
法定外税 17, 59

【ま行】
マイクロツーリズム 156, 183
民間活力 39, 40, 96, 116
メインターゲット 22, 167, 169
問題人口 8

【や行】
夜景観光 31

【ら行】
リンケージ人口 7
レッドオーシャン 168, 177, 199

おわりに

本書は、経済調査会より執筆の依頼があってから書き下ろしたものに、これまで発表した内容に最新の知見を加え、ブラッシュアップして一冊にまとめたものです。本書を書き終えて、改めて「新たに1冊を提示できてよかった」と感じました。わたしが地域の現場に入り実践的に取り組んできた暗黙知を形式知として図書にまとめることで、地域や社会の発展に少しでも貢献できたと考えています。

本書は、話題となるデジタル田園都市構想などは取り上げていませんが、わたしの専門分野である自治体政策学や地域政策と実践してきた体験をもとに取りまとめました。

まず、基礎的なポイントとして第Ⅰ部では、「地方創生法」を根拠に、人口減少を克服する観点や過去に見られない新しい視点（新機軸（イノベーション））、自治体が地方創生に取り組む地域ブランドや廃校活用、確実な行政運営を進めていくための行政評価制度やEBPM（科学的根拠に基づいた政策づくり）など取り上げています。

また、地方創生には行政と民間が相互に連携して住民サービスを提供することが必要不可欠です。そのため、行政改革の推進や民間の利益拡大に加え、住民サービスの向上や地域活性化等を目指す取り組みとして捉えられる公民連携を、第Ⅱ部で取りまとめています。自治体職員と著者が共同で執筆している章も掲載し、民間企業に限らず、大学や地域金融機関など、多様な主体と協力・連携を進めている自治体の具体的な取り組みは、読者に対して公民連携の手がかりとして提供できると考えています。

第Ⅲ部では、わたしがアドバイザーや審議会委員として関わった経験を事例として紹介し、協働、コンパクトシティ、シティプロモーション、教育ICT（GIGAスクール）、子ども・子育て支援、シビックプライド（市民の誇り、愛着）など、注目を集めているまちづくりに必要なものについて詳しく説明しています。これらのキーワードは、読者にとって役立つ情報と考えています。

そして、まちづくりを行う際、注意点があります。わたし自身がまちづくりの現場に赴いた際、間違った視点や考えに行き当たることがあります。その結果、まちづくりが成功の軌道に進まないことが多々あります。そこで、第Ⅳ部では「注意点」という観点から取り上げています。

また、わたしが関わっている審議会では、頻繁に「子ども」「高齢者」「公共交通」「自然災害」「協働」が議題に上がります。自治体は、子どもや高齢者向けの施策、公共交通の確保、自然災害への対応など、政策の範囲が多岐にわたります。しかし、これらの政策を自治体単独で実施することは難しくなっています。そこで重要なキーワードが「協働」です。それぞれの政策について、経緯や動向、そして特徴的な条例を第Ⅴ部で紹介しています。読者には条例を活用したまちづくりを進めるうえで一助になると考えています。

最後に、第Ⅵ部では議会（議員）についても詳述しています。議会（議員）は自治体（執行機関）を監視する立場にあり、直接的にまちづくりには関わりません。しかし、自治体がまちづくりを進めるためには、議会（議員）の存在が重要であり、間接的にまちづくりに影響を与えていると言えます。読者が議員の場合は、何かしらのヒントを提供できると思います。また、議員でなくても、地方自治を知るためには「議会」を理解しなければなりません。地方創生をはじめまちづくり、政策づくりのすべてにおいて、議会を無視することはできません。そのため、議会を理解することは極めて重要であると考えています。

わたしは、まちづくりの仲間を増やすことが大切だと考えています。ぜひ本書を手に取りガイドブックとして活用し、まちづくりの第一歩を踏み出していただきたいと強く思っています。そのまちづくりの現場に呼んでいただけたら、なお嬉しいです。

わたしは「定年はずっと先」と思っていましたが、おぼろげに見えてきました。また、人生の折り返しをかなり過ぎたわたしですが、限られた時間の中でも、積極的に行動して、まちづくり（地域づくり）の実践を通じて得た知見を、世に問いかけていきたいと考えています。

2023 年 5 月

牧瀬　稔

著者プロフィール

牧瀬　稔（まきせ みのる）

関東学院大学法学部地域創生学科教授

法政大学大学院人間社会研究科博士課程修了。
民間シンクタンク、横須賀市役所（横須賀市都市政策研究所）、（公財）日本都市センター研究室（総務省所管）、（一財）地域開発研究所（国土交通省所管）を経て、現在、関東学院大学法学部地域創生学科教授。
関東学院大学地域創生実践研究所長、社会構想大学院大学コミュニケーションデザイン研究科特任教授、沖縄大学地域研究所特別研究員等を兼ねる。

●政策づくりのアドバイザーとして関わった自治体は、北上市、中野市、日光市、ひたちなか市、春日部市、戸田市、東大和市、町田市、多摩市、新宿区、鎌倉市、熱海市、寝屋川市、東大阪市、西条市、高浜町議会など多数。近年は、民間企業の地方創生に関するアドバイザーも増えてきている。
●審議会では、厚木市自治基本条例推進委員会委員（会長）、相模原市緑区区民会議委員（会長）、相模原市シビックプライド向上計画策定委員会委員（会長）、逗子市市民参加制度審査会委員（会長）等に就いている。
しばしば活発人間と思われるが、実は見た目のとおりニート系である。

URL：https://makise.biz/
連絡先：https://makise.biz/contact.html

牧瀬流（マキセリュウ） まちづくり すぐに使（ツカ）える 成功（セイコウ）への秘訣（ヒケツ）

令和５年６月10日　初版発行

著　者　牧　瀬　　稔（マキ セ ミノル）

発行所　一般財団法人 経済調査会

〒105-0004　東京都港区新橋6-17-15
電　話　(03) 5777-8221（編集）
(03) 5777-8222（販売）
FAX　(03) 5777-8237（販売）
E-mail:book@zai-keicho.or.jp
https://www.zai-keicho.or.jp/

印刷所 製本所　三美印刷株式会社

ISBN 978-4-86374-330-4